U0659045

中国民间秘密语

曲彦斌 | 著

九州出版社
JIUZHOUPRESS

图书在版编目（CIP）数据

中国民间秘密语 / 曲彦斌著. --北京：九州出版社，2022. 1

ISBN 978-7-5225-0772-9

Ⅰ. ①中… Ⅱ. ①曲… Ⅲ. ①汉语-社会习惯语-研究-中国
Ⅳ. ①H136. 4

中国版本图书馆 CIP 数据核字（2021）第 265115 号

中国民间秘密语

作　　者	曲彦斌　著
责任编辑	邓金艳
出版发行	九州出版社
地　　址	北京市西城区阜外大街甲 35 号（100037）
发行电话	（010）68992190/3/5/6
网　　址	www. jiuzhoupress. com
印　　刷	三河市兴博印务有限公司
开　　本	880 毫米 × 1230 毫米　32 开
印　　张	11. 75
字　　数	275 千字
版　　次	2022 年 9 月第 1 版
印　　次	2022 年 9 月第 1 次印刷
书　　号	ISBN 978-7-5225-0772-9
定　　价	82. 00 元

目　录

再版新序

《中国民间秘密语》的再版经过三审三校获得通过，付梓在即，王守兵先生建议作者写篇再版新序，实属应该。

说起来，这部作为“中华本土文化丛书”一种的书稿，最初名为《语言的诡谲》，后改为《中国民间秘密语》，由生活·读书·新知三联书店上海分店于1990年8月初版。至今，已经相去30余年了。撰写再版新序，最基本也是最先要谈的话题，自是有关本书选题研究的前期准备和出版问世前后的故事。

本选题前期研究的初步成果，是发表在《中国文化报》(1987年12月23日第4版）题为《中国民间秘密语漫说》的短文。这篇短文所阐述的以发生学分类法对民间秘密语的三种分类，即为由禁忌、避讳而形成的市井隐语，由回避人知而形成的隐语行话，语言游戏类隐语，随即写进了本书，成为本人迄今一以贯之的观点，而且被广泛采用，堪谓一种共识。

从初版书的自序末尾“1988年3月6日于冷趣斋”的记载可知，在《中国文化报》刊出《中国民间秘密语漫说》短文时，就已经在准备撰写这部书稿了。这篇短文，随即化为书稿的一部分。当年是花了两个月的时间，完成的这部书稿。

平心而论，这个准备工作是很艰辛的。除了搜寻、爬梳与研读以往各种零星研究和介绍性文献之外，最困难的是历代流传存世的隐语行话本体的基础文本文献的匮乏与稀见。这期间，在钱南扬先生出于古代戏曲研究的需要而辑录的《市语汇钞》(《汉上宦文存》，上海文艺出版社 1980 年出版。对此，我曾撰专文《"迷史"与"市语"：钱南扬别辟蹊径独树其帜的研究》，见《文化学刊》2017 年第 6 期）中，获得了一些重要线索，但千方百计地搜寻《新刻江湖切要》和《全国各界切口大词典》这两部本体文本信息量比较集中的主要文献，费尽了周折。有幸在版本目录学家、时任辽宁省图书馆古籍部主任的韩锡铎先生的鼎力支持下，专程赴北京大学图书馆，抄录向达先生以钱南扬所藏《新刻江湖切要》为底本复制的蓝晒本。当从沈阳市图书馆发现了当时寄存于沈阳故宫博物院库房的《全国各界切口大词典》(吴汉痴主编，上海东陆图书公司 1924 年出版；上海文艺出版社 1989 年作为《民俗、民间文学影印资料丛书》影印出版）之后，还是在韩锡铎先生的帮助下，受到特别关照，得以一睹此书原版并获准全部复印。

获取了这两部重要文献后，则连同陆续收集到的民初北京打磨厂学古堂排印本《江湖行话谱》等基本本体文本文献，通盘进行仔细研读，撰写、发表了研究札记《中国民间秘密语辞书概说》(《辞书研究》1989 年第 6 期)。文章指出，由于学习民间秘密语是人们进入某一具体民间社会集团或群体的必修课，使之受到当行的种种内部戒规制约，加之其源自民间而语言形态及内容多为粗俗鄙俚，更极少有人专书流传，仅靠口耳相传。至于辑释诸行秘密语的工具书，尤为稀见于世。从唐宋秘密语形成至今，堪称秘密语专门辞书者，不过四五种而已，实弥足珍贵。在举例评介了《绮谈市语》《行院声嗽》《江湖切要》《切口大词典》等之后，作者指出，当代研究民间秘密语者已为鲜见，更难有专门辞书问世。从某种意义上说，一部系统的秘密语词典，就是一种特别的中下层社会历史小百科，生动地印证、考察民间社会生活诸世象，亦别具功能。为此，寄希望于一部反映新一代学术水平的中国民间秘密语词典的及早问世。此即本书初版自序中所提到的，同时还在着手编纂一部秘密语辞典，亦即几年后出版的《中国隐语行话大辞典》（辽宁教育出版社 1995 年）。

如此比较扎实的前期准备，已非“无米之炊”，这才奠定了全面深入开展研究的基础，当然，也就坚定了对此选题的研究信心。于是才有了有关专题文章和本书的问世，才有了之后《中国民间隐语行话》《江湖隐语行话的神秘世界》和《中国隐语行话大辞典》等书的问世，乃至形成了《民俗语言学》（增订版）、《中国镖行：中国传统保安行业史略》《中国行会史》《中国乞丐史》《中国典当史》《“商中之商”：中国经纪人史》等一系列社会生活史学术专著的有关视角和章节。

在《中国民间秘密语》初版付梓之际，本人筹划了由辽宁社会科学院文学研究所主办的首届“中国民间秘密语行话研究专题学术研讨会”，于 1990 年 9 月 17 日至 23 日在鞍山举行，北京、上海、江苏、安徽等 10 余省市的 20 余名学者到会参加研讨。“切口世家”张天堡、戏曲学家马紫晨两位教授，分别就河南徽宗语和北方反切秘密语等专题作了学术发言。作为东道主，本人则以本书内容为纲要，为会议作了中国民间秘密语概论、中国民间秘密语的语言学考察和非言语的及其他形似的民间秘密语三个专题讲座。会议就秘密语行话的概念、术语问题，进行了专门讨论。讨论中比较趋于一致的主张是：根据有关用语的使用频率、约定俗成的原则和从对象事实出发，应采用“隐语行话”这个合成式用语。其中的“隐语”与“行话”，在语义和所指对象上的相互交叉，具有互补和互相限定的功能，比其他用语更加科学，并且明了、易为接受。“隐语”的所指过于宽泛，既指秘密语，也用来指歇后语、谜语、藏语之类；“行话”，既指秘密语，也指一般行业习惯语和专业技术术语；“民间秘密语”目前与“隐语行话”的提法通常等义交替使用，应允许人们根据约定俗成的原则在使用中加以选择。会议认为，抢救资料，深化理论研究和积极发现人才，培训专业骨干，开发多方面的应用成果，是当前隐语行话研究亟须推进的课题。当年曾参加《中国语文》杂志关于社会习惯语、社会方言问题学术讨论的武汉大学郑远汉教授等，写信向会议表示祝贺，给予很高的评价和期望。

谈到上述这些围绕本书出版前后的故实，实际是在印证在这部仅用两个月时间似乎是一蹴而就的小书之先，实在是做了多年的前期学术准备工作。

显然，这也说明，《中国民间秘密语》这部小书的写作过程，不仅仅是梳理概括专题学术思想和文本文献的过程，更重要的是，为本人此后一系列研究选题和方法，打开了一个另辟蹊径、别有情趣的、独特的语言文化景观的窗口，一道别有洞天的语言景观风景线。概要的基本理论阐说，和若干重要珍稀文献的评介，为许多学术领域提供了独到的信息资源。

因而，该书可说是本人数十年学术生涯起步不久的非常重要的一部著作。

是书出版后，在语言学、民俗学等学术界引起了一定反响。《浙江学刊》（1991 年第 1 期）发表佐夫的评论认为："全书材料丰富，内容生动，结构严谨，论证清晰，对少而零散的中国民间秘密语资料进行综合分析，使之集中而系统化，从而展示了中国民间秘密语的全景，并为从语言的角度研究民俗文化开辟了一条新路。"《读书》杂志（1991 年第 1 期）评论说，"资料丰富，立论新颖"。《民间文化论坛》（1991 年第 2 期）的评论指出，这是"一部通俗易懂的具有丰富资料价值和很多学术价值的专著，填补了我国民俗语言学中的一个分支——民间秘密语学科的空白"。《淮北煤师院学报》（社会科学版）1992 年第 2 期发表了张天堡题为《语文学的奇葩——读〈中国民间秘密语〉》的长篇评论，文章认为，《中国民间秘密语》一书出版的主要意义，首先在于全面地、系统地为我们分析了秘密语的形成、发展、分类等重大问题，在理论上开拓了原来不被重视甚至鲜为人知的传统民族文化现象；其次是当前公安部门及语言学界学习研究秘密语的最好教材；再次，则是为高等院校的语言学理论教材做了很好的补充，做了比较深刻的探讨，形成了系统的理论。凡此，可以窥见其一时的学术影响。个中，有的是动笔写作时的初衷构思所在，更多的则是不曾预期的评论与点赞鼓励。

随后，即以本书为基础，撰写了原本用作讲稿的《中国民间隐语行话》（应约收入了季羡林主编的《神州文化丛书》，新华出版社 1991 年出版）和《江湖隐语行话的神秘世界》（署名冷学人，《中国民俗语言文化丛书》的一种，河北人民出版社 1991 年出版）。这两部后续同一选题著作，内容各有侧重。前者，论述了隐语行话的性质与正名、形态与源流，隐语行话形态构造中的人文意识，隐语行话的群体意识、正统意识、侠文化意识和性文化意识，隐语行话的传承轨迹，跨群体的历时性传承、群体内部的共时性扩布和其他特殊的传承扩布现象，以及隐语行话与跨文化传通，隐语行话与跨层次的文化传通和亚文化层次内隐语行话的跨文化传通；并就犯罪与反犯罪两个方面，论述了隐语行话与社会犯罪问题。后者则包括隐语行话简史，隐语行话的双重特质略论，隐语行话与修辞漫议，隐语行话与通语、雅言论析。这些内容，无疑是对本书的扩展与补充。合而堪谓“曲彦斌秘密语研究三种”的三部专著，连同近将面世的专题文集《曲径通幽：隐语世界的智慧诡谲》，即为本人迄今数十年几乎全部著述。

数十年里，拓垦或说徜徉于我倡议正名谓之“锦语”的这块科学园中一隅荒芜空白之所，荒置已久的科学园地，每获一得之见。从应约为教育部、国家语委“中国语言生活绿皮书”——《中国语言生活状况报告》（2009）撰写专题研究报告《社会生活中的民间隐语》（商务印书馆 2010 年出版），再到《论“锦语”文化：汉语隐语行话称谓用语之正本清源与雅号》（《文化学刊》2019 年第 2 期），乃至近期的“中华锦语博物馆”设计，均可上溯至这部三十年前的小书。

十多年前，商务印书馆总编辑周洪波先生曾邀约我几种民俗语言学方面的著述选题，其中包括《汉语隐语概论》和《汉语隐语大辞典》。几种出版选题，均属于我思我想我的期愿，非常高兴。不过，当时出于慎重起见，仅口头感谢、允诺而未敢径行付诸签约，恐怕失信违约耶。果不其然，由于可支配的时间所限，虽然一直在断续准备之中，至今亦然，仍未能践诺践约。现今，拟议的

《汉语隐语大辞典》仍在断续编纂之中，《汉语隐语概论》的撰写，则还难以纳入近期的工作日程。不过，有“曲彦斌秘密语研究三种”的三部专著专题文集《曲径通幽：隐语世界的智慧诡谲》，已足以凝集和展现本人数十年跋涉于本领域的学术思想。

若不避敝帚自珍之嫌，不妨坦言，这是本人此生用力最勤的学术研究领域之一。

如今，承九州出版社之玉成，这四种拙著均将一一面世，于作者，怎能不深感欣慰！借用民初枫隐“杂纂体”文《岂不大快》反复的尾语——“岂不大快！”同时，对于关注此道的读者诸君，亦属幸事，借重金圣叹批评《西厢记·拷艳》总批所叹，自当是——“不亦快哉！”

古人云：“骥于是俛而喷，仰而鸣，声达于天，若出金石声者，何也？彼见伯乐之知己也。”（《战国策·楚策四》）世传先贤鲁迅先生曾赠送给瞿秋白一副对联：“人生得一知己足矣，斯世当以同怀视之。”王勃题赠知己好友杜少府诗云：“海内存知己，天涯若比邻。”（王勃《送杜少府之任蜀州》）堪慰的是，本人幸运，此生颇得众多知己与友情。王守兵先生及其相关同事，即为个中一众知己。

可以说，围绕本书再版新序这个话题，拉杂道来的种种故事，似嫌有点啰唆，但或可成为本领域学术史上的一束谈资与花絮。守兵先生点题之嘱，切中下怀，但不知以为然否？

是为再版新序。

曲彦斌

辛丑冬月初一补撰于沈阳北郊邮雅堂

自　序

去冬岁尾，应《中国文化报》之邀，我写了一篇题为《中国民间秘密语漫说》的短文。文末，我说："宋明以来至民国初，先后曾有《圆社锦语》《金陵六院市语》《江湖切要》及《切口大词典》之类专辑、专书流行，然为数极少。半世纪前容肇祖、赵元任等曾发表一些有关研究成果，而近半世纪却鲜见有人问津此道，中国民间秘密语研究成了科学园中一隅荒芜空白之所。愿与有志于此的同道，共同拓垦这块荒置已久的科学园地。"这是我在动手撰写这部《中国民间秘密语》专著之先的一点感想。

关于民间秘密语的研究，在我构建民俗语言学之初即已进行了。然而，由于上面的想法，我决定抽出时间写一部专书，所以，在写作《民俗语言学》这部概论性质的专著时，没有列为专题写一章，并且期望有时间能对概论中列出的各个专题，都逐一写部专书出来。去年，分别写了关于俗语和副语言习俗两部专著，算是写了两个专题。现在写出这本书，则又完成了一个专题。同时，又以此研究为基础，着手编著一部《中国民间秘密语词典》（或称"汇释"，俟书成再定），意在发掘、保存有关资料，为这方面的科学研究和应用，进一步做点基础性的工作。

有一家报纸说我在“开拓”。冷静地回顾自己走过的学术之路，我所从事的课题大都是不为人所关注的冷角落，是“国粹”中的细微事物，以自己的认识从中爬梳出一点一得之见，远不敢妄称“开拓”。然而，我有一种作为人文科学工作者的责任感，有作为中华民族子孙的荣誉心，希冀能为发掘和科学地阐扬民族文化尽些绵薄之力，为人类文化史的长河增加一点浪花。

民间秘密语是大多数民族所共有的一种语言文化现象，在人文科学的丛林中，应有其一席之地。就我孤陋寡闻所及，国内迄今尚未见有一部比较全面论述中国民间秘密语的理论专著。在此情况下动手写这么一本书，我自知学识浅薄，力难从心，却希望能为同道作一块铺路石。运用民俗语言学的科学方法，将民间秘密语置于民族文化这个基本的大背景中加以梳理、探讨，是本书的基本思想。民间秘密语发生、发展的传承运动，有其自身的源流和规律，有其客观的历史条件与文化土壤。书中，我力求对民间秘密语的性质、源流、类型、构造方式、社会功能、与民族文化的关系及其传承、扩布的基本规律诸方面，从历史、语言、民间文化、社会心理等多维视野，进行“立体式”的综合研究、透析，运用符号学等现代科学方法进行阐述。鉴于历史上保存流传下来的民间秘密语文献极少，而且零散寻常不易见到，为了说明论点和使读者更多地占有感性认识材料，则于篇幅可能允许和需要的情况下，尽可能地多介绍一点不同时代的秘密语材料。同时，设立专章，对手头所占有的主要民间秘密语文献加以解题和评论。囿于学识，两个月内赶写出的这部专著，只是一块粗糙未经雕琢的“璞”。这里应当感谢《中华本土文化丛书》编委会及为之奔走来沈阳约稿的韩金英女士慧眼识“璞”，催促我尽早杀青，使之及时同海内外学界朋友见面，接受大家的检验、评论。舛误不当之处，尚祈读者指正。如果本书能引起读者的一点兴趣，能为学界提供一些借鉴，并有新著弥补、匡正其不足与舛误，余愿足矣。个中，尤愿通过本书的出版流传，结识更多的学界尊长与朋友。这是中国学界的流传——以文会友。

曲彦斌

1988 年 3 月 6 日于冷趣斋

绪　论

在许多民族的创世纪神话传说中，大都流传着一些关于语言起源的奇妙故事，使之蒙上一层神秘的色彩。而且，在人类文化史上，语言起源至今仍是个尚未解清的谜。尽管如此，人们在运用语言的过程中，又创制、形成了形形色色的秘密语。中国汉民族语言的民间秘密语，由于脱胎于世界上使用人口最多的语言，因而成为世界上最大的一支秘密语系统。

汉语的民间秘密语，是以中华民族传统文化的下层文化（即民间文化）为其底座的一种民俗语言文化形态，是社会历史的文化积淀的产物。古往今来，在不同层次的社会集团或群体中，由于交际的需要，往往创制、流行一些特殊语汇或短语，用以局部代替某些与之相对应的一般语汇或短语。尽管中上层社会集团或群体亦间或用之，但主要以身处下层文化的五行八作、三教九流最为普遍，成为一种语俗，此即大别于今所谓专用密码、专科术语之类的民间秘密语。

千百年来，民间秘密语以其特有的遁词隐意、谲譬指事的功能服务于社会群体交际，传承扩布，渗透于社会多层次的政治、经济、军事、科技、文学艺术、习俗惯制等人民生活之中。同时，作为语言信息的一种变体式载体，又直接反映着各个时代的社会风貌，可以说是社会历史文化的特定的“语言化石”。研究、考察一个民族的传统文化，最直接、也是最重要的科学方法之一，就是从考察其民俗语言文化入手。这是因为，民俗语言是一个民族民间文化的基本载体与直接的现实，而民间文化则是全部民族传统文化的底座及其深层结构的主体，是文化的历史沉积。因而，考察民俗语言，又以考察民间秘密语为比较直接的方法。也就是说，民间秘密语几乎完全赤裸裸地反映着那一民族不同历史时期、不同阶层人们的社会心理与现实。民间秘密语所反映的主体是社会下层文化，而中上层文化亦当然折射、沉积于其中。所以说，民间秘密语是人们考察社会的一个特殊窗口，是社会文化的一个缩影。

明清之际刊刻的一部《江湖切要》，即按内容划分出天文、地理、时令、官职、亲戚、人物、店铺、工匠、经纪、医药、星卜、倡优、乞丐、盗贼、释道、身体、宫室、器用、文具、武备、乐律、舟具、章服、饮馔、珍宝、数记、草木、五谷、百果、鸟兽、虫鱼、疾病、死生、人事，凡 34 个门类。民国时编印的一部《切口大词典》，又依商铺、行号、杂业、工匠、手艺、医药、巫卜、星相、衙卒、役夫、武术、优伶、娼妓、党会、赌博、乞丐、盗贼、杂流等 18 个类目，细别为 373 个子类目。俗语说，“三百六十行，行行出状元”。同所谓“七十二行”之说一样，“三百六十”亦泛称世间行当之多。然而，《切口大词典》分类细目竟达 370 有余。凡此，尽管其分类并非科学和严密，但仍可以目录学及内容方面辅证民间秘密语与各阶层社会生活的密切联系，即其社会性与广泛性的一点反映。有鉴于此，如果不将民间秘密语置于更深远、广泛的社会历史文化背景中进行多维视野的综合考察、研究，而仅仅孤立地从语言学这一视角进行分析探讨，势必难以全面、客观地认识这一民俗语言现象。自民国以来，容肇祖、赵元任等民俗学、语言学学者，曾分别对中国民间秘密语进行过研究，而近半个世纪以来，国内则鲜见有人问津此道。至今，尽管一小部分民间秘密语已经或正在步入“大雅之堂”，或进入汉语通语，或为一些地区方言所吸收，据调查，国内（大陆部分）一些地方的某些人群（包括青年学生）中仍不同程度地流行着秘密语，但大多数以往的民间秘密语已流传不广。因而，挖掘、考察和对民间秘密语进行科学研究，不仅是保存民族文化遗产之需，亦是具有一定社会现实意义的课题。

在此，我们将以历史文献记录下来的材料为主体，辅以当代所尽可能搜集到的材料，以历史的和现实的社会文化为背景，运用民俗语言学这一新兴人文科学的科学方法，对中国汉民族语言的民间秘密语，进行一番历时与共时的科学考察与研究。

一、中国民间秘密语的一般情况

民间秘密语，亦即民间社会各种集团或群体出于各自文化习俗与交际需要，而创制流行的一些以遁词隐义、谲譬指事为特征的隐语。

一般地说，若以发生学分类法划分，中国民间秘密语大体可分为三种情况（或说类型）：

一是由禁忌、避讳而形成的市井隐语。市井隐语多系由于避凶就吉、避俗（秽）就雅等缘故而形成的各类代码式隐语。如明代陈士元《俚言解》卷二所载："舟中讳'住'、讳'翻'，谓'筯'为'快儿'，'翻'转为'定'，转'幡布'为'抹布'。又讳离散，谓'梨'为'圆果'，'伞'为'竖笠'。又讳狼藉，谓'榔头'为'兴哥'、为'响槌'、为'发槌'。今士大夫亦有称'筯'为'快子'者。又《遁斋闲览》举子落榜曰'康了'。柳冕应举多忌，谓'安乐'为'安康'，忌'乐''落'同音也。榜出，令仆探名，报曰：'秀才康也。'世传以为笑。"又如明代世情小说《金瓶梅》第八十六回："你再敢不敢？我把你这短命王鸾儿割了，教你直孤到老。"第九十七回："随他那淫妇一条绳子拴去出丑见官，管咱每大腿事。"其中的"王鸾儿""大腿"，即为讳称男性外生殖器的隐语。此外，是书之中的"丢身子"（出精）、"跑马"（遗精）之类，亦属此类隐语。今民俗语汇之中此类隐语仍不稀见，如江苏省如东县以"松劲"谓身体不爽，以"糖包儿"谓药，以"老了人"谓死了成年人，以"跑掉了"谓小孩子夭亡，以"元宝"谓尸体或春节祭神的猪头，以"财神老儿"谓春节时的乞丐，等等，均为地方之市井隐语。这类民间秘密语，一般大都属于委婉语范畴，在民俗语言学中，是语讳学的研究对象。

二是由回避人知而形成的隐语行话。明人田汝成《西湖游览志余》卷二十五《委巷丛谈》云："乃今三百六十行，各有市语，不相通用，仓猝聆之，竟不知为何等语也。"如旧时丝织行业称"丝"为"为为"，称"细丝"为"为上好儿"，称"买主"为"为板阁儿"，称"扎丝绳"为"郎头"，称"招主顾"为"打路头"，称"主人"为"点王儿"，称"客人"为"盖各儿"，称"伙计"为"二点儿"，称"说话"为"中山"，称"骂"为

“马途”，称“笑”为“迷花”，称“哭”为“着水笑”，称“铜钱”为“内空”，称“包丝袋”为“祖宗”；南货业称“线粉”为“摆把”，称“豆腐皮”为“白衣”，称“白糖”为“满口”，称“砂糖”为“泉水”，称“黑枣”为“墨皱气”，称“荔枝”为“绛纱丸”，称“木耳”为“云头”，称“水笋”为“羊角”，称“榛子”为“小铁丸”，称“梅干”为“穷秀才”，称“蜜枣”为“琥珀”，称“瓜籽”为“小相公”，称“葵花籽”为“水火生”；猪肉行业称“猪”为“长耳公”，称“猪头”为“爱字”，称“猪耳”为“顺风”，称“猪脑”为“白球”，称“猪眼”为“千里灯”，称“猪爪”为“荷花苞”，称“骨”为“掌头”；理发业称“修面”为“光盘子”，称“修眉”为“排八字”，称“修胡须”为“沙赖子”，称“扒耳朵”为“扳井”，称“快”为“千些”，称“慢”为“漂些”，称“吃饭”为“见山”，称“吃肉”为“老天”，称“剃刀”为“青子”，称“面盆”为“月亮”，称“镜子”为“过相”，称“假发”为“冒头丝”。光是数目字的隐语，各行、各地就五花八门。再如当时流行的市语，“官”曰“孤司”，“店”曰“朝阳”，“夫”曰“盖老”，“妻”曰“底老”，“家人”曰“吊脚”，“剃头”曰“削青”，“船”曰“瓢儿”，“屋”曰“顶公”，“说话”曰“吐刚”，“被欺”曰“上当”，“虚伪奉承”曰“王六”，等等。至于旧时东北的土匪（亦称“胡子”“响马”）的秘密语亦名目繁多，如称姓“杨”为“犀角灵蔓”，称姓“何”为“九江八蔓”，称姓“冷”为“西北风蔓”，称姓“刘”为“顺水蔓”，称姓“石”为“山根蔓”，称姓“王”为“虎头蔓”；“蔓”，即“姓”也。当代香港黑社会以“四八九”称“大路元帅”，以“四三八”称

“二路元帅”亦即“副堂主”，以“四二六”称“红棍”亦即“打手”。凡此秘密语，多以回避外人知晓为其显著功利特征，具有鲜明的群体、集团性质。

三是语言游戏类隐语。这是一种运用各种修辞方式使之隐约其词的民间秘密语。这类秘密语在汉语中起源较早，而且流布广，形式亦繁杂，兼有口头、书面两种. 从语言学的视点考察，这种语言游戏类隐语，则可谓汉语文化的民间秘密语的直接源头。《国语·晋语》卷五载：（范文子对曰）“有秦客廋辞于朝，大夫莫之能对也。吾知三焉。”注云：“廋，隐也。谓以隐伏谲诡之言问于朝也。”秦客当时之廋辞书中不曾备载，但据宋人孙奭《孟子·公孙丑》疏的推断可知：“大抵廋辞云者，如今呼笔为‘管城子’，纸为‘楮先生’，钱为‘泉水真人’，又为‘阿堵物’之类是也。”廋辞亦即谐隐之辞，举凡风人体之双关语及歇后语、藏辞之类，均属这种民间秘密语。一如钱南扬先生《汉上宧文存》所云，其出于民间甚明，自魏晋以来，直至近代，流行不衰，而名称也在随时改变，以为寻常说话未免平淡无奇，这种话就成了他们的辞藻，用以丰富他们说话的内容，表现自己的智慧，度量别人的智慧。如明人程万里编《鼎锲徽池雅调南北官腔乐府点板曲响大明春》卷一《六院汇选江湖方语》所载：“笤箒写字，大判；金井玉栏杆，上下相称；明修栈道，兵行鬼路；大年不换门神，依旧；项羽渡江，败了；滚油窝里洗澡，难下手；叶公画龙，不认真；钟馗捉鬼，难见；太监儿子，别人养的；灯盏里洗澡，浅见小人；宫娥患病，相思症；……”凡此，歇后语是这类秘密语的一种典型语类。而今，歇后语流传不衰，新制每每出现，并早已进入了文学语言，亦足证其风之盛。

上述三种类型民间秘密语，各缘不同功能而产生、形成并流传。三者相互关联、交错而又有分别，均以遁词隐义、谲譬指事为功能性特征。这是就广义的一般情况而论就狭义而言，民间秘密语则专指以回避本群体、集团之外的人们知晓的隐语行话。本书拟进行专门考察、研究的，即指这一种类型的民间秘密语。就此，我们可以说，中国民间秘密语，是一种以遁辞隐义谲譬指事而具有回避人知的特征的民间语类。

二、中国民间秘密语的称谓

中国的民间秘密语历来称谓不一，除秘密语这个叫法之外，还有隐语、行话、切口、春点、杂话、市语、方语、黑话等等。称谓尽管不一，所指语类却大抵一致。

“隐语”一词，在汉语中有多种内涵。南朝梁刘勰《文心雕龙》卷三：“讔者，隐也；遁词以隐意，谲譬以指事也。”这是历来为学者多方阐发的一个概念。闻一多先生《说鱼》云：“隐语古人只称作隐（讔），它的手段和喻一样，而目的完全相反，喻训晓，是借另一事物来把本来说不明白的说得明白点；隐训藏，是借另一事物来把本来可以说得明白的说得不明白点。”① 他把“隐语”同“比喻”做了比较，但“喻”尚有“隐喻”“借喻”“明喻”等分别，这里当系笼统概括而言。不过，所谓“把本来可以说得明白点的说得不明白”，倒应是“隐语”作为秘密语的一般特点。因为，刘勰所谓“‘讔’的意义就是隐藏，用隐约的

①《闻一多全集》第1卷，生活·读书·新知三联书店1982年版，第117页。

言辞来暗藏某种意义，用曲折的譬喻来暗指某种事物”[1]，恰是民间秘密语于修辞和功能上的基本特征。虽然说，民间秘密语并非比喻语，却存在很多以比喻的方式创制的秘密语（下文将有详析）。在古汉语文化中，“隐语”这个概念还不是确切地指民间秘密语，更多的是用来指讽谏喻语和谜。这在《文心雕龙·谐隐》中均已概要述及：从前萧国的还无社向楚国大夫求救，以“废井”和“麦麹”为隐喻，吴国的申叔仪向鲁军借粮时，以“佩玉”作歌辞，以“庚癸”为呼号；楚国的伍举以三年不飞、不鸣的“大鸟”打比喻来讽刺楚庄王；齐国有人以讲述海与鱼的关系来讽谏薛公；楚国的庄姬以无尾之龙启示襄王注意后嗣之事；鲁国的大夫臧文仲假托以“食猎犬，组羊裘”来暗示要对齐国的可能进攻有所准备。诸此运用隐语之例，均载于史书；其大者可振兴政治并有助于自身显达，另外亦可纠正某些错误，使被迷惑者明白过来。其用意尽管出自权变狡诡，却往往缘于某种机要紧迫之事，与谐辞互为表里，相辅相成。“汉世隐书十有八篇，歆固编文，录之歌末。昔楚庄、齐成，性好隐语。至东方曼倩，尤巧辞述。但谬辞低戏，无益规补。自魏代以来，颇非俳优；而君子嘲隐，化为谜语。”[2] 凡此，已可见古汉语文化的“隐语”概念之一斑。然而，此中业已可窥得秘密语之端倪了，如“废井”“麦麹”“庚癸”之类“隐喻”的谬语，用以转换语义，替代常语，可视为古代秘密语之滥觞。明田汝成《西湖游览志余》卷二十五引明陶宗仪《辍耕录》言：“杭州人好为隐语，以欺外方。如物

---

①陆侃如、牟世金：《文心雕龙译注》，齐鲁书社 1981 年版，第 188—189 页。

②刘勰：《文心雕龙·谐隐》。

不坚致曰‘憨大’，暗换易物曰‘搠包儿’，粗蠢人曰‘杓子’，朴实曰‘艮头’。”是乃将杭州宋、明时代民间秘密语称之为“隐语”之例。但是，其已尽然为当时的杭州方言所吸收为一地之通语了。这种情况，在文人中亦不乏其例，并非宋张仲文在所著《白獭髓》中所说的“杭俗浇薄”。据清袁枚《随园诗话》载：“吾乡诗有浙派，好用替代字，盖始于宋人，而成于厉樊榭。……一嗣后学者，遂以‘瓶’为‘军持’，‘桥’为‘略攀’，‘箸’为‘挟提’，‘棉’为‘芮温’，‘提灯’为‘悬火’，‘风箱’为‘扇陨’，‘熨斗’为‘热升’，‘草履’为‘不借’……数之不尽”云云。

“行话”，又叫“行业语”“同行语”，是近代汉语文化中关于民间秘密语的一个常见称谓。1957 年，《中国语文》杂志曾连续于第四、第五两期组织了关于“社会习惯语”或“社会方言”的讨论，其中一个争议较大的问题即“行话”与“秘密语”的关系问题。有人认为，“行话”也应包括各种专门的科学用语，实际上，却是将术语学的“术语”与“行话”混淆了，也可以说是扩大了的广义“行话”。事实上，世上三百六十行，依各自职事不同而流行的各行“行话”，大都明显带有回避外行、外界听不懂的功能性特点。匪盗称“白日行走”为“晒至”，称“半夜纠伙行劫”为“使暗钱”，称“速逃，恐后有追捕”为“紧滑”……是为保守其内部机密；昆明小商贩称一至十的数目字为“逗、倍、母、长、拐、兆、土、财、湾、分”，是为不泄露经商乃至欺人的秘密勾当。各行各业使用秘密语，均以维护各自利益、对付其相应的外界对象为功利，是因群体、集团、行业共同利益的需要而流行于内部的用语。否则，只是带有行业色彩的普遍习惯用语而已。如昆明旧时从事收买旧衣服的流动商贩，亦流行“逗捞”“倍财”之类数目行话，而有人曾一再问其含义所指却因其恪守行会规矩不肯泄露，是其行业集团的共同利益的约束所致。北京打磨厂学古堂在民国时曾排印一本《江湖行话谱》，所辑即社会各行秘密语，如《行意行话》：“东为倒；西为切；南为阳；北为墨；东南为列；东北为宿；西北为辰；西南为张；一更为起更；二更为更定；三更为听更；四更为坐更；嘴为喷罗；心为上川；肚为下川；胳膊为凤翅；腿为金刚，阳物为湾头；吃饭为安根……”又如《走江湖行话》：“烟袋，灰搂儿；烟卷，草卷；鸦片，海草；茶盅，紧口；茶水，海儿；洋火，崩星子；被，干草子……”这些“行话”显系各种民间秘密语。从语言文化现象的历史事实出发，“行话”即民间秘密语的别称。

“市语”，是民间秘密语的又一常见别称。宋周紫芝《竹坡诗话》载：“东坡在黄州时，尝赴何秀才会，食油果甚酥。因问主人，此名为何。主人对以无名。东坡又问为甚酥，坐客皆曰：‘是可以为名矣。’又潘长官以东坡不能饮，每为设醴，坡笑曰：‘此必错著水也。’他日忽思油果，作小诗求之云：‘野饮花前百事无，腰间惟系一葫芦。已倾潘子错著水，更觅君家为甚酥。’李瑞叔尝为余言，东坡云：‘街谈市语，皆可入诗，但要人熔化耳。’此诗虽一时戏言，观此亦可以知其熔化之功也。”这里所谓“市语”，尚非民间秘密语之属，而为一般俗语。宋曾慥《类说》卷四引唐无名氏（元澄）《秦京（内外）杂记》云：“长人市人语各不同，有葫芦语、锁子语、纽语、练语、三摺语，通名市语。”又如明祝允明《猥谈》所云：“本金、元阛阓谈吐，所谓鹘伶声嗽，今所谓市语也。”这才是民间秘密语之属。而历来以

“市语”为名目辑录民间秘密语者，不乏其例，如宋陈元靓《事林广记续集》卷八的“绮谈市语”；明田汝成《西湖游览志余》卷二十五的“梨园市语”“四平市语”；清翟灏《通俗编》卷三十八的“杭州市语”；托名“明·风月友”著，《新刻江湖切要》附载的《金陵六院市语》等，均属民间秘密语之列。《水浒传》第六十一回：“不则一身好花绣，更兼吹的、弹的、唱的、舞的、拆白道字、顶真续麻，无有不能，无有不会；亦是说的诸路乡谈，省的诸行百艺的市语。”此“市语”亦指民间秘密语而言。

“方语”，在汉语中一般用指方言俗语，但有时亦用指民间秘密语，如明程万里《鼎锲徽池雅调南北官腔乐府点板曲响大明春》卷一即辑有《六院汇选江湖方语》：“但凡在于方情，而在江湖上走动者，称：琴家，凡言下处主人家，埻台，若言歇也；犊孙，巧做吏者；平天孙，乃官员也多姑儿子，亦官宦也；立地子，乃门子也；……撇过，乃打卦的；皮家，谓人之唱曲者；采盘子，乃打者；盘上走，乃强盗也；肘琴，乃谢银也；寸节，乃讨银也；调皮，会说话者”云云。而其同一名目之下又辑有歇后语（已见前面所引之例），可知其亦将歇后语列为“方语”之属矣。

“切口”，用指民间秘密语，乃系历来民间多以反切语作秘密语之故。清光绪年间印行的唐再丰《鹅幻汇编》卷十二《江湖通用切口摘要》载：“解曰：江湖各行各道，纷纷不一。切口，即隐语也，名曰春点。……今所记皆各道相通用者，至于各行各道另有隐切口，乃避同类而用，隐中又隐，愈变愈诡矣。”是书虽称“切口”，而所辑秘密语却并非都是反切语的秘密语，如：鞋曰铁头子，布曰板头子，生意人曰朝阳生，穷极曰水天水地，兵勇曰柳叶生，先生曰元良，人曰生死，夫曰官生，妻曰才字头。

盖因民间秘密语亦并非全是反切语，反切法只是创制秘密语的主要方法之一，流行较广，故“切口”仅系民间秘密语主要别称之一。在此之前的《江湖切要》之“切”，即“切口”的省称，所辑亦并非反切式秘密语，其书卷首署“八闽卓亭子删订”之《江湖切要·序》中称，“先签后隆乃术中之妙诀，轻敲响卖是秘密之玄机”，是以秘密为切口要旨。

“春点”一词用指民间秘密语，作为一种称谓，已见上面，不另赘叙。而以“杂话”作为民间秘密语的称谓，极少见，今仅见于太平天国《王长次兄亲目亲耳共证福音书》：“有时讲杂话，是上帝教朕桥水[①]，使世人同听而不闻也。”其“使世人同听而不闻”之语，即当时太平天国军中流行的秘密语。据张德坚《贼情汇纂》卷五、卷八所载《隐语》：称“点灯”为“堆火”，称“如厕”为“运化”，称“小便”为“润泉”，称“旱烟”为“红粉”，称“变心”为“反草”，称“真心”为“真草”，如此等等。

“黑话”，是民间对秘密语最普遍的称谓，如《西游记》第八十四回：“八戒在旁卖嘴道：‘妈妈儿莫说黑话，我们都是会飞的。’”对此，陆澹安《小说词语汇释》释云：“切口，欺人的话。”秘密语何以谓之“黑话”呢？通常则以匪盗之流黑社会的秘密语为“黑话”，而从语言学考察，却又有别解。“黑”，在古汉语中有昏暗不明之义，如《汉书·五行志》下之下京京房《易传》：“厥异日黑，大风起，天无云，日光晻。”在此“黑”与“暗”两义相通。由此，“黑话”亦即“暗语”，乃外人闻之不明

①据史式《太平天国词语汇释》考释，“桥水”即“计谋”，系广西贵县一带方言。张汝南《金陵省难纪略》：“心机谓之桥水。”四川人民出版社 1984 年版，第 328 页。

的隐语（秘密语）。一如《江湖切要》附载《金陵六院市语》末称："千言万语，变态无穷；乍听乍闻，朦胧两耳。致使村夫孺子，张目熟视，不解所言，徒为彼笑。"

此外，尚有称民间秘密语为"查语"、为"谚"、为"俏语"、为"锦语"者。如宋王谠《唐语林》卷五《补遗》载："宋昌藻，考功员外郎之问之子，天宝中，为滏阳尉。刺史房琯以其名父之子，常接遇。会中使至州，琯使昌藻郊外接候。须臾却还云：'被额！'房公顾左右：'何名被额？'有参军亦名家子，敛笏对曰：'查名诋诃为额。'房怅然曰：'道额者已可笑，识额者更奇。'近代流俗，呼丈夫妇人故纵不拘礼度者为查，又有百数十种语，自相通解，谓之'查语'，大抵多近猥僻。"宋张仲文《白獭髓》注"掀也""火里"为："此银匠谚语。"明田汝成《西湖游览志余》卷二十五云："又有讳本语而巧为俏语者，如：诟人嘲我曰'淄牙'，有谋未成曰'扫兴'，冷淡曰'秋意'，无言默坐曰'出神'，言涉败兴曰'杀风景'，言胡说曰'扯淡'，或转曰'牵冷'，则出自宋时梨园市语之遗，未之改也。"无名氏《秦京杂记》(《通俗编》引作,《西京杂记》) 云："宋汪云程《蹴鞠图谱》有所谓锦语者，亦与市语不殊，盖此风之兴已久。"此即《蹴鞠图谱》[①] 中的《圆社锦语》。此外尚有多种称谓，将于后文陆续述及。综上可见，民间秘密语称谓历来繁杂，或笼统而言，或为专指，但万变不离其宗。

在国外，也存在类似的情况。据考察，英语的"slang"一词，产生于18世纪中叶，初义仅指盗贼用语，即所谓"黑话"。

---

①明陶宗仪编《说郛》卷一百零一的节录题为"蹴鞠图谱"，署"郭郡汪云程"。

至19世纪初，出现了所谓lawyers' slang"（律师行话）一语，则使其与"jargon"（行话）一词混用，而与"cant""argot"有所分别。"cant"在英语中指"黑话"，法语叫"argot"，日语叫"隐语"。英语的"黑话"于17、18世纪专指乞丐、盗贼之流的用语，以后其语意的内涵被扩大，与"行话"往往混同在一起。自从法语吸收进"argot"一词之后，使用上更加混乱，乃至"jargon"不仅专指各种职业集团的内部用语，还包括学术上各种专门学科用语，甚至连外来语成分、洋泾浜英语等粗俗混杂语类亦称作"行话"了。① 此与汉民族民间秘密语的称谓、概念之混杂，何其相似乃尔，看来是个多种语言文化的通病。其症结则在于民间秘密语以往多被视为鄙俗语类，难登大雅之堂，而为学界所忽视。

那么，民间秘密语的特质归根结底是什么呢？这是历来各种称谓万变不离其宗的基础所在。"名"要求符"实"，就是无论叫什么都围绕其特质而称，否则就要"离宗"。

三、中国民间秘密语的符号学特质

民间秘密语不是语言，而是人们在社会生活中，出于一些集团或群体为了回避外部人了解关系其内部共同利益的言语交际内容而派生出的语言变体。无论是语汇的还是短语，谣诀式的秘密语，都不能完全取代语言，而只是部分取代言语活动中部分相对应的语汇或语句。民间秘密语的功能，是在运用语言进行群体或

---

①据劳宁译自市河三喜编《英语学辞典》（1955年版）的材料，载《中国语文》1957年第4期。

集团内部言语交际活动中体现出来的。也就是说，民间秘密语是一种在社团内部使用的、用以部分替代其相应概念语义符号的人为的特定语言符号。

远在符号学作为一门科学正式建立之前，著名的语言学家、符号学的奠基人之一费尔迪南·德·索绪尔即从语言学出发，提出了一系列至今仍具有生命力的科学论断。他认为，语言是一种表达观念的符号系统，而且是文字、聋哑人字母、象征仪式、礼节形式、军用信号等诸系统之中最重要的系统。语言符号虽然主要是心理的，但并不是抽象的概念，多由于集体的同意而得到认可，其全体即构成语言的那种种联结，都是实在的东西，它们的所在地就是我们脑子里。而且，语言的符号可以说都是可以捉摸的，文字将其固定在约定俗成的形象里。符号学，尤其是索绪尔的语言学的符号学理论，为我们认识民间秘密语的特质、结构，提供了一个极方便而有价值的科学方法和视点。[①]

“符号在本质上是社会的。”[②] 民间秘密语是由社会集团或群体共同认可而约定俗成的语言变体性质的特定符号系统。它掺杂于语言之中进行内部的言语交际，而不游离或超出语言符号之外，不能孤立存在。如《江湖切要》的卷首序言，就是掺杂了秘密语符号的一篇秘密语文献。该序全文1000多字，且照录如下：

圣贤化道，不出天地范围；理义贯通，能使智愚超梧（悟）。一入门先参来意，未开言便要拿心；要紧处何须几

---

①[瑞士] 费尔迪南·德·索绪尔：《普通语言学教程》，高名凯译，商务印书馆1980年版，第100—111页。

②同上。

句，急忙中不可省言。洞中半开，挨身而进；机关略露，就决雌雄。敲日月，父接母言；扳上下，兄连弟语。只宜活里活，不可死中死。瓦砾内当辨金珠，芝兰中亦分荆棘。先签后隆，乃术中之妙诀；轻敲响卖，是秘密之玄机。湖海客来谈贸易，缙绅人至讲唐虞。商贾当签兴废，为清高必说贵人扶。初火气必骄矜，久困志皆颓落。富厚多招嫉妒，奸邪必犯孤司。日来问欠欠必险，欠来问日日必殃。青马问咽，签前隆后；通郎年少，摩写必端。太火通隆其欠贵，中火通喜纳偏才。继子每言多剋父，赘儿大半早亡亲。幼失日月，岂有现成享福；晚年得欠，可知半世奔波。娇欠多逆日，滛细定欺孤。构讼勿言有利益，操孤念呾有赢输。白托求琴，皂难积聚；空拳觅把，人必聪明。家从亲合而成，胸藏志略；窑为一合而败，性爱风骚。贪恋瓜内多枯，花皂托中常乏。欠招叠叠，岂无残疾疲癃；才剋重重，白有生离恶土。俊俏郎君，恒娶愚顽邋遢妇；风流娘子，惯招庸痴恶俗人。百拙村夫，平生丰足；千能术士，毕世虚浮。君子虽水，终存体统；小人方火，照底无人。才富幼配，十有九嫌；合寸丈尖，百无一就。子曰年迈，功名之念必灰；丙八胆雄，刑险之祸立至。木寸休谈诗礼，谷山少卖哩滛。若问昔年运限，何如无筌不着。若叩今岁流年，可好多多招是非。蓦地筌咽诀吐，冷咽启出常端。有询只须缓答，无言不必先声。我若问他宜急骤，他如话我莫慌忙。筌时佯发怒，隆际假陪欢。草野英才，志怀霄汉；庙廊荣宦，心向山林。尖岁身贫非久困，则年无欠莫言孤。虚帮衬，假殷勤，好中防歹；若欲吐，若不吐，随卖随封。扸相知除公，留意碾地所。礼貌邻通得搠处，以言多寡卖响时。灭迹扫形，虑查头之寻事，防谷山之我谋。故设撇宜留意，而肘琴要欢心才宜签欠。宜隆既卖才，公随当签欠。日心旬月，则丈必定。继出偏生宫，则文才月旬，恐属先奸后娶。危急之灾，或决土延年已久，许长生尖角，休谈荣畅，还防疾厄关津。老叟灾莫言川数内遐龄，反众日月少荫。知因萱草先凋，棠棣无情，只为椿庭景晚。腰带匙衣打结，定然念欠、念才内。琉璃外大疋，岂非初火初荣。挨苍年迈，即签名利虚花水七。挨通即卖三迟三，早念四念三，签彼师徒不睦。奎五奎六，隆渠绝处逢生。连环隆随伴合队启防，生拐七须卖性情仁通。相看礼貌，客把常抛。霜露当隆，遇难成祥。瓢生受尽风霜，签以根基鲜实。丁七风神飘荡，一生虚耗多端。荣细若思改弦，许以后招良已。火占，通还他腰金衣紫；尖占，通决渠早步青云。不识伯牙之琴，怎剖卞和之璞！雷轰雨骤定为凶险之因，日暖风和方是吉祥之兆。遇文王，施礼乐；逢桀纣，动干戈。耳听八方，眼观四处。有终有始，随主随宾。奴仆若多，内有奸邪凶党；朋情难洽，不无负义忘恩。染私情者鸾胶不合，结匪友者日月生忧。老妇再醮，可想家贫子不肖；娇娘守寡，只因衣食半丰盈。逞奢华罄中乏熯，弃仁义瓜底多琴。观色察言，审贵徵贱。一篇尽江湖之要，片语阐造化之机。妙道无方，功能一笑，勿宜轻泄，爰及匪人。诗曰：我家田地在江湖，不用耕兮不用锄，说话未完苗已秀，再谈几句便收租。

如此一篇文章，本为讲述江湖经验，却因连缀江湖秘密语而成，使外行人读来莫名其妙，不知其所以然。尽管语句中贯联颇多秘密用语，例如“欠”（儿子）、“才”（妻）、“偏才”（妾）、“日月”（父母）、“孤”（官）之类，外行人读来难懂，但仍可粗略断句，知其确系言语文章，而不是别的什么。其关键就在于这些江湖秘密语汇之所以被联缀成句、结构成篇，是照用了民间秘密语本身所不存在的副词、虚词等基本词类符号，举凡要、便、而、中、不、可、先、后、乃、之、只、是、多、少、每、勿、虽、能必、有、无、若、则、如、以、故、即、岂、把、随、再，等等。该序之所以使江湖秘密语成句、成篇，正是按照汉语语法将其作为代表某些相应概念的语汇符号，与这些虚词、副词等语汇混合编排成为习惯序列。因而，虽然不解其意，却可当然地判断出那是言语文章，是语言材料的有机组合，甚至还能粗略断句。这个事实，恰恰充分说明了民间秘密语本身不是语言，只有按既定的言语习惯有机地结构，才能使之发生作用，否则，只是一堆废物。而且，这些秘密语不仅要与其母语语言材料中的有关起语法作用的词类有机配合，而且由于其本身词汇的贫乏，还将必须照用一些它没有与之对应秘密语概念符号的某些名词、代词及多种名物称谓。尽管文献所记录下来的民间秘密语已达上万语汇，但在浩瀚的语言大海中，它所能代表的亦不过是沧海一粟而已。上面所举《江湖切要·序》是以近代汉语文言写成的，下面再引证一个现代汉语中的用例。这是摘自一部反映当代中国乞丐群落生活的纪实文学作品中的一个片段：

然而，乞丐部落对于新来者是善于保守秘密的。小“拉兹”发现乞丐们常常讲着一些令人费解的话，这种语言是父母没有传授，教师没有讲授，在他往日的正常生活中也不曾了解到的。有一回，他听到乞丐部落中的一对成员——“麻子”与“秃子”的一段对话：

“哥们，咋儿夹点么？”

“嘘，小声。那……呢，少水。”

“出手了么？”

“黑天了卖巧，可别砸我的杠子！”

“嗨，咱哥们来一壶。”

“中。明日有水了逮个兔子。”

“甭。逮只鸡也行。”

这些对话，令小“拉兹”丈二金刚摸不着头脑，好像来到了一个陌生的国度，他竟成了这些“鲁滨孙”手下的“星期五”了。他心里有些纳闷，也觉得蹊跷。有一回，他问“黄毛”：“哥们都说的是什么？”“慢慢你就懂了。”“黄毛”白了他一眼，“那是行话，不懂别多嘴，嘴上没放哨要吃亏倒血霉的。”行话？乞丐也有行话？他的好奇心大增，破译的念头也更为强烈。①

于是，经过一周的时间，他终于弄通了那些他听起来是在说话，而话语中夹杂的令其“好像来到了一个陌生的国度”的乞丐群落的秘密语。例如：称长期占住一个地方乞讨为“跪点”；称地盘为“山头”；多扒钱为“两夹”；有钱、没钱为“有水”“没山”；上、中、下口袋为“上层”“中层”“下层”；铁路干线为

①刘汉太：《中国的乞丐群落》，江苏文艺出版社1987年版，第6—8页。

“双条”；公共汽车线为“单条”；一百元为“一杆子”；三五千元为“三五槽”；五六万元为“五六坎子”；睡觉为“死倒”；以“老鼠”“兔子”“老虎”比喻油水大小；销售赃物为“卖巧”；买赃品为“吃巧”；卖血为“挑线”；吵架为“炒竹杠”；敲竹杠为“吃二慢”；漂亮小伙子为“小末子”；玩女人为“挂马子”，等等。这些乞丐秘密语在其群落内部言语交际中，不过是掺杂于话语之中的约定俗成的部分事物的代码而已。离开其流行的群落及各种具体话语，也就失去了特定的代码功能。

以上诸例均属语汇形式的，那么短语形式的秘密语情况又是怎样呢？试看下例：

蘑菇，溜那路？什么价？(什么人？哪里去？)

想啥来啥，想吃奶就来了妈妈，想娘家的人，小孩他舅舅来啦。(找同行来了。)

野鸡闷头钻，哪能上天王山？(因为你不是正牌的。)

地上有的是米，唔呀有根底。(老子是正牌的，老牌的。)

拜见过啊幺啦？(你从小拜谁为师？)

他房上没有瓦，非否非，否非否。(不到正堂不能说，徒不言师讳。)

哂哒？哂哒？(谁引点你这里来？)

一座玲珑塔，面向青带，辈靠沙。(是个道人。)

幺哈？幺哈？(以前独单吗？)

正晌午时说话，谁也没有家。(许大马棒山上。)[①]

这是旧时东北地区一个土匪集团流行的见面时的“黑话”，即秘密语。尽管其中某些词语隐含着特定意义，如“野鸡”指“杂牌”，“幺”指“师”和“单”，“房上瓦”指“正堂”，末句若拆字谜，指许大马棒匪帮；但就语句本身而言，其表层语义(句义)显而易见，是以完整语句来暗指秘密语的特定含义，即其深层语义。这是语句形式的民间秘密语所共有的一般特点。也就是说，语句形式的秘密语，尽管其表面上符合语言的一般语法习惯，以一般句子面貌出现在话语之中，却借此隐含秘密语的内部特定语义，受此制约，其语句的表层语义亦是特定的，与其深层的隐含语义相对应。一如“野鸡闷头钻，哪能上天王山？”只能与“因为你不是正牌的”这一特定隐含语义对应，而不是其直观的表层语义或别的什么深层隐含语义。

凡此说明：第一，民间秘密语不存在独立的语法系统，以及起语法作用的语词系统，它只能按照自然语言的语法习惯充当与之相应的话语成分的代码；第二，由于秘密语语汇代码不具备与自然语言语汇对应的完整基本语汇系统，语汇贫乏，因而远不足以表达人间万物诸事，只能在内部交际中部分地充当与之对应的自然语言语汇的代码；第三，其语汇符号的构造，无论是语音学方法还是修辞学、语法学方法，甚至是任意指定而得到认同的，或临时约定的，均以自然语言思维和自然语言材料为固有基础，用其音、形、义等材料进行创制。这些充分证明了民间秘密语对

①曲波：《林海雪原》，人民文学出版社1964年版，第205—209页。

自然语言的固有依附性，其本身不具有独立语言的基本属性，而只能是某些普通语汇用于内部交际的部分特定代用符号。这就是民间秘密语的基本特质。

民间秘密语作为语言的一种特定代用符号系统，每一个具体的语汇或语句式的符号，都可以根据索绪尔的符号学原理分解为“能指”和“所指”两种构造层次，即表层一般的与深层隐义的。其表层一般的“能指”是构成具体秘密语的表示成分，而深层隐义的“所指”则是被表示成分，由此构成具体秘密语单位的完整符号。各种秘密语均由若干这样约定俗成或特别指定而得到使用群体内部认同的符号，构成其秘密语的系统。例如无名氏所辑《墨娥小录》卷十四《行院声嗽》“人事”门类中的一些秘密语：

(所指)——(能指)	(所指)——(能指)
说话——衍嗽	埋——撒喷
说作——念合	偏——康
说谎——扯炮	休笑——张哂
说合——抹銕	笑——及子
唱——嚥作	羞——丑抹
叫——呼撒	怒——叉
歹言语——西嗽	喜笑——吸笛
骂——杂嗽	哭——擦注
看——打睃	怕——胆寒
拜——剪拂	睡—佞债作
不采——瓦着	醉——海透
行——掉臁	拿住——虔撒

立——打桩　　精细——听科

坐——超垛　　厥撒——马军

手段——枪法　　疾忙——擦撒

走——趣过　　将就——可捏

去——赳儿　　迟慢——磨石

打——超撒　　暗地——暝子

凡此，均若谜语似的（但不是谜语），“能指”成分有如谜面，“所指”成分有如谜底，两者合而为谜，即具体的秘密语符号单位。亦若歇后语似的（亦不是歇后语），“能指”成分有如“上半截”即往往说出的部分，“所指”成分犹若“下半截”即常常省略不说出来或略为停顿之后再说出的部分，前后（或上下）两个部分合而构成一个完整的“歇后语”，亦即具体的秘密语符号单位。

由此可见，秘密语符号单位是由“能指”与“所指”组合而成的。有时，一种“所指”可由若干种不同的“能指”成分来表示，如《江湖切要》中的一些秘密语例：

（所指成分）——（能指成分）

雷——震公；布鼓；天鼓；闻变；落箸；天威；破不平。

雨——津；沛生；子望；润公；湿杏；天线；灵零；甘露子；苦霪生。

雾——迷津；天；隔面；杏花雨；如烟；疑霖；迷离。

山——土高；地高；触土；地出头；巫峰；老峙；登

东；艮公；如砺；禹随；一拳石。

赌客——跳生；浑是胆；珠履三千。

皂隶——友竹；反竹；结脚。

凡此，“能指”成分的多样化，就其共时而言，或因分属不同使用集团的秘密语系，或因地区而有分别；就其历时而言，则可因时代变迁，而采用不同的表示成分作为“能指”；当然，由于维护集团或群体内部共同利益的需要，也有可能改变某些“能指”的表示方法以求保守秘密。《江湖切要》中往往可以窥知秘密语符号“能指”成分的变异情况，如其“亲戚类”的某些记载：

（所指成分）——（能指成分）

孙——子户；今改重欠。

未嫁女——半儿；今改挑蔬。

赘婿——合才；入吉才；今改为独占鳌头。

连襟——称日亚，今称弥仲，又曰其服。

外公——从曰；今改月曰，又曰泰山。

外婆——从月，今改重月。

民间秘密语具体符号的表示成分（能指）与被表示成分（所指）的组合关系，是一种具有任意性的替代结构，但一当双方被有关语言集团或群体所认同，或经约定俗成，两者即变成了相对稳定的固定关系，成为一张“强制的牌”（la carte forcée）[①]，即只能这样运用和表示，而不能是别的。“能指”成分的变化，无

①［瑞士］费尔迪南·德·索绪尔：《普通语言学教程》，商务印书馆1980年版，第107页。

论是共时性的还是历时性的，均以此组合关系的指定性为基本原则。民间秘密语“能指”成分的形式，或以语音、修辞等方式创制，或改变现成语词的“所指”语义而照用，或以此原则照用或组合某些短语，诸此常见的构造方式，均以其运用自然语言的言语习惯为根本。

民间秘密语不是“语言符号”，而是起部分替代语言材料充当言语成分作用的“特殊言语符号”。一个词、词组或句子，都可能充当这个“特殊言语符号”的“能指”亦即表示成分，同其“所指”亦即被表示成分一道经过具体言语集团的认同而应用于内部言语交际。因而，它不能取代“语言符号”的功能，只能是一种“特殊言语符号”。索绪尔说：“我们避免徒劳无益的词的定义，首先在言语活动所代表的整个现象中分出两个因素：语言和言语。在我们看来，语言就是言语活动减去言语。它是使一个人能够了解和被人了解的全部语言习惯。”① 按照这一命题的原理，我们当然可以认为，民间秘密语作为一种社会方言，则是某些言语集团或群体的颇有特点的一种特殊语言习惯。“符号在本质上是社会的”②，这一点，对于民间秘密语来说亦毋庸置疑，不需详论。仅仅是它依靠集团或群体内部口耳相传这一点，即已说明了这个问题。

---

①［瑞士］费尔迪南·德·索绪尔：《普通语言学教程》，商务印书馆 1980 年版，第 115 页。

②同上。

四、中国民间秘密语的源流

在源远流长的汉民族语言文化中，颇富有秘密语的传统。也就是说，以汉民族文化为主体的中华民族的民间秘密语传统是源远流长的。

我们之所以从广义上将由禁忌、避讳而形成的市井隐语、由回避人知而形成的隐语行话，以及语言游戏类隐语，通盘列属“民间秘密语”的范畴之中，而未如以往那样以“隐语”这个术语作为其总体概念，是基于中国民间秘密语文化传统的源流这一特定历史事实来考虑的。更确切地说，我们认为中国民间秘密语的文化传统，可以说基本由其源流得以体现，而其源流又大抵可以分解为基本处于同一平面上的上述三种情况，即中国民间秘密语源流的三支干流。而且，这三支干流又相互影响、相互渗透，在“由回避人知而形成的隐语行话”，即所谓“狭义上的民间秘密语”这一支干流中，尤其融汇了许多另外两支干流的成分，丰富和充实、发展了本身。这一点，也是我们之所以将另外两支干流纳入“中国民间秘密语”大系主流的一个重要原因。鉴于这一原则性认识和为便于阐发这一原则，下面，我们就以这三支干流为视点，分别考察、探讨中国民间秘密语的源流。

1. 由禁忌、避讳而形成的市井隐语

禁忌与避讳，合而可称之“忌讳”，是民族传统文化中的一种习俗惯制。《老子》五十七章：“天下多忌讳，而民弥贫。”《史记·秦始皇本纪》引贾谊《过秦论》云：“然所以不敢尽忠

拂过者，秦俗多忌讳之禁，忠言未卒于口而身为戮没矣。”又《司马相如传·上林赋》：“鄙人固陋，不知忌讳，乃今日见效，谨闻命矣。”东汉哲学家王充《论衡》有《四讳》篇，谓之“讳忌”。忌讳是有神论的衍生物，是原始宗教及其后来的理论在人类社会活动中具体化了的行为规范与准则，由于民俗心理的作用，顽固地渗透、融汇于民族传统文化之中，形成许许多多习俗惯制，是一种民俗信仰形态。《论衡·辨祟篇》云：“世俗信祸祟，以为人之疾病、死亡，及更患、被罪、戮辱、欢笑，皆有所犯。起功、移徙、祭祀、丧葬、行作、入官、嫁娶，不择吉日，不避岁月，触鬼逢神，忌时相害，故发病生祸，絓法入罪，至于死亡，殚家灭门。皆不重慎，犯触忌讳之所致也。”清人熊伯龙于《无何集》中亦云：“一切寻常日用之事，皆有宜忌。”凡此种种亦固然反映到语言文化中来，由此则形成人类忌讳的两大分野，即行为的忌讳和语言的忌讳。从广义（或说“宏观”）来讲，民间秘密语亦可视为一种“忌讳”，其回避特定集团或群落之外人听懂其言语交际的秘密，亦即“忌讳”关系内部利盖的秘密外泄，因而创制出一些特殊的言语符号来作关键语汇或语句的替代语码。民间秘密语在采用忌讳方法构建某些特殊言语符号的同时，亦不断地直接从民间语讳材料中吸收一些现成的语汇充实本身的符号系统。如明代陈士元《俚言解》与陆容《菽园杂记》均记载，民间忌讳离散而称“伞”为“竖笠”；而旧时梨园中谋生者尤怕散了戏班而失掉饭碗了，“散班”则成了同人的共同语讳，于是即以“开花子”“雨盖”为代码作为秘密语符号。《切口大词典·优伶类》：“开花子，伞也。后台不准撑开各伞，以及直呼为伞，当以‘开花子’及‘雨盖’等代之。此与江湖上之犯大快相同，因‘伞’与‘散’同音，伶人最忌散班。”这类因忌讳而造秘密语之例以后还将专门论述，于此则不详说了。至于直接从民俗语汇中采用语讳为秘密语之例，亦不乏其事。如“陈姥姥”一语，在明冯梦龙《双雄记》传奇《胡船透信》、李梅实《精忠旗》传奇《银瓶绣袍》中均可见用，或称作“陈妈妈”，是当明流行的一个民间语讳。据清历荃《事物异名录》卷十六考释：“《读古存说》:《诗》‘无感我帨兮’,《内则》注：妇人拭物之巾，尝以自洁之用也。古者女子嫁，则母结帨而戒之，盖以用于秽亵处，而呼其名曰‘陈姥姥’，即严世蕃家所用淫筹也。”《江湖切要》卷后所附署为“明·风月友”辑的《金陵六院市语》中载：“行经号为‘红官人’，用绢呼作‘陈妈妈’。”“陈妈妈”即“陈姥姥”之变异别称，可知此语作为语汇较早，而宋明之际已为“金陵六院”[①] 采入秘密语。再如前于此类所举《金瓶梅》第八十六回的“王鸾儿”，作为男性外生殖器的语讳，同时也是一个秘密语，一如今讳称男孩外生殖器为“小雀儿”“小鸡儿”的取意，它也是由俗称“鸟”（即“屌”）的转文而成，此则是转文语讳的民间秘密语。

凡此，堪知这类市井隐语与秘密语的直接和间接的源流关系。

①六院，本系宋代登闻检院、登闻鼓院、官告院、都进奏院、诸军司粮料院、两审计司之六个官署统称，时以京官知县有功绩的或郡守充职。此则指明初金陵几处酒楼、妓馆，即明侯甸《西樵野记》所说：“国初于京师尝建妓馆六楼于聚宝门外，以宿商贾。”

2. 由回避人知而形成的隐语行话

这是我们这里所说的狭义的民间秘密语。前面我们曾经述及，《文心雕龙》所举“废井”“麦麴”“庚癸”之类缪语可视为中国古代秘密语之滥觞，在于已可从中粗略窥得后世民间秘密语符号“所指”与“能指”的结构特征。例如《文心雕龙》中刘勰所谓“臧文谬书于羊裘”之例。据《列女仁智传·鲁臧孙母》所载，春秋时，鲁国的大夫臧文仲出使齐国遭到拘禁，而此时齐国正在进行兴兵袭鲁的战前准备。于是，减文仲（孙）即暗中使人为鲁公送上一封隐语信，信中说：“敛小器，投诸台。食猎犬，组羊裘。琴之合，甚思之。减我羊，羊有母。食我以同鱼，冠缨不足带有余。”而其母见信则泣下襟曰：“吾子拘有木治矣（被械系于牢了）！‘敛小器，投诸台’者，言取郭外萌（城外百姓）内（纳）之于城中也。‘食猎犬，组羊裘’者，言趣（促）飨战斗之士而缮甲兵也。‘琴之合，甚思之’者，言思妻也。‘臧我羊，羊有母’者，告妻善养母也。‘食我以同鱼’，‘同’者，其文错（文理交错），‘错’者所以治锯，‘锯’者所以治木也，是有木治系于狱矣。‘冠缨不足带有余’者，头乱不得梳，饥不得食也。故知吾子拘而有木治矣。”将此同前面所举语句形成的东北匪俗所用秘密语相比照，臧文仲的隐语信与其母所领悟的深层隐含语义，恰恰近似秘密语符号的表示成分（能指）与被表示成分（所指）的结构关系。因臧文仲出使中临时出现变故，不能用与受事者约定的秘语，故只能以隐喻方式将实情寓于常语之中，这样其母破译其信所隐真情只能运用“联想”方式来完成。

又如刘勰于《文心雕龙》所举“叔仪乞粮”的“庚癸”一例，

据《左传·哀公十三年》载："吴申叔乞粮于公孙有山氏，曰：'佩玉縈兮，余无所系之！旨酒一盛兮，余以褐之父睨之！'对曰：'梁则无矣，粗则有之。若登首山呼曰，庚癸乎，则诺。'"杜预注云："军中不得出粮，故为私隐。庚,西方，主谷；癸，北方，主水。"亦为如上情形，不过不是语句形式，而是语词形式罢了。

如果上溯，则似乎还可以将《周易》六十四卦视为中国古代的一种特别秘密语符号系统。即将其卦画符号视为秘密语符号的"能指"成分，将其标题、卦辞、爻辞视为"所指"成分。如"泰"（卦十一）："☷（坤上乾下）泰，小往大来，吉，亨。"其"所指"成分由筮官以及后来的巫觋们进行解释，《周易》成为他们内部掌握的用以占卜的经典，亦如一部占卜秘密词书。对其卦画符号，则不是常人所能够识解、破译的，于是自然具有保守秘密的性质和功能。

但是，据现存文献记载，民间秘密语的成熟与流行，当起于近代。据宋人曾慥《类说》卷四所引唐无名氏《秦京杂记》的记载可知，唐代长安市井中业已流行葫芦语、锁子语、纽语，练语、三摺语之类名目繁多的"市语"。至宋代，不仅据王说《唐语林》卷五《补遗》记载曾流行有"查语"。而且今尚可于汪云程《蹴鞠谱》中见到若干"圆社锦语"，于陈元靓《事林广记续集》卷八存有一辑《绮谈市语》。至明代，尽管陶宗仪《辍耕录》卷二十五《金院本名目》所记芦子语、回且语已只字无存，但此间流行的各种民间秘密语却是比以往都多的，如《金陵六院市语》《六院汇选江湖方语》《梨园市语》《四平市语》《行院声嗽》等。明清以来至民国，更有《江湖切要》《杭州市语》《江湖通用切口摘要》《江湖行话谱》《江湖紧要》《切口大词典》等专书、专辑；并已出现了《江湖切要》《切口大词典》这样比较成型的专用辞书，标志了民间秘密语发展史上的一个崭新里程。

当然，民间秘密语作为一种民俗语言文化，自有其传承属性，并不以历史朝代的更替为截然分界。唐代长安流行的葫芦语、锁子语之类市语，很可能于唐以前就出现了，是前代语言文化的遗存。其余各个时代保存下来的秘密语亦往往是上一时代或更早时代的语言文化遗存，早已形成并流行于民俗语言之中的。如纪实文学《中国的乞丐群落》这部书中记录的当代乞丐黑话，以“挂马子”来表示玩女人，“马子”即“女流氓”的代码。这个秘密语早在明代即已十分流行，而绝非当代黑社会的创新之制。如明人徐渭《南词叙录》云：“入马，进步也，倡家语。”对此，今人许政扬《许政扬文存》释云：“所谓‘进步’，即指‘勾搭上了’，‘马’乃妓女之隐称。”明谢肇淛《五杂俎》卷八云：“市贩各处童女，加意装束，教以书算琴棋之属，以徼厚直，谓之瘦马。”亦即从小教养之后卖与妓院或为人做妾的女子。明张岱《陶庵梦忆》卷五《扬州瘦马》亦载：“扬州人日饮于瘦马之身者，数十百人。娶妾者切勿露意，稍透消息，牙婆驵侩，咸集其门，如蝇附膻，撩扑不去。”① 云云。《金瓶梅》第八十七回：“将那时收帘子打了西门庆起，并做衣裳入马通奸，后怎的踢伤了武大心窝，用何下药，王婆怎地教唆下毒，拨置烧化，又怎的娶到家去，一五一十，从头至尾，说了一遍。”此中“入马”之义显然。又如《水浒传》第二十六回：“只得从实招说，将那时

①卞继卜《指女为马辨》：“马而云瘦，指童妓尚未成年。”见《社会科学辑刊》1987年第3期。白居易诗“莫养瘦马驹，莫教小妓女……马肥快行走，妓长能歌舞”，可为是证。

放帘子因打着西门庆起，并做衣裳入马通奸，一一地说。”《古今小说》卷三：“见吴山半晌不出来，伏在这间楼阁壁边，入马之时，张见明白。”至于戏曲中亦然，如辑本《郑孔目风雪酷寒亭》戏文：“记前回入马欢娱，效鹣鹣谐比目，一双两好，世间真无。”《玉壶春》一折：“我得了这沉香串，翠珠囊；你收取这玉螳螂，白罗扇。……料的这入马东西应不免。”又为“骟马”，如《西厢记》三本三折：“你本是个折桂客，做了偷花汉，不想去跳龙门，学骗马。”又《水浒传》第四十六回：“姓时名迁，祖贯是高唐州人氏，流落在此，只一地里做些飞檐走壁，跳篱骗马的勾当。”以“马”指女阴，则系古汉语文化旧有传承。《诗经·邶风·击鼓》：“爰居爰处，爰丧其马”。其“马”于协韵中读“姆”，亦即生儿育女之母性，泛指女性也。旧称“马桶”为“马子”（如明清戏曲小说常见之），实则源自以“马”为女阴之讳称。又如《庄子·至乐》云：“羊奚比乎不荀，久竹生青宁；青宁生程，程生马，马生人，人又反入于机”，其“马”即“妈”，即“妇人生子女后的称谓”，取义与《诗》相同。系“隐语近于寓言，喜用寓言的庄周，于此运用了‘马，作为隐语，以隐育龄妇女”[①]。汉许慎《说文解字》：“也，女阴也，象形。”而“马”“也”一音之转。又如“马泊六”一语，更为显证。《水浒传》第二十四回：“老身为头是做媒，又会做牙婆，也会抱腰，也会收小的，也会说风情，也会做马泊六。”《警世通言》第二十四回：“公子夜间与王婆攀话，见他能言快语，是个积年的马泊

①龚维英：《〈庄子〉“马生人”浅解》，载《社会科学辑刊》1985年第5期。龚氏又有《马之隐义抉微》一文可参，载《民间文艺集刊》第6集。

六了。”《金瓶梅》中作“马伯六”，如其第二回：“迎儿跟着人说媒，次后揽人家些衣服卖，又与人家抱腰，收小的，闲常也会做牵头，做马伯六。”戏曲中亦有，如《张协状元》第四十五出，是写作“马八六”：“我胜花娘子，见报街道者，唱《太子游四门》，撞见马八六。”而“泊”为本字，意为停滞、流连。“马”，显系女阴，而“六”则指男性生殖器，即“鸟”。中医古籍旧以“马眼”称女阴，取意亦同。《江湖切要》称妓女为“青马”，老鸨为“青妈”；《六院汇选江湖方语》谓“打拐”为“骗马”；《切口大词典》以“妇人”为“马生”，其“马”之取义，与古来皆同。至于现代黑社会“挂马子”之“挂”，即“姘”之义，而其本字，则当为“瓦”，动词，即铺瓦、盖瓦，《广韵》“泥瓦屋”是也。宋孟元老《东京梦华录》卷二《东角楼街巷》载：“街南桑家瓦子，近北，则中瓦，次里瓦，其中大小勾栏五十余座。”其“瓦子”又谓“瓦市”，如宋王明清《挥麈后录》卷六：“令释薛而追其甥，方在瓦市观傀儡戏，才十八九矣。”又《元曲选》李直夫《虎头牌》二折：“伴着火泼男也那泼女，茶房也那酒肆，在那瓦市里穿，几年间再没个信儿传。”又谓“瓦舍”。宋吴自牧《梦粱录》卷十九载：“殿严（一作岩）杨和王（沂中）因军士多西北人，是以城内外创立瓦舍，招集伎乐，以为军卒暇日娱戏之地。”又谓“瓦肆”，如《东京梦华录》卷五：“京瓦伎艺：崇、观以来，在京瓦肆伎艺，张廷叟，孟子书。”凡此，即宋元时都市中妓院、茶楼酒肆、娱乐、出售杂货之所，而又何以谓“瓦”呢？据吴自牧《梦粱录》卷十九中考解：“瓦舍者，谓其‘来时瓦合，去时瓦解’之义，易聚易散也。不知起于何时。”“瓦合”“瓦解”，《史记》均有用例，如卷一二一《儒林传》：“陈涉起匹夫，驱瓦合适成。”是谓临时凑合。一如《汉书》卷四十三《郦食其传》：“（沛公）问曰：‘计将安出？’食其曰：‘足下起瓦合之卒，收散乱之兵，不满万人，欲以径入强秦，此所谓探虎口者也。’”注云：“瓦合，谓破瓦之相合，虽曰聚合，而不齐同。”又《史记》卷一一八《淮南王安传》：“于是百姓离心瓦解，欲为乱者十家而七。”是取崩溃、破散之义也。此义于《淮南子·泰族训》中亦有之，即“瓦解而走”之例。而“瓦合”先义却指“勉强凑合”。如《礼记·儒行》：“毁方而瓦合。”疏云：“瓦合，谓瓦器破而相合也。”

鉴于上述之于“挂马子”这一秘密语的考释索引，不仅足以证明秘密语的传承关系，而且亦是进一步说明了民间秘密语之取形、隐义方式与民族语言文化传统的渊源关系。

3. 语言游戏类隐语

汉民族语言文化中的各种隐语式语言游戏的体式、形制非常丰富，例如藏词、廋语、切脚语、谜语、歇后语、风人诗、离合诗、析字，等等。钱南扬《从风人体到俏皮话》的引辞云：“自魏晋六朝以来，直至近代，流行不衰。而名称也在随时改变。有称‘江湖方语’‘中原市语’的，正因其流行于民间之故。有称‘江湖俏语’‘俏皮话’的，盖人民以为寻常说话，未免平淡无奇，这种话就成了他们的词藻，用以丰富他们说话的内容，表现自己的智慧，度量别人的智慧，故云。”① 这大略概括了这类隐语的一般特点。从广义上说，语言游戏类隐语是汉语言文化中全部隐语之源。远在《诗经》中已出现这类隐语。如《小雅·苕之

①《汉上宧文存》，上海文艺出版社 1980 年版，第 151 页。

华》:“牂羊坟首,三星在罶”“牂羊”,牝羊;“坟首”,大脑袋。“三星”,心宿,冬季天将明出现,日出则落。“罶”,竹或苇编制的鱼器,夜置水孔,天明取出。《毛传》云:“牂羊坟首,言无是道也。三星在罶,言不可久也。”对此,陆宗达先生认为:“前一句是‘歇后语’(《左传》谓“隐语脥辞”),‘牂羊’是母羊,‘坟首’是大脑袋。‘牂羊坟首,是说母羊长出了大脑袋。可是按一般常识都知道公羊才会长成大脑袋,因此,这里说‘母羊生出了大脑袋’,就等于说‘不可能的事’或‘不会有的事’。”陆先生认为这“应属于隐语的典型”。[①] 而这种歇后式隐语在《牟子》引谚中亦可见到:“谚云:少所见,多所怪,睹駞驼言马肿背。”倒其语序,与今之歇后语“看见骆驼说是马肿背——少见多怪”,何其相似!

至于以语言游戏类隐语方式化为民间秘密语或直接采入者不乏其例。

例如以“歇后”方式制造的藏词语言游戏:以“下马威风”这一俗语省却末字而以“下马威”代作“风”,类似的有“牛头马(面)”“猪头三(生,本为牲)”“胡里胡(赌,本为涂)”等。对于“猪头三(生)”,《沪苏方言记要》云:“此为称初至沪者之名词。‘牲’‘生’谐音,言初来之人,到处不熟也。”而这种藏词方式又衍化为民间秘密语的一种创制方式,如:

> 在我省部分瓦木、糕点、浴室工人以及摊贩中间,口头常常流传着一些俏皮的俚话,俗称“行话”。镇江人称为

①《训诂简论》,北京出版社1980年版,第58页。

“黑话”，扬州人则叫作“流儿言”。如：

头——各奔山　　肉——娇皮嫩

耳——金针木　　肚——撑船摆

鼻——扶墙摸　　瘦——五精六

眼——蜜枣元　　肠——鸡肚猴

这些“流言”，一般用在这样场合：一是部分个体摊贩成交时惯用。他们要在买主或卖主面前商量成本，合议措施，又担心别人插一手，往往来这一招。二是少数城镇工人中间也如此。比如甲要约乙早一点溜回家吃饭，又怕别人听懂，使用“流儿言”对乙说：“撑船摆——忍饥受，鸡毛掸。”意思是说：“肚饿了，走吧。”三是在一些不怀好意或者思想意识低下的人中间也常常用起。比如，他们对一些妇女品头评足时，便说这个“死儿绝”如何如何。①

由此可见：第一，至今仍有这种藏词式秘密语流行于民间；第二，这种“行话”具有保密、回避人知的功能性质；第三，多以常见的“四字格”成语、口头惯用语或习用词组创制。而这种方式，唐宋以来于语言游戏中颇为流行，如下各例：

〔例1〕《全唐诗》卷八六九《谐谑》一载封抱一《歇后》：抱一任栎阳尉，有客过之，既短，又患眼及鼻塞，用《千字文》嘲之：面作天地玄（黄），鼻有雁门紫（塞），既无左达承（明），何劳罔谈彼（短）。一说，人有患侧眼及翳，又有患鼻齆者，互嘲。一云：眼能日月盈（员），为有陈

①芳芜：《“流儿言”初探》，载江苏省《乡土》报第3期，1981年3月25日。

根委（翳）。一云：不别似兰斯（馨），都由雁门紫（塞）。

〔例 2〕《全唐诗》卷八七一《谐谑》三李涛《答弟妇歇后语》：涛弟浣，娶窦尚书女，年甲已高，出参，涛望尘下拜曰，只将谓亲家母。又作歇后语云云，闻者莫不绝倒：惭无窦建（德），愧作梁山（伯）。

〔例 3〕宋叶少蕴（梦得）《石林石话》：杨子年、刘子仪皆喜唐玄谦诗，……黄鲁直诗体虽不类，然亦不以杨、刘为过，如彦谦《题汉高庙》云："耳闻明主提三尺，眼见愚民盗一抔。"虽是著题，然语皆歇后。"一抔"事无两出，或可略"土"子；如"三尺律""三尺喙"皆可，何独剑乎？"耳闻明主""眼见愚民"，尤不成语。……苏子瞻诗有"买牛但自捐三尺，射鼠何劳挽六钧"，亦与此同病。"六钧"可去"弓"子，"三尺"不可去"剑"，此理甚易知也。

〔例 4〕明冯梦龙《古今谭概・文戏部》：有时少湾者，延师颇不尽礼，致其师争竞而散。或用吴语赋歇后诗嘲之曰：少湾主人吉日良（时），束脩且是爷多娘（少），身材好像夜叉小（鬼），心地犹如短剑长（枪），三杯晚酌金生丽（水），两碗晨餐周发商（汤），年算账索筵席（赖）（按：据《百家姓》"索筵席"应为"索成籍"）劈拍之声一顿相（打）。又：相传嘲监生诗云：革车买得截然高（大帽），周子窗前（草）满腹包，有朝一日高曾祖（考），焕乎其有（文章）没分毫。

〔例 5〕明郎瑛《七修类稿》卷四十九：海盐天宁寺僧明秀，都纲职也，攻诗字，奔走势利。尝上一达官诗，犯其所忌，被责，便下军人。王茂元嘲以歇后谚语：有个利市仙

（官也），天宁不毒不（秃也），因上七步成（诗也），打出周而复（始也）。言虽鄙俚，因僧致戏，颇得规诫之意。

〔例6〕清朱海《妄妄录》卷十一：徐上舍（术敬）负才不羁，好作歇后语，每以经文断章取义，或涉秽亵，余尝见之。诗曰：抛却刑于寡（妻），看来未丧斯（文），止因四海困（穷），博得七年之（病），既折授之以（平），全昏请问其（目），且过子游子（夏），弃甲曳兵而（走）。多以虚字押韵，匪夷所思，才大心灵，可以概见。

〔例7〕清褚人获《坚瓠乙集》卷一：吴中黄生相掀唇，人呼为小黄窍嘴，读书某寺中。一日，寺僧进面，因热伤手忒地。黄作歇后语谑之曰："光光滑，光头浪，光光练，光头勤。"谓"面荡摸忒"也。僧亦应声戏曰："七大八，七青八，七孔八、七张八。"盖隐"小黄窍嘴"四字，黄亦绝倒。

据此，这种语言游戏源远流长，亦足以证明以此方式创制回避人知性质的民间秘密语之源流久长，系采用了一种流行较广而又极简便易通的语言艺术。亦正因此，则至今仍然流行于民间不绝。是为民间秘密语之直接源流之一证。

再如直接采用民间语言游戏隐语为秘密语者，《国语·晋语》卷五载："（范文子对曰）有秦客廋辞于朝，大夫莫之能对也。"据宋人孙奭《孟子·公孙丑》疏云："大抵廋辞云者如今呼笔为'管城子'，纸为'楮先生'，钱为'白水真人'、又为'阿堵物'之类是也。""管城子"，语本唐韩愈《昌黎集》卷三十六《毛颖传》："遂猎，围毛氏之族，拔其毫，载颖而归……秦皇帝使（蒙）恬赐之汤沐，而封诸管城，号曰管城子。"系以笔拟人，后成为笔之别称。“楮先生”亦本是集，延为纸之别称。据《江湖通用切口摘要》知：“读书人曰笔管生。”又据《绮谈市语》“文房门”载：笔为“中书君、毛锥子、管城子、毛颖氏”；纸为“方絮、好畤侯、到藤、楮先生”。语言游戏中称钱为“白水真人”“孔方兄”“阿堵物”，而《绮谈市语》“玉帛门”并载钱为“方兄、青钱”。民国时之《切口大词典·钱庄之切口》亦云：“内方，铜钱也。”

如此，可见民间秘密语与语言游戏类隐语源流关系之一斑。

五、中国民间秘密语的类型

分类学，是各种科学的基本课题之一，中国民间秘密语的研究亦不例外。我以为，从中国民间秘密语的历史与现状的事实出发，兼顾研究之便，似乎可以从以下诸视点加以类分。

1. 内容分类法

民国时的《切口大词典》分为18类373子目，是以言语集团或群体为则，这是依内容分类的方法之一。其中，值得明确注意的一点，是民间秘密语虽显然具有集体或群体的差别，但亦并存某些符号的共通性，即通用性。如《切口大词典》“杂业类”首列“商人共众切口”，其例若：

糯米户头　好买主也。

馊饭户头　歹买主也。

点王　主人也。以王字加一点，成主人之主字矣。

猢狲　伙友也。

康白大　洋行买办也。

丢飞包　伙友遇熟人，或家人，与货而不取钱也。

卖小蛇　伙友或遇认识者，购物格外廉价也。

除帽子　凡交易进出，硬行除取回扣也。

这是于商贩习用切口中选辑的通用秘密语符号，而唐再丰《鹅幻汇编》所载《江湖通用切口摘要》，则着意于"通用"："此乃摘其常用繁者，知之则可与此辈相问答，且道途间亦自防之一补。今所记皆各道相通用者。"《江湖切要》的分类（见本章开篇），即以通用的各种秘密语为主线，兼重各言语集团、群体。于此又当顺便说明的是，我于本书往往并用"集团"与"群体"两个术语，其用意在于，以"集团"泛指各行各道；而由生物学转化而来的"群体"，既用指某些相近行道的组合总体，亦用指某些秘密语言语集团之中另有具体分别的"小集团"，所涉范围层次则视客观情况而定，跨度及伸缩性较大一些。

除上述而外，依秘密语符号所指成分的内容分类，也是一种重要分类方法，即常用基本符号（名、动、代等词性等）和专类符号（称谓、亲属等）的分类；如《事林广记续集》所辑《绮谈市语》的分类即属如此：

天地门：天（上苍，苍苍）；日（烛龙，羲驭）等。

君臣门：人君（至尊，至上）；皇后（长秋，女君）等。

亲属门：父（乃尊，府丈）；母（圣善，尊堂）等。

人物门：道士（黄冠，羽士）；和尚（缁流，光老）等。

身体门：心（中君，方寸）；肾（幽关）等。

宫殿门：殿庭（龙墀，帝居）；宫苑（大内，禁内）等。

文房门：诏制（宝书，丝纶）；条令（三尺）等。

器用门：香炉（傅山，金凤）；竹杖（扶老）等。

服饰门：草鞋（不借）；女鞋（菀央）等。

玉帛门：金（黄物，马蹄）；钞（券物，符儿）等。

饮食门：米（下妆，漂老）；饭（云子，胡麻）等。

果菜门：甜瓜（东陵，召平）；梅子止渴，和羹）等。

花木门：牡丹（花王，贵客）多海棠（妃子）等。

走兽门：牛（大牢，大武）；马（骏足，代步）等。

飞禽门：鹤（仙客）；鸽（飞奴）等。

水族门：蟹（郭索）；虾（长须公）等。

举动门：唱曲（善讴，谚作）；笑（哂）等。

拾遗门：遭杖（柴，批衮）；吊（线）等。

数目门：一（丁不匀）；九（馗不首，远）等。

无名氏《墨娥小录》所辑《行院声嗽》亦与此分类相似，凡分天文、地理、时令、花木、鸟兽、宫室、器用、衣服、饮食、人物、人事、身体、伎艺、珍宝、文史、声色、数目、通用计 18 门类。如此分类，在中国目录学史上，是各类民俗语汇，如俗语等的传统分类法。如明代张存绅《雅俗稽言》、陆嘘云《世事通考》、佚名氏《目前集》、清代翟灏《通俗编》等；而不标门类者，如明陈士元（环中迂叟）《俚言解》、清顾张思《土风录》等，亦隐以上述内容分类大体编次。凡此，悉《尔雅》《释名》分类体例之遗风也。民间秘密语根植于中华传统文化的深厚土壤，自不越出其影响的规范。

2. 形态学分类法

中国民间秘密语依形态学分别类属，可分为言语的、非言语的及文字的三种基本形态。

在这三种基本形态中，言语的形态是中国民间秘密语的最基本、最常见的主体形态。一般情况所流行、应用的秘密语都是言语的形态。所谓言语形态的秘密语，亦即以言语活动的方式进行秘密语交际。这其中，又有三种基本形式，占主体地位的是在言语中替代相应通语成分的语词式秘密语符号，如《江湖切要》所辑皆是这种形式："天：乾公多一大多轻清；无外；云表；兼容；併包；司覆公；高明君。"次为语句形式的，如"晒哒？晒哒"（谁引点你这里来？）、"幺哈？幺哈？"（以前独单吗？）之类。再次为谣谚歌诀形式的，如东北响马的"天王盖地虎，宝塔镇河妖"；"西北玄天一块云，乌鸦落在凤凰群，不知哪是君来哪是臣"；这种形式多系顺口溜式的韵语，易记易诵，张口就来。通常，语词式、语句式和谣谚歌诀式的三种言语形态秘密语往往掺杂合用，并以语词式秘密语单独于言语中替代相应成分运用的情况为多。

非言语的秘密语，是民族语言的一种副语言习俗形态①。这种形态的民间秘密语多以动态或静态无声方式进行，如"袖里吞金"式的暗以"捏七""叉八""勾九"之类指语表示数目来防避外人知晓。此外，尚有图画的、实物的、眼语的、表情的等多种形式。

至于文字符号形态的民间秘密语，则主要是以特别创制的文

---

①详参拙著《副语言习俗——一种民俗语言现象》，辽宁大学出版社 1988 年版。

字符号书写普通话语，以防避人知。如旧时典当等行业的变体式记账数字，湖南江永“女书”等。

3. 语言学分类法

所谓“语言学分类法”，在此主要指按照民间秘密语的构造方式、修辞方式之类的分类方法。如反切、析字、谐音、摹状、藏词、借代，等等，均属此类分类法。

上述各种秘密语分类方法，将于本书各有关章节专有论述，这里则论列从简。此外，尚有许多不同分类法，如断代分类等方法，多作为考察、研究方法融汇运用于有关论述之中了，于此则不专列为类。

第一章
中国民间秘密语的语言学考察

民间秘密语是民俗语言的一种特殊语言现象，以集团或群体的内部言语交际为基本功能。由于它不是一种“语言”，而是一种言语交际中由语言派生的社会变体，是由其所依存的民族语言——“母语”——变体而生的社会方言，因而必然带有其所脱胎的“母语”的各种“遗传”特征。其构形、修辞、语音、取义等诸方面，无不以其“本语”（即所依存和赖以衍生的“母语”）的各种传统方式为根本。所以，运用语言学的理论及方法考察民间秘密语，对于深入认识和解剖分析这一特殊语言现象的机制、本质，无疑是一种最基本也是首要的科学方法。

一、反切语（语音学的考察）

中国民间秘密语之所以具有“切口”“反切语”之类别称，是因为民间以“反切”这种语音学方法创制、构造的秘密语历史较长，所用较广，乃至使之成为中国民间秘密语的一个泛用别称或通名了。《江湖切要》《江湖通用切口摘要》《切口大词典》等专书所收秘密语并非都是以“反切”方式构造的，其原因即于在此。

语音是语言的物质外壳。人类之所以从动物群中脱离出来，其中的一个要素就是因为掌握了运用有声语言思维、交际和组织社会的功能。改变一种语言，首先是改变其语音。学习、掌握一种语言，语音亦是这种主要因素。语音的转变或衍化，往往可以改变词形或词义。汉语训诂学“因声求义”方法，就依据了这个基本的语音学原理。

日语有个行话“ドセ”，指旅馆和住宿处，其构造即巧妙地利用了语音学方法，把“セド”（宿）的两个音节顺序倒置而成。丹麦有一种秘密语是在各音节之后加以-rbe 音，把本字的韵尾吸收进去，也是一种语音学方法。在中国，“最有系统，在音韵上也最有意思的是用反切的秘密语”①。

“反切”是汉语中一种起源较早的语音学方法。最常见的说法，认为是三国时魏国人、《尔雅音义》的作者孙炎（字叔然）首创。《颜氏家训·音辞篇》载：“孙叔言（然）创《尔雅音义》，是汉末人独知反语。至于魏世，此事大行。”唐陆德明《经典释文·序录》，以及张守节《史记正义·论音例》等，亦持这种观点。而从古至今，对反切法起源一直众说纷纭。但作为一种上字取声、下字取韵调拼合注音的传统方式，因其简便易行，在汉语这个非拼音文字的语言文化传承中，一时颇为流行。不但流行于文人学士、应用于经典，而且早就流行于民间。如《三国志·吴书·诸葛恪传》所载：“童谣曰：‘诸葛恪，芦苇单衣篾钩落（即篾条制钩带），于何相求？成子阁（到哪找他？在成子阁）！’‘成子阁’者，反语‘石子冈’也。”又北魏郦道元《水经注·河水四》载：

---

①赵元任：《反切语八种》，载《国立中央研究院历史语言研究所集刊》第2本第3分册，1931年版，第313页。

“民有姓刘名堕者，宿擅工酿，采挹河流，酿成芳酎。悬食同枯枝之年，排于桑洛之辰，故酒得其名矣。……索郎，反语为桑落也。”据考，索、桑同声母（心母），郎、洛同声母（来母），郎、桑同韵母（属阳韵），索、洛同韵母（属铎韵）。[①] 凡此说明，反切法早已成为民俗语言文化的一种习见形式。如此，反切法业已成为民间秘密语的构造形式的直接民间文化基奠；尤其《三国志》所录童谣的“成子阁”[②]，似可视为反切秘密语之先声。

反切语的基本切音原理，是将一个“本字”（即通语用词的文字符号）的读音音节结构一拆为二，成为声母、韵母两个部分。然后，于其声母附加以一个韵母，构成切语的上字；于其韵母加以一个声母，构成切语的下字；上字与下字合而组合为一个反切秘密语的完整“能指”成分，其“所指”成分亦即其通语用词的文字符——“本字”。

例如以“他”为“所指”成分本字的反切秘密语符号，其“能指”成分即“tǎi-gā”。其切语上字的“tǎi”，是取本字“tai”（他）音节的声母“t”附加以韵母“ai”构成；其切语下字的“ga”，系取本字音节韵母“a”再附加以声母“g”构成；上字与下字合而组合即成其反切语，“tǎi-gā”。其上字往往是变调，而下字的音调则要取用本字音节上的声调，不是任意的，成为一般的通用规律。切语上字的附加韵，按照本字音节的开口、齐齿、合口和撮口“四呼”即“洪音”与“细音”，共有4个，即：ai、

---

①林序达：《反切概说》，四川人民出版社1982年版，第44页。

②林序达《反切概说》：“‘成阁，相切是‘石’，‘阁成’相切是‘冈’。”又注云：“所引童谣，《晋书》作：“吁汝恪，何若若！芦苇单衣篾钩络，于何相求常子阁。’（《五行志》中）在《切韵》音系里，成、常、石声母相同（常母），阁、冈声母相同（见母）；常、冈、成韵近（阳韵、唐韵、清韵），阁、石韵近（铎韵、昔韵）。”

ie、uai、üe。如果本字音节为零声母，则其切语上字亦为零声母，即将其上字的附加韵用作切语上字。切语下字的附加声规律，是以其本字音节的洪、细为分别的，开口、合口二呼（洪音）的附加声为“ag”，齐齿、撮口二呼（细音）的附加声为“j”；若其本字音节的韵母为“-i”，其下字附加声则为“zh”或“z”。为防止反切秘密语读音与其本字音节雷同，遇此情况，往往附加一个边音“l”为声，即“防漏附加声”。也就是说，当本字音节声母是 g、k、i、q 时，即采用这个办法补救。但是，如果本字音节是 zhi、zi 的话，因难以同附加声的边音相拼读，只好一仍其旧任其雷同，即说漏了。

反切秘密语在实际交际应用中，又有顺说与倒说、硬口儿与软口儿之别。顺说与倒说是就独立结构的具体反切秘密语符号的“能指”成分而言，如“tai-ga”（他-tā），是顺说，而“ga-tai”即为反说，是就反切秘密语上字与下字的音节顺序正反而言。一般顺说比较容易掌握，而倒说则要颇熟练才行，亦因其使用这种秘密语的集体或群体而有所区别。在切语声调上，顺说而且慢说或顺说而且快说，直接影响其声调；但倒说则无论快慢，切语的上字均读轻声。硬口儿与软口儿，是就反切秘密语在言语中对虚词文字符号的处理而言。无论实词或虚词用字及其声调怎样，一律化为反切秘密语的上、下字组合结构，是为硬口儿；而不将读轻声的虚词用字化这种反切秘密语符号，照用原词用字的，即为软口儿。下面是以汉语拼音描写的北方方言区 mai-ga 式反切秘密语软口儿顺说与软口儿倒说之例①：

①安家驹：《盲人密语——关于 mai-ga 式反切语的调查》，载延边大学《汉语学习》，1986 年第 6 期。

软口儿顺说之例：

sǎi-zì shuǎi-gū jie-liā li zhuǎi-gòng dǎi-gà de shǎi-zhì
四 叔 家 里 重 大 的 事

jiě-liàn shǎi-zhì jiě-lì sǎi-zì, xiě-jiáng liě-jín sǎi-gǎo
件 是 祭 祀， 祥 林 嫂

xiě-jiān qiě-lián zuǎi-guì miǎ-gáng de shǎi-zhì hái-gòu
先 前 最 忙 的 时 候

jiě-jiù shǎi-zhì jiě-lì sǎi-zì, zhǎi-geì huǎi-guí tǎi-gā
就 是 祭 祀， 这 回 她

quě-lüè qiě-līng xiě-jián le。Zhuǎi-guō zi fǎi-gàng
却 清 闲 了。 桌 子 放

zǎi-gǎi tǎi-gáng zhuǎi-gōng yě-jiāng, jiě-lì shang
在 堂 中 央， 系 上

huǎi-guō wǎi-guí, tǎi-gā hǎi-gái jiě-lì dǎi-gé zhǎi-gǎo
桌 帏， 她 还 记 得 照

jiě-liǔ de quě-lü fāi-gēn pǎi-gèi jiě-liǔ bǎi-gēi he kuǎi-luǎi
旧 的 去 分 配 酒 杯 和 筷

zi。
子。

软口儿倒说之例（接上例文章）：

“jiáng-xie jín-lie gǎo-sai, jǐ-nie gǎng-fai zhe ba!
“祥 林 嫂， 你 放 着 罢！

guǒ-wai gái-lai gǎi-bai。” zì-sai gěn-sai guāng-huai
我 来 摆。” 四 婶 慌

gáng-mai de guō-shuai。gā-tai gǎn-shai gǎn-shai de
忙 的 说。 她 讪 讪 的

guō-suai le gǒu-shai, jiū-ye jù-que jǔ-que gú-zhuai
缩 了 手， 又 去 取 烛

gái-tai。
台。

以反切方式构造民间秘密语，就所存文献见知，当以明代为流行一时。如明风月友《金陵六院市语》所载之“自身而言：‘撒楼’者，头也”；“自称呼言：老妈儿为‘波么’”。其“撒楼”与“波么”即以当时当地“头”与“妈儿”的读音音节反切组合而成。田汝成《西湖游览志余》卷二十五《委巷丛谈》载：“杭人有以二字反切一字以成声者，如以‘秀’为‘鲫溜’，以‘团’为‘突栾’，以‘精’为‘鲫令’，以‘俏，为‘鲫跳’，以‘孔’为‘窟笼’，以‘盘’为‘勃兰’，以‘铎’为‘突落’，以‘窠’为‘窟陀’，以‘圈’为‘窟栾’，以‘蒲’为‘鹘卢’。”又如明代江阴人氏李翊于《俗呼小录》中亦记载：“‘精’谓之‘鲫令’，‘团’谓之‘突栾’，‘孔’谓之‘窟笼’，‘圈’谓之‘屈栾’，‘蓬’谓之‘勃龙’。”两书所载同一“圈”字，反切语一为“窟栾”，一则为“屈栾”，以今音判断则“屈栾”为是，至于“窟栾”，或为笔误、刻误，或为其时其地方音所致，有待详考。而由此可知明代以反切制秘密语，已为常见之事，乃至以收录方言俗语为本的《俗呼小录》亦将之收入，并可为民间秘密语兼为俗语之属的又一分类学佐证。[①] 然而，上述已远非明代一代所流行之秘密语，却是唐宋之遗制。据钱南扬先生考案：明徐渭《南词叙录》云：“唧溜，精细也。”字作“唧”。无名氏眉批云：“是便利之意。孟郊有‘不唧溜钝汉’之语。”可见是唐人语。宋无名氏《百宝总珍集》卷一“青云”云：“若颜色唧伶。”唧伶，也即是“鲫令”，可见是宋人语。又，“杂嗽”为骂，见于《金陵六院市语》及《行院声嗽》，其中的“马”

①拙著《中国俗语辞书史略》（未刊稿）已详作论解。

字，当是“骂”字之误。[①] 由是可断。

至近现代，反切秘密语则进一步盛行于民间各种中下层社会群体、集团，而且又因各地方言语音差异，所流行的反切秘密语亦花样颇多，各地多有区别。据容肇祖、赵元任、陈志良等人的调查与研究所见，主要常见有如下诸式。

1. 北京（旧称北平）的反切秘密语

北京的反切秘密语有三种：

一是 mai-ga 式的。此式定则为：声母字、韵母字次序是顺的。声母字附加韵依本字开、齐、合、撮而用 ai、ie、uai、e，唇音声母跟 u 本韵相拼时，声母附加韵用 ai。假如本字是舌尖韵-i 的就用 e 为附加韵；韵母字附加声开、合用 k，而齐、撮用 j；假如本字是舌尖韵-i 的，韵母附加声就用 zh、z；假如附加声跟本字声母重复，就改用 l。声母字认为上声读，韵母字读本字调。这式反切语无说漏的可能。其例如：

一——野鸡	走——宰狗
那儿——乃盖儿	在——宰盖
事——色志	身——色根
大——歹尬	争——窄庚
北——白给	这儿——歹告儿
先——写尖	就——姐六
穿——揣官	商——色刚

---

①钱南扬：《汉上宦文存》，上海文艺出版社 1980 年版，第 133 页。其中，《金陵六院市语》：“‘杂嗽’者，骂也。”《行院声嗽·人事》：“骂，杂嗽。”

二是 mei-ga 式的。此式的定则为：声母字、韵母字的次序是顺的。声母附加韵依本字开、齐、合、撮而用 ei、eí、uei、ü；唇音声母跟 u 本韵相拼时，声母附加韵用 ei。韵母字附加声用 k；假如本字是舌尖韵-i 的，韵母附加声就用 zh、z；韵母字以包括本字韵头为常例，但声母 j、q、x 跟韵母 ia、iao、iang 相拼时，i 可省去，跟 yan 相拼时 y 可作 u。声母字读去声，韵母字读本字调。其例如：

北——背给　　风——费庚

本——背颐　　火儿——会鬼儿

算——岁贯　　那儿——内盖儿

把——背生　　们——妹哏

说——睡锅　　脱——退锅

三是 man-ta 式的。其式定则为：声母字、韵母字的次序是顺的。声母附加韵依本字开、齐、合、撮大口韵用 an、in、uan、üan，小口韵用 en、in、uan、n。唇音声母跟 u 本韵相拼时，声母附加韵用 en。韵母字附加声用 t。反切字各用本字调。其例如：

那儿——难炭儿　　大——旦搨

火儿——魂腿儿　　算——算椽

这儿——旦套儿　　来——兰台

把——板塔　　他——贪他

袍——盘桃　　脱——吞脱

叫——见跳　　先——先天

商——扇汤　　好——寒讨

上——善烫　　穿——穿湍

厚——恨透　　一——因梯

太——叹太　　风——分鼟

凡此可见，即或同一方言区，其反切秘密语亦存在颇多分别。上述北京的三式反切秘密语，其构造定则中，“声母字、韵母字的次序是顺的”（即“顺说”）这一点相同，而且，除此而外则不尽一致了。

2. 常州的反切秘密语

常州的反切秘密语，通行多为 meng-la 式的。其式定则为：声母字、韵母字的次序是顺的。声母字附加韵一般声母用 eng，舌面（即颚化）声母用 ing。唇音声母跟舌尖中的声母（d，t，n，l 等）跟 u 本韵相拼时，u 音不归声母。假如本字韵是 eng，ing 的，则附加韵改作 e、ie 或 üe 入声。韵母字附加声用 l；单［ɥ］① 本韵认为 u；不圆唇的舌尖韵-i 反切韵认为［əɪ］；并且省去附加声 l；［əɪ］、［ɦəɪ］、m、［ŋ］四个字音不用附加声；如本字声母是 l 的，附加声改为 d。反切字除入声声母字须用平声，跟 eng、ing（iong）韵字声母字须用入声外，各依本字调读。但声母字重韵母字轻，并照声调相连法发生变化。附加声 l-、d-与本字声母清浊不合就任之他调的阴阳不合。其例如：

东——登龙　　岛——登老

①此符为国际音标，在常州舌尖前音中是 u 音位的一个附属值。在无准确相应汉语拼音读音时，以国际音标注之，并加［］标示。下同。余皆用汉语拼音描写记音。

登——得伦	等——得冷
同——滕龙	伦——勒登
动——邓弄	弄——论冻
邓——夺论	达——滕辣
一——因力	人——逆林
争——真郎	阳——银良
勒——伦德	事——甚贰
回——魂来	风——分龙
头——腾楼	北——奔六
身——色伦	袍——盆劳
叫——镜料	好——亨老
走——整柳	来——伦堆

3. 昆山的反切秘密语

昆山市，地处江苏东南部，与上海市相接邻。昆山的反切秘密语多为 mo-ba 式的。其式定则为：声母字、韵母字次序是顺的。声母字附加韵用 o。韵母的附加声的发音部位与本字同系，发音方法通塞互换，即本字塞声的用通声［v］行，本字通声的用塞声 b 行，但音节化的鼻音可不切。反切字调与本字分舒促，平、上、去分得不清楚，但大致根据本字调及字调相连的变法变的。其例如：

一——郁结	商——沙臧
先——沙尖	能——拿灯
争——渣常	脱——秃勒

搭——笃辣　　北——北复

转——榨善　　特——独勒

着——捉石　　身——沙真

算——舍钻　　七——促席

邦——巴房　　关——瓜还

削——缩爵　　如——蛇猪

奴——拿都　　次——岔寺

如——蛇猪　　专——渣然

此外，昆山尚流行一种三字切口，即三字切的秘密语。其附加韵用 en，附加声同其他两字切的反切秘密语定则相似，即“韵母字附加声的发音部位与本字同系，发音方法通塞互换，即本字塞声的用通声［v］行，本字通声的用塞声 b 行”[①]，而于其当中增加的一个字亦即附加声与附加韵拼起来的字音。其例如：

汤——吞伦郎　　郎——仑登当

消——生真焦　　焦——真神樵

像这种三字切的反切秘密语，在容肇祖《反切的秘密语》文中亦曾提到，即以“廉听吞”为“能指”成分二以“无”为其“所指”成分。赵元任先生认为，这是东莞的切法，而不是广州的；若是广州的反切当用阴平的“连”字，而不是“廉”字，是东莞的“廉”字读 hn 音。容文称这种“三字代一字”的三字式反切秘密语为“盲佬话”，当是流行于盲人之中了。然而，其虽

①赵元任：《反切语八种》，载《国立中央研究院历史语言研究所集刊》第 2 本第 3 分册，1931 年版。

亦系采用两字式的反切秘密语定则，却由于切法烦琐，说用与译解均颇费事，因而流行不广。

4. 苏州的反切秘密语

苏州的反切秘密语一般为 uo-men 式的。此式一般定则为：声母字、韵母字的顺序是颠倒的，即倒说式的。声母附加韵依本字开、齐、合、撮而用 en、in、uen、üen。唇音声母与 u 本韵相拼时，声母附加声用 en。韵母字用秃头韵母。阳调字加一种浊音吐气［ɦ］。舌尖韵-i 与出唇作用的舌尖后韵［ʮ］在阳韵字加重摩擦而成附加声［z］、r（略圆唇的 r）。开口韵母遇唇音声母以合口论，但附加韵仍用 en 而不用 uen。韵母字（第一字、即上字）调认为与本字调相同。声母字（第二字、即下字）如本字是平上认为平声，本字是去、入认为去声。但连起来照先重后轻连字变调法变调。其例如：

一——一印	有——有幸
家——挨根	头——侯亭
好——拗亭	说——厄胜
先——烟心	人——形人
脱——厄褪	𫌀——安门
路——贺论	来——孩伦
风——翁分	搭——鸭凳
事——事赠	身——恩身
走——酉精	论——恨论
太——挨吞	葛——厄根

5. 广州的反切式秘密语

广州的反切式秘密语一般为 la-mi 式的。其式定则为：声母字与韵母字次序是倒的。声母字附加韵，依本字阴韵，-m 或-n 尾，ng 尾，-b 或-d 尾，-g 尾，用 i、in、ing、[it]、[ik]。但是，如果本字韵母是 i、in、ing、[it]、[ik] 的，附加韵则改为 u、[un]、ong、[ut]、[uk]。韵母字附加声用 l。假如本字声母是 l，韵母附加声阴调字跟阳去用 g，阳平上入用 k。反嘸 m、五 ng 等字没有切。反切字声调每个字各与本字声调相同。“变音字”比较固定者，按照变音拼。其例如：

甜——廉田	上——亮盛
长——良情	棉——连瞒
人——邻延	就——漏治
本——卵扁	量——强零
匀——邻荣	同——龙亭
乱——绢练	有——柳以
立——及列	林——琴连
十——立舌	姓——令宋

6. 东莞的反切秘密语

东莞市，位于广东珠江三角洲东部、东江下游，距广州较近，而其反切秘密语亦同为 la-mi 式的，定则一如广州。但实在读音与广州有异，依本地乡音切拼。

7. 福州的反切秘密语

福州的反切秘密语也是 la-mi 式的，与广州原则相似，然而由于两地音系相差较大，故差别亦较大。其式定则为：声母字与韵母字的次序是倒的。声母字附加韵依本字韵母跟声调的性质而用 i、ing、[ik]、ei、[eiŋ]、[eik]。声母照（说话人意识中的）单字音拼，不因平常就连说时的变音而跟着也变。韵母字附加声用 l。三个纯鼻音字不切（m、n、ng），或把本字音说两次。反切字声调以每字照本字调读法为原则，但韵母字（即第一字、亦即上字）依二字声调相连变化法照例变调。有松紧的韵母字依一定的定则变调。其例如：

美——里美　　琵——黎琵
酒——柳旨　　上——亮盛
饮——领饮　　好——老喜
没——律密　　月——抨逆
人——林人　　沙——拉诗
来——来黎　　是——吏是
掏——罗迟　　耳——吏耳
零——零零　　拜——籁秘

8. 上海的反切秘密语[①]

上海是中国近代最繁盛的都市之一，尤以商业、文化事业较

①本节所记述的前七种反切秘密语，以赵元任先生所著《反切语八种》为本（出处见前注）；“上海的反切秘密语”，以陈志良著《上海的反切语》为本，载《说文》月刊第 1 卷第 9 期，1939 年版。

为发达，居民五方杂处，虽以吴语为其基础方言，却杂糅着多种次方言，形成了其特有的民俗语言文化。至于流行的各种秘密语，亦种类颇为丰富。据世居当地的学者调查，仅是反切的秘密语，即有多种。下面则分别作一简要记述。

一是“两字反”，常谓“硬反”，又谓“洞庭反”“同里反”，此即以两音切合的常见反切秘密语，与各地定则大同小异（乃方言差别）。其例如：

中——糟仲　　登——刀伦

翁——鏖红　　台——桃来

哀——鏖孩　　天——叨连

赵元任《反切语八种》提到上海浦东 mo-ba 式反切语，在当地谓洞庭切，其式定则与昆山相同，但附加韵是用舒声的 o，是浦东豪、包、超等字的韵。罗常培先生曾向赵元任先生提供所记余杭、武康所谓的“三反切”秘密语材料。这种切语又叫“洞庭切”或“哼切”。其切拼方法系以一至十的切语为定则去切拼所有用字，这十字的反切为：

一——育结　　二——虐基

三——沙追　　四——晒制

五——碗古　　六——腊笃

七——触席　　八——百伏

九——掬友　　十——熟则

对此，赵元任认为亦与浦东、昆山的大致相同，只是附加韵用入声的 o(aʔ)，也是一种 mo-ba 式反切语。陈志良认为，这十个字的反切，非特与上海、昆山相似，其实与嘉定的反切相同。此外，赵元任又提到在苏州曾听到一种与浦东、昆山同一切法的 mo-ba 式反切语，也叫“洞庭切”，将“饭”切拼为“伏扮”。在苏州话中，声母附加韵全用入声的 o，而不如浦东、昆山舒声字用舒声 o。这是与苏州常见的 uo-men 式反切语不同，而用者较少的别一种秘密语。

上海还有一种名为“花儿反”的反切秘密语，上、下字颠倒，亦即倒说式反切语，如“中”的切语一般为“镇仲”，而“花儿反”则说成“仲镇”。

二是“三字反”。这种反切秘密语在上海又有些名目，皆依用韵而有区别。一般说“三字反”，系就“三字硬反”而言。如“中——糟曹仲”或“中——捉蜀仲”，是“硬反”；若“中——糟齐仲”，则是“三字软反”了。如果其第一附加韵及第二附加韵均收“阿”韵，如“中——斋柴仲”，则名为“喇叭反”。如果其第一附加韵或第二附加韵均收“恩”韵，如“中——镇神仲”，即名为“仑敦反”，又称作“齆鼻头反”。

三是“多字反”，即“四字反”至“七字反”，这种情况在各地极为少见，亦是徒弄玄虚而已，而一个字音的反切极峰，最多七字。其基本定则是：(1) 第一字的发声与所切之字的发声必须相同，而末一字的收韵亦必须与所切之字的收韵相同；(2) 第二字的附加声，必须与末一字的附加声相同；(3) 末一字以前诸字的附加韵，均可自由应用。以“中”为例，其“四字反”，是“糟齐柴仲”；其“五字反”，是“斋神曹柴仲”；其“六字反”，是“镇曹齐柴才仲”；其“七字反”，是“灾齐曹神坐柴仲”；如此而已，实为繁琐、玄虚的语言游戏，故鲜见流行应用。上海反切秘密语一般语音切拼结构情况，如果用一至十这十个数目字为例，大体如下[①]：

	洞庭反	三字软反	喇叭反	仑敦反	花儿反
一	夭结	夭基结	耶皆结	英京结	一起
二	饶基	饶基基	□皆基	迎京基	大儿
三	烧斩	烧姊斩	洒斋斩	圣尊斩	雪宜
四	烧制	烧姊制	洒斋制	圣尊制	蔡时
五	敖根㕶	敖□根㕶	牙加白根㕶	□根根㕶	潘时
六	落笃	落底笃	拉带笃	仑敦笃	摇令
七	超席	超徐席	差顺席	寸顺席	扐寸
八	包伐	包尾伐	摆淮伐	奔问伐	挖奔
九	交友	交奚友	皆爷友	敬营友	溜敬
十	蜀札	蜀姊札	柴斋札	顺尊札	勒顺

同时，上述又可用于同罗常培提供给赵元任的余杭、武康 10 个数目字的反切相比较对照（见前述）。

9. 无锡的反切秘密语[②]

无锡位于江苏南部、太湖北岸，是大运河与锡澄运河的交会处。境内河流纵横，盛产稻、麦、蚕茧、水果及鱼类，是历史上久负盛名的鱼米之乡，为中国四大米市之一。1949 年前，运河两岸的粮食商行鳞次栉比，是重要的粮食集散地。作为粮食行业的

①其中“□”处，为无适当记音汉字，故空缺之。

②此以陈祺生《旧时代无锡粮食业的常用切口》一文所记述为本，载《语文知识》1957 第 12 期。

一种商业语俗，则流行着名为“唐反”“燕子反”和“鸭子反”等反切秘密语。其“唐反”定则与旧韵书反切方法相同，也是上字表声、下字表韵，合而结构成切语，却莫如《广韵》等韵书那样复杂。它只是将“所指”成分本字的声韵分开，于声后加韵母eng为切语上字，韵前加声母l为下字，以此代表本字。如“风头勿好，抛出!”（市价要跌，快卖!）；用“唐反”则成为：feng-long deng-leifeng-le heng-lao peng-lao ceng-le!”（这是以汉语拼音对原记音的大致描写，下同）。其一般用例如：

矮——eng-la　　雅——ing-la

富——feng-u　　灯——deng-leng

笼——leng-long　　稀——xing-li

至于所谓“燕子反”，切语上字取音方法与“唐反”相同，只是将下字声母由“唐反”的l改作z，以其说话唧唧如燕语得名。“鸭子反”上字韵母由“唐反”的eng改为a，下字与“唐反”或“燕子反”相同，以其说话呷呷若鸭叫而得名。

以上，大都是将近半个世纪以前中国一些地方反切秘密语的情况，又多为当时学者的考察所见。至于没有列入的其他各地反切秘密语当然还有许多，如20世纪30年代末曾有人还记述过潮汕地区的反切语①，于此则不尽详述了。上述9种皆为历史上发生的现象，当代是否还有流行呢？于此，且举下述为例。

①陈叔平：《潮汕的反切语》，载《中国语文》1940年第3期。

10. 辽宁当代盲人反切秘密语①

据1981年对大连、金县、营口三地的三座工厂、两所学校、一个公安局、一个生产大队（村级建制）的走访调查，先后所访问的23位会说反切语的人中，11位是盲人，加上以后的再次走访，共调查过15位会说反切语的盲人。事实表明，“辽宁地区所使用的反切语基本上是赵元任先生所归纳的mai-ga式反切语”；而且，“在盲人成堆的地方反切语一直流传使用”。②

容肇祖认为：“在前清初办学堂的时候（民国纪元前六七年间）中小学校里很通行。但是这种秘密语用来谈秽亵的事情的人很少。后来懂得的人渐渐多了，到如今大都看作很下流的一种语，也渐渐没多人敢说了。”③ 赵元任认为：“实际用反切语的大多数是小学生、算命瞎子、流氓、做贼的等类的人，他们当然并不知道一共有几条什么规则。他们学的法子往往先学了10个数目字的切法，然后以此类推到别的字上去。因为这个的缘故，学的人也有学得好坏之不同。”④ 陈志良提出，反切语在上海民间的势力虽是浓厚，然亦并非个个人都会说，而使用反切语最普遍的，则是：（1）流氓，间用着“硬反”“花儿反”“切口”等；（2）唱滩簧的，“滩簧”又称“申曲”，俗谓“本滩”，他们以“花儿反”为主体，故亦称此行为“浪花儿”（“浪”为“寸浪”

---

①此以安家驹《盲人密语——关于mai-ga式反切语的调查》《再谈盲人密语》两文为本，分别载于延边大学《汉语学习》1986年第6期与1987年第5期。

②安家驹：《盲人密语——关于mai-ga式反切语的调查》，载延边大学《汉语学习》1986年第6期。

③《反切的秘密语》，载《歌谣周刊》第犯号，1974年版。

④《反切语八种》，载《国立中央研究院历史语言研究所集刊》第2本第3册，1931年版，第314页。

之反)；(3) 道士，以“折字反”为主，间用“硬反”；(4) 礼人，包括“茶担”“乐人”等，以“硬反”为主折，间用“折字反”；(5) 裁缝，以“硬反”为主；(6) 学生，在1931年前五六年间，于浦东曾风行一时，在乎好玩而已，而后来浦东反切语的流传，却有其作用。①

据调查，辽宁当代所流传的反切秘密语，与之关系最密切的是盲人，是世代相袭的，而在明眼人中间的流传则是“时断时续”的。安家驹同志先后调查的15位盲人，大体为三种类型：一是旧社会算命的，4人；二是旧社会盲校出来的，1人；三是新社会盲校的毕业生或在校生，10人。其中除3位年幼的盲童生不会此道外，余下的12人均会说反切秘密语，尤以4位旧社会算过命的盲人说得最为流利熟练，并有两位尚会“倒说”。旧社会上过盲校的那位(现为盲文教师)，不止会说反切语，亦懂“盲点”(即盲文)。在调查中发现，旧社会曾以算命为生的盲人，几乎都会讲反切语，他们称之为“会中语”。因为，当时算命的盲人大都是“三皇会”成员，其反切语非会中人不传，是其帮会规矩，故称。而明眼人首先学会“会中语”的，则是为算命盲人引路的小孩，一般中学生中流行反切语，即其引路的小孩所传。在“三皇会”已不复存在的今天，盲人中之所以仍流行其“会中语”不绝，仍是因其具有保密功能，而盲人又仍然需要内部交际。这些盲人说，他们互相对话，总有不便于别人听的话，可是又看不见旁边是否有人偷听，又不能使用眼色这种非言语方式，而反切语却可解决这个问题。据说，一次某县盲人福利厂文工团下乡演

①《上海的反切语》，载《说文》月刊第1卷第9期，1939年版。

出，生产队准备的饭少了一点，半盲人到厨房看了，回来对大家说："iǎi-gàn bǎi-gǎi gǎi-lòu，yuě-jún zhe chǎi-zhī。"意思是："饭不够，匀着吃。"被访问的盲人说："要是不瞎，使个眼色就行了，我们这些人，把眼珠子翻出来也看不见哪！"

据调查中所仅仅发现的一所在 60 年代末、70 年代初反切语曾风靡一时的农村中学，其反切语是由一位盲人传入而流行的。10 年后，这所学校学生已不知反切语为何物。调查者找到了当年言必说反切语的 12 位中学生，他们仍能以非常流利的反切语对话，讲述当年用反切语嬉戏笑骂的情景。此时，他们已经担任了书记、队长、会计、技术员、司机等。他们说，当时学用反切语是玩，用它骂仗玩。可知其虽然仍具有使外人不懂其义的功能，却与盲人使用的功利性目的不一样，作用自然不同了。成年后，这些当年会说反切语的中学生，认为那种孩提时代的语言游戏已经"没有意思"了，故会说已无兴致使用。

二、其他语音学构造的民间秘密语考察

赵元任说："全部说话都能改变的，大概都是利用音的变化。一种语言的音素无论怎么繁复，比起词类来总是少好些倍；论语音上辨得出的音素一个语言至多不过有百把来个，论音韵上的音类或音位，至多不过几十个。所以只要对于音上有了一定的改变法，就可以把随便什么话机械的一改就全成了秘密语了。"① 当

①《反切语八种》，载《国立中央研究院历史语言研究所集刊》第 2 本第 3 分册，1931 年版，第 313 页。

然，最成系统、最为流行的是反切秘密语，而以“反切”之外其他语音学方式构造的秘密语亦颇有一些。于此，则略述几种。

1. 同音切

“同音切”是旧时流行于江浙地区的一种民间秘密语，如“骚三高角傲五”即为“三角五”的同音切。其定则是在各“所指”成分本字前分别各附加一个音节，再与本字音节组合的“能指”成分的读音。其附加的音节多取后一音节的声母加上一个韵母“奥”（ao）来组合而成。

2. 五音循环语

赵元任在《反切语八种》文中谈道：“最简单的就是定几个字音，每一个字后加一个，以乱人的听闻。比方北平有一种秘密语就是凡字都加红、黄、蓝、白、黑循环说。如：咱红们黄不蓝要白跟黑他红‘玩儿’黄，就是：咱们不要跟他玩儿。”这种“五音循环语”的确比反切式秘密语或“同音切”要简单易学得多，例如：

我们看电影去——我红们黄看蓝电白影黑去红。

你要注意天气冷热——你红要黄注蓝意白天黑气红冷黄热蓝。均为5个音节循环插入为之。50年代，在沈阳市的中小学生中这类秘密语亦尝流行一时，不过不是“五音循环”式，而是“单音循环语”，循环所取音字亦是任意而无定制的，如：

我们看电影去——我的们的看的电的影的去的。

大家都到操场去踢足球——大呢家呢都呢到呢操呢场呢去呢踢呢足呢球呢。

凡此，由于过于简单，稍听两遍即可听出规律而破译之，保密程度极低，一般只是一种“耍贫嘴”式语言游戏罢了，即说着玩的。

3. 八音摄哨语

高名凯《普通语言学》（增订本）和《语言论》，均介绍过“福州八音摄”：“福州的‘八音摄’就是应用语音改造的方法‘创造’出来的一种隐语。重复任何一个音缀都说成两个音缀，其中第一个音缀保持原样，第二个音缀保留韵母，而把任何的声母都换作 k，如果第一个音缀的声母就是 k 的话，就把第二音缀的声母改为 r。例如，ŋuai（我）说成 ŋuai-kuai，ny（汝）说成 ny-ky，然而 k‘aŋ（看）就说成了 k‘aŋ-raŋ。同类的隐语创造方法，也存在于我国各地。”① 这种“八音摄”定则近似于反切语，而又有区别，即其第一个音节（上字）与“本字”相同，不变；变化的是第二个音节。这种“八音摄”又叫“哨语”。

4. 可可话

“可可话”曾流行于昆明的学生之中，其定则类似于“八音摄”而又有分别。“八音摄”保留第一音节（上字）不变，而“可可话”是保留第二音节（下字）不变，其第一个音节则取本字韵母为韵母，再附上一个 k 的声母；若恰逢原音节声母是 k，则一律重读原音节一次，或将 k 改变为 g。如“我”读作[k‘o-uo]，“你”读作[k‘i-ni]，“他”读作[k‘a-t‘a]，“看”却或读为

①高名凯：《普通语言学》（增订本），新知识出版社 1957 年版，第 66 页。引文中字母为国际音标注音。

[k‘an-k‘an]，或读作[k‘an-kan]。[①]

5. 谐音秘密语

汉语言文化中以“谐音”方式构词或作语言游戏的现象颇多，如歇后语“石头蛋子腌咸菜——一言（盐）难尽（进）”“火烧城隍殿——妙（庙）哉（灾）”“十个铜钱儿丢了一个——久（九）闻（文）”之类，而以此法构造秘密语亦属常制。《金瓶梅》第三十二回载：

> 李桂姐道：“香姐，你替我骂这花子。”郑爱香儿道：“不要理这望江南巴山虎儿，汗东山斜纹布！”伯爵道：“你这小淫妇，道你调子曰儿骂我，我没的说，只是一味白鬼，把你妈那裤带子也扯断了。由他，到明日不与你个功德，你也不怕，不把将军为神道。”

对此段中的“望江南巴山虎儿，汗东山斜纹布”，姚灵犀《金瓶小札》释云：

> 原书谓为“调子曰儿”（竹坡本作“调子之儿”，《多妻鉴》作“调子口儿”），竹坡本谓盏麦于竹巾语，望作王，巴作八，汗作汉，斜作邪，合成王八汉邪四字。按：望江南，词牌名也；巴山虎，草名也；汉东山，曲牌名也，斜纹布，布名也。以隐语骂人，取首一字谐音，盖反切语之支流。（《溪蛮丛笑》谓“不阑”者，斑也；“突栾”者，团

①《关于“社会习惯语”或“社会方言”的讨论》，载《中国语文》1957年第4期。

> 也；“窟笼”者，孔也；“不乃”者，摆也）今扬州犹有此俚语，名曰“老鸦（音蛙）语”，（或作“老哇语”）即“切口”也。传古有考试者，试帖诗有一联苦苦成，遂书，“隶碧（叶‘你’字）杪椤树（叶‘说’字），娥黄（叶‘我’字）豆蔻（叶‘斗’字）花”，主试不解，以为僻典，遂荐中。士人编为若干语，是为“砌口”（或作“切口”），或谓“徽宗语”。①

姚氏所释以其为“反切语之支流”，意乃“一种秘密语”也。就其形式而言，乃系谐音、嵌字方式并用。而姚氏随后所记，则确属反切语，亦为反切语考察提供了一点往往不为人所注意的材料。

《西湖游览志余》卷二十五《委巷丛谈》所载“四平市语”中一至十的10个数目字秘密语，即采用了谐音兼接词式（或说接头式）的构造方式，其例如：

“一为忆多娇”：以“忆”谐“一”。“忆多娇”，即唐教坊曲牌《长相思》。又“二为耳边风”，以“耳”谐“二”。“耳边风”，俗语。汉赵晔《吴越春秋》卷二：“富贵之于我，如秋风之过耳。”杜荀鹤《题赠兜率寺闲上人院》诗：“百岁有涯头上雪，万般无染耳边风。”清唐训方《里语徵实》卷中下引《抱璞简记》称杜荀鹤所用，“未觉为俗耳”。其余名数亦然，多取人所常闻之语首字谐音而成。如：“三为散秋香”，以“散”谐“三”也；“四为思乡马”，以“思”谐“四”也；“五为误佳期”，以“误”谐“五”也；“六为柳摇金”，以“柳”谐“六”也；“七

①《金瓶梅评注·金瓶小札》，漓江出版社1986年版，第531页。

为砌花台”，以“砌”谐“七”也；“八为霸陵桥”，以“霸”谐“八”也；“九为救情郎”，以“救”谐“九”也；“十为舍利子”，以“舍”谐“十”也。凡此，若单用不为复数，则又比以单字为“能指”成分便于记忆。如以一为忆、以二为耳、以三为散、以四为思、以五为误、以六为柳、以七为砌、以八为霸、以九为救、以十为舍，非但不如三字熟语，且易“说漏”而失其保密、回避人知之功能。四平市语又有小为“消梨花”，大为“朵朵云”，老为“落梅风”；以之“讳低物为‘鞁’，以其足下物也，复讳‘鞁’为撒全钱”，亦以“撒”谐“鞁”。凡此，皆以谐音创造秘密语之制，其“能指”成分并无字面用意，其“义意全无，徒以惑乱观听耳”①。

6. 麻雀语

这是一种以韵字代本字的音韵学创制秘密方式，即将所有本字均换成“箫”韵字代之。容肇祖《反切的秘密语》文中，曾谈及此语。该文举例说：“如‘食饭’读为‘siaofiao’；‘读书’读为‘diaosia’等等。一知道了一个字，就可以完全悟出来。”其定则是取本字（“所指”成分）的声母与“箫”韵拼合而成。如“这小子不地道”，其“麻雀语”读法则是“早肖找跑掉倒”。后来已很少见说。然而，在20世纪的60年代末、70年代初，在黑龙江农场的北方下乡知识青年和上海的中学生中间，却见有流传使用，但已非本来的“麻雀语”，而是“改造”式的。如“这小子不地道”，他们说“早这肖小找子跑不掉地倒道”，将本字置于

①田汝成：《西湖游览志余·委巷丛谈》。

“箫”韵代字之后，掺杂组合。[1] 这种情况有点类似“五音循环语”，但不一样。这种“宽式麻雀语”的定则是：将本字声母与箫韵母拼合成为“能指”成分上字，再加上作为下字的本字（“所指”成分）即成为一个完整的“能指”成分，其本字当然是“所指”成分。如果以 A 代表本字，以 B 代表本字声母，C 为箫韵母，D 为完整的“能指”分，那么可以用如下公式表示：

$$D=(B+C)+A \text{ 或 } D=BC+A$$

其所用“箫”韵，是学者们的归纳。实际生活中，并无那么多人懂得音韵，乃至某些语言科学工作者亦未必懂音韵学这被称为“绝学”的学问，因而并非使用严格的“箫”韵字，而是一种“宽式”用法，大体相似即可。

三、民间秘密语的语法学构造法

民间秘密语的语法学构造方法有多种，如析字、嵌字、藏词、释义等，下面即分别论述。

1. 析字

古人分析、归纳汉字构造方法为“六书”，即象形、指事、会意、形声、转注、假借。可以说，“六书”基本上反映出了汉字的结构特点。汉语修辞学据此将汉字分为音、形、义三个方面，看别的字有一面与之相合相连，随即借来代替或推衍上去，是为“析字”修辞格。以这种方式创制语言游戏式隐语，古已有之。如《后

①参自愚：《有趣的秘密语》，载 1984 年 8 月 31 日《新民晚报》。

汉书·五行志》："千里草，何青青；十日卜，不得生。"范晔按云："千里草为董，十日卜为卓"。宋刘义庆《世说新语·捷悟》载："魏武尝过曹娥碑下，杨修从。背上见题作'黄绢幼妇外孙齑臼'八字。魏武谓修曰：'解不?'答曰：'解。'魏武乃曰：'卿未可信，待我思之。'行三十里，魏武乃曰：'吾已得。'令修别记所知。修曰：'黄娟，色丝也，于字为绝；幼妇，少女也，于字为妙；外孙，女子也，于字为好；齑臼，受辛也，于字为辤（辞）。所谓绝妙好辞也。'魏武亦记之，与修同，乃叹曰：'吾才不及卿，乃觉三十里。'"是乃先会意而后析字合字为解耳。

民间秘密语以析字创制之例颇有一些，如：

天——一大（《江湖切要·天文类》）

末——一木（《江湖切要·娼优类》）

琴瑟——双王（《江湖切要·乐器类》）

二——空工（《通俗编》卷三十八）

五——缺丑（《通俗编》卷三十八）

六——断大（《通俗编》卷三十八）

七——皂底（《通俗编》卷三十八）

八——分头（《通俗编》卷三十八）

九——未丸（《通俗编》卷三十八）

了一，子时也。（《切口大词典·星相类》）

刃一，丑时也。（《切口大词典·星相类》）

未巳，辰时也。（《切口大词典·星相类》）

千角，午时也。（《切口大词典·星相类》）

点王，主人也，以王字加一点，成主人之主字矣。（《切口大词典·星相类》）

还有一种“藏词”式“析字”造语方式，如旧时当铺用秘密语数目字，一为由，二为中，三为人，四为工，五为大，六为王，七为夫，八为井，九为羊，十为非，皆系就其上下左右笔画露头多少为标示。“由”字仅上面露出1个头，为一；“中”字上下各露出1个头，为二；“人”字露出3个头，为三；“工”字露出4个头，为四；……依此类推，是为笔画露头计数法。又如挑脚夫、轿夫，其秘密语数字亦为一种“藏词”式“析字”造语方式：

一为挖，“挖”中有“乙”，谐音一；

二为竺，“竺”中含“二”；

三为春，“春”中藏“三”；

四为罗，“罗”中有“四”；

五为悟，“悟”中含“五”；

六为交，“交”中含“六”；

七为化，“化”中含“七”(实为“匕”，此为“象形”类也)；

八为翻，“翻”中含“八”；

九为旭，“旭”中含“九”；

十为田，“田”中含“十”。

2. 镶嵌

又谓“镶字”“嵌字”，是一种以无关紧要用字夹杂入语的一种修辞方式。在修辞学中，可使语流舒缓、郑重等。此式古已有之。如《左传·昭公二十五年》师己引童谣：“鸜之鹆之，公出辱之。”《汉书·叙传》：“荣如辱如，有机有枢。”民间以此法构造秘密语，如“五音循环语”“八音摄”“麻雀语”“同音切”之类，亦兼用此法。用例已见前节，于此不复举例。

3. 藏词

又谓“切脚”“歇后”等。陈望道先生《修辞学发凡》称：“要用的词已见于习熟的成语，便把本词藏了，单将成语的别一部分用在话中来替代本词的，名叫藏词。”[①] 其例如：

陶渊明，《庚子岁从都还》诗：“一欣侍温颜，再喜见友于。”其以“友于”代“兄弟”出自《尚书·君陈》之“友于兄弟”。《晋书》六十四论赞：“惵惵周余，竟沈沦于涂炭。”其“周余”出自《诗经·大雅·云汉》之“周余黎民”。宋严有翼《艺苑雌黄·用典歇后》云：“昔人文章中，多以‘兄弟’为‘友于’，以‘日月’为‘居渚’，以‘黎民’为‘周余’，以‘子孙’为‘诒厥’，以‘新婚’为‘燕尔’，类皆不成文理，虽杜子美、韩退之亦有此病，岂非徇俗之过耶！”可知此式古已有之。本书绪论曾举，“少年主人吉日良（时），束脩且是爷多娘（少），身材好像夜叉小（鬼），心地犹如短剑长（枪）……”之类，即藏词隐语，却只是语言游戏罢了。据陈志良《上海的反切语》一文述及，上海旧时即有以藏词方式构造的民间秘密语流行，且有“缩脚隐”“缩头隐”“缩中隐”之分别。“缩脚隐”，是只说出一句成语或俗语的前三字为“能指”成分，藏去其末字为“所指”成分，并可谐音取义。如：

一为“大年初（一）”；

二为“桃园结（义）”，方言中二、义同音；

三为“东化西（散）”，方言中三、散同音；

四为“不三不（四）”；

---

①《陈望道文集》第2卷，上海人民出版社1980年版，第393页。

五为“自念白（晤）”，方言中五、晤同音；

六为“支五缠（六）”；

七为“形式逻（辑）”，方言中七、辑同音；

八为“七勿搭（八）”；

九为“十中八（九）”；

十为“紧牢固（实）”，方言中十、实同音。

缩头隐，系取三字式的成语、俗语，以其末二字为“能指”成分，所藏去的首字为其“所指”成分。例如取“肉驼螺”之“驼螺”表示“肉”；取“皱眉头”之“眉头”表示“酒”（酒、皱于方言中音同）。至于“缩中隐”，则是取三字式成语或俗语的首尾二字为“能指”成分，藏去的中间字则是其“所指”成分。对此陈氏文中未举上海方言中用例，[①] 依其定制推知，大致情形当是这样的：

虎——捋须，出自“捋虎须”；

面——笑虎，出自“笑面虎”；

干——站岸，出自“站干岸”；

马——露脚，出自“露马脚”；

外——门汉，出自“门外汉”；

北——西风，出自“西北风”；

钉——碰子，出自“碰钉子”。

凡此，似其大概。其已比语音构造的民间秘密语更直接与民俗文化联系起来，取之民俗语言，用之于民俗语言；信口而出，

---

①陈氏云：“缩头隐与缩中隐，会的人极少，笔者也调查得不甚清楚，或许解说得还不对，而缩中隐的例子，也无没举出。”

随手拈得，返朴归真耳。“藏词”法，或为修辞学范畴，亦不失为构词法的艺术规律，故置此。

4. 倒序

又称“逆序”，即以颠倒合成词词素语序的一种构词方式。民间秘密语的“倒序”方式构词，主要表现在两个方面：一是“反切秘密语”的“倒说”，究其实即“倒序”方式；再一种，是直接将通语合成词词素语序颠倒过来作为秘密语。例如上海的道士们所说的反语“道反”，其不以语音构造为主，而主要以“折字反”（即析字法）来创制秘密语，如以“田力头”谓“男”，以“安脱帽”谓“女”，以“扳烟”谓“吃烟”之类。同时，他们的“道反”还以“倒序”法创制秘密语。例如要说某所“客堂”怎样，实际上则是在评头品足人家“堂客”妍丑。上海方言称妻子为“堂客”，逆序即成了秘密语的“客堂”。而又因“上海家家有客堂的，所以听者就不以为意了”①。然而这种方式构造秘密语能力是有限的，故并不常见。

四、民间秘密语的修辞学构造方式

汉语构词法体系是以语音学、语法学（句法及词法）和修辞学3种构词法为主体的。修辞学构词法不惟于一般语汇构词中占有重要位置，而且亦为民间秘密语的一种主要构造方式。

①陈志良：《上海的反切语》，载《说文》月刊第1卷第9期，1939年版。

1. 比喻

即“打比方”，是一种常见修辞方式，于民间秘密语构造中运用亦颇多。如例：

月——冰轮（《江湖切要·天文类》）

雷——天鼓（《江湖切要·天文类》）

雨——天线（《江湖切要·天文类》）

雾——如烟（《江湖切要·天文类》）

小路——羊肠（《江湖切要·地理类》）

卖饼人——着大棋（《江湖切要·经纪类》）

膏药——圆纸；涂圆（《江湖切要·医药类》）

断路——留客住（《江湖切要·盗贼类》）

毛贼——小老鼠（《江湖切要·盗贼类》）

画符——描黄（《江湖切要·僧道类》）

箭——茅针；流星（《江湖切要·兵备类》）

铙钹——双筛（《江湖切要·乐器类》）

干面——飞尘（《江湖切要·饮馔类》）

蛇——练子（《江湖切要·鸟兽虫鱼类》）

虾——长枪手（《江湖切要·鸟兽虫鱼类》）

蟹——钳公（《江湖切要·鸟兽虫鱼类》）

怕——胆寒（《行院声嗽·人事》）

言语疾——翻饼（《行院声嗽·人事》）

冷笑——冰哂（《行院声嗽·人事》）

口——樱桃（《江湖通用切口摘要》）

剃头——扫苗（《江湖行话谱·行意行话》）

小米饭——星星散（《江湖行话谱·走江湖行话》）

大米粥——盐花乱（《江湖行话谱·走江湖行话》）

2. 摹绘

又谓“摹状”，是运用语言手段描摹事物音、形、色、味、景象、情态的修辞方式。以此方式构造秘密语之例如：

白——粉白（《圆社锦语》）

丝环——锁腰（《圆社锦语》）

伞——聚网（《圆社锦语》）

炭——乌薪（《绮谈市语·器用门》）

蒲（葡）萄——马乳（《绮谈市语·果菜门》）

蝙蝠——飞鼠（《绮谈市语·水族门（虫附）》）

弄蛇的——扯溜子（《六院汇选江湖方语》）

差人——狗子（《六院汇选江湖方语》）

立——打桩（《行院声嗽·人事》）

筋斗——翻跳（《行院声嗽·伎艺》）

茶壶——青壳子（《江湖通用切口摘要》）

炮——烘天（《江湖通用切口摘要》）

塔——钻天子（《江湖通用切口摘要》）

桌子——平案（《江湖行话谱·行意行话》）

小便——摆柳（《江湖行话谱·行意行话》）

洋火——崩星子（《江湖行话谱·走江湖行话》）

袜——笔管；登桶（《江湖切要·衣饰类》）

孝巾——顶雪（《江湖切要·衣饰类》）

蒜——地拳（《江湖切要·草木百果五谷类》）

蛇——缠老（《江湖切要·鸟兽虫鱼类》）

缺嘴——兔唇（《江湖切要·疾病类》）

鳗——线香（《江湖切要·鸟兽虫鱼类》）

螺蛳——波罗；曲房（《江湖切要·鸟兽虫鱼类》）

饱——盈腹（《江湖切要·人事类》）

3. 用典

“用典”，在修辞学中多以隐喻、暗喻形式寓义其中。以此方式构造民间秘密语者，多以口头常用、人们习见之典为之。例如：

《江湖切要·乞丐类》：“带妇人求乞亦称观音堂。”“观音”，本为 Avalokitesvara（阿缚卢枳低湿伐逻）的意译，作“观世音”，因唐人避太宗李世民之讳而略作“观音”，玄奘译《心经》则改为“观自在”，是佛教大乘菩萨之一。《法华经·普门品》云其有三十三身；《楞严经》云其有三十二应（化身）。大约自南北朝起出现有女相观音，至唐则盛。佛经称观音为广化众生之菩萨，通常与大势至同为阿弥陀佛的左右胁侍，合称“两方三圣”。由于佛教的流行，观音则成为民间信仰中的慈善女神。在这一秘密语中，则以观音作为女善人隐称随人求乞之妇。

《江湖切要·星相类》：“九流三教，通称‘江湖友’。初出江湖曰‘卯喜’；〔增〕‘隆中’。应聘谓‘才出茅庐’也。”其“出茅庐”乃取刘备“三顾茅庐”聘请诸葛亮为军师典。

《江湖切要·人物类》：“媒婆，潘细；〔改〕撮合山。”“撮合山”，俗语中本指撮合、拉拢男女关系的中间者，亦指媒人。如《扬州梦》第三折：“将你个撮合山慢慢酬答，成就了燕约莺期。”《百花亭》第一折：“只索央及你撮合山花博士，休使俺没乱煞做了鬼随邪。”《偷梅香》第三折：“锦屏前花烛辉煌，那时节，也替我撮合山妆一个谎。”又《京本通俗小说·西山一窟鬼》：“元来那婆子是个撮合山，专靠做媒为生。”《水浒传》第二十一回：“怎当这婆婆撮合山的嘴，撺掇宋江依允了。”凡此可知，《江湖切要》改用“撮合山”代指媒婆，乃直用俗语原意也。

《江湖切要·亲戚类》：“赘婿，合才；八吉才；今改为独占鳌头。”“独占鳌头”，“鳌”乃传说中海里的大鳖。清洪亮吉《北江诗话》卷三：“俗语为状元独占鳌头语，非尽无稽。胪传毕，赞礼官引东班状元，西班榜眼二人，前趋至殿陛下，迎殿试榜抵陛，则状元稍前进，立阶石上。正中镌升龙及巨鳌，盖禁跸出入所由，即古时所谓螭首矣。俗语本此。”后则用指占据首位或第一名。《元曲选》无名氏《陈州粜米·楔子》：“独占鳌头第一名。”卢挚《双调·沉醉东风》：“脱布衣，披罗绶，跳龙门，独占鳌头。”《江湖切要·亲戚类》：“大舅，才上。小舅，才下。总称舅曰曹国。”“曹国”，即“曹国舅”，因系“总称舅”，防说漏而省“舅”。此系用典兼藏词构造方式。曹国舅，相传名友，宋人，传说中八仙之一。《列仙全传》卷七载：“曹国舅，宋曹太后之弟也；因其弟每不法杀人，后罔逃国宪，舅深以为耻。遂隐迹山岩，精思慕道，得遇钟离、纯阳，……遂引入仙班。”据清赵翼《陔余丛考》卷之十四考云：“按《宋史》慈圣光宪太后弟曹佾，年七十二而卒，未尝有成仙之事。”而民间仙话传说“八仙过海”颇盛一时，至今未已，秘密语取此典乃其自然。

《绮谈市语·人物门》：“媒人，伐者；执柯。”“伐者”，即水伐柯人”也。典出《诗经·豳风·伐柯》：“伐柯如何？匪斧不克。取妻如何？匪媒不得。”又《礼记·中庸》：“执柯以伐柯。”

因称媒人为伐柯人，作媒谓执柯。”宋吴自牧《梦粱录》卷二十，嫁娶：“其伐柯人两家通报，择日过帖。”明史槃《鹣钗记》第三十一折：“懊恨杀韦公执柯，却将探花妻子被状元夺。”市语“伐者”“执柯”同出是典。

《行院声嗽·鸟兽》：“驴，果老。”其以“果老”称“驴”，亦出“八仙”传说。“果老”即“张果老”，传说中的八仙之一。唐李冗《独异志》卷下：“玄宗朝有张果老先生者，不知岁数，出于邢州，帝迎于内，礼敬甚，问无不知者。一旦有道士叶静能，亦多知解。玄宗问果老何人，静能答曰：‘臣即知之，然臣言讫即死，臣不敢言。若陛下免冠跣足救臣，臣即能活。’帝许之。静能曰：‘此混沌初分白蝙蝠精。’言讫七窍血流，偃仆于地。玄宗遽往。果老徐曰：‘此小儿多口过，不谪之，败天地间事耳。’帝哀恳久之，果老以水噀其面，复生。其后果老辞归邢州所隐之处，依然不知所往。”此乃有关果老身世传奇，而以此典为秘密语，又出自其坐骑。清翟灏《通俗编》卷二：“张果老尝乘一白驴，日行数万里，休则叠之如纸，置巾箱中，乘则以水噀之，还成驴矣。”又称：“俗言张果老倒骑驴，各传记未云，盖倒骑驴乃宋潘间事。”而《四游记·东游记》第二十回《张果老骑驴应召》云：“张果老常乘一白驴，每倒骑之。”民间传说以倒骑驴为其佳话，故亦自然用“果老”代“驴”，却又未免戏谑仙家。江湖中人颇迷信，此则行院中语，或个中之人不以为然，或不敬张果老。

4. 婉曲

即“婉言”，委婉而云，不直说，常用的修辞方式，亦常用于构造秘密语。例如：

墓——佳城（《绮谈市语·举动门》）

输——败（《绮谈市语·拾遗门》）

偷——弄把戏（《金陵六院市语》）

行经——红官人（《金陵六院市语》）

会说话——调皮（《六院汇选江湖方语》）

阴阳生——水火通（《江湖切要·僧道类》）

笼子深——指广宅深院，或高楼大房子而言也。（《切口大词典·党会类》）

路锁——言有官兵在前途截拿，或已在要隘设防，或有捕役追缉。贼遇此必高呼路锁，同伙闻知俾避匿也。（《切口大词典·党会类》）

金钏——手梏也。（《切口大词典·党会类》）

开天窗——在屋上掀去瓦爿，抽去椽子，而入屋者。（《切口大词典·盗贼类》）

死——归原。（《切口大词典·盗贼类》）

凡此，广义而论，民间秘密语即“委婉言之”而避人知。上述委婉，多类比喻、摹状而不直言其事。又如《绮谈市语·数目门》：“一，丁不勾，孤；二，示不小，封；三，王不直，春；四，罪不非，山；五，吾不口，马；六，交不乂，□；七，皂不白，星；八，分不刀，卦；九，馗不首，远；十，针不金，收。”亦如《圆社锦语》之“小出尖，五；大出尖，六”之类。虽为析字格，亦在“委婉”耳。

5. 以修辞学方式构造秘密语，所用辞格颇多，往往“兼格”而用，或综合语法、语音诸方式而成。

综上各式构造方式可知，民间秘密语的结构，均以普通语言结构方式为本；即或大量硬性指代而俗成的秘密语符号，亦取自普通常语的语言材料，极少有生造者，均为故意扰乱视听而避人知。

五、民间秘密语的逻辑结构与系统性

语言有语言系统和它的逻辑结构，民间秘密语虽不是语言，却因其脱胎于语言、出自语言逻辑与形象思维，亦自存在其特定的逻辑结构。如《江湖通用切口摘要》云：“凡当相者，忌字甚多，不能尽载。其中有八款最忌者，名曰八大快，……快者，即忌也：梦曰混老，虎曰巴山子（火字同音，亦忌火，曰三光），猢狲曰根斗子，蜿曰柳子（茶子同音，亦忌茶，曰青），龙曰海柳子，牙曰瑞条，桥曰张飞子，伞曰开花子，塔曰钻天子，伙食曰堂食。”其所忌之“八快”，属“当相”系统，至于别行，又有所忌；各行所忌，是为民间秘密语之禁忌系统。

各种方式构造秘密语，以其逻辑关系，又成系统。如下例（均见《江湖通用切口摘要》）：

门曰扇；关曰闭；关门曰闭扇。

银曰白恳子；金曰黄恳子多本钱曰恳子。

一曰留；二曰越；三曰汪；四曰则；五曰中；六曰仁；七曰信；八曰张；九曰爱；十曰足（案：取“十足”之义）；

百曰配；千曰粳；一百曰留配鼠；二百曰越配鼠（亦称为越百鼠，余皆仿此）；一千曰留粳鼠。

三例中，之所以将关门谓“闭扇”，则缘于门为扇、关为闭。旧时以金银为币流通于市，做生意的本钱在于握有的金银，故“本钱曰恳子”，“恳子”亦即金银之共称；而金银二者价值有别又非同物，则以银曰白恳子，金为黄恳子。末一例，确定出一至十的基数，方能依此构成无尽数目，这是各民族语言关于数目概念的通则；在民间秘密语数目构造中亦然，直接反映着世界上最朴素的数理逻辑。

民间秘密语符号尽管大多系人为所规定的，却是以人的语言思维为基础的，于情于理，自有其逻辑可循，且各种层次亦极为分明。例如《江湖切要》所辑“亲戚类”，即显见其秩序井然，逻辑不乱①：

父——日官　母——月官

祖父——重日；乾宫；东日

祖母——坤宫；东月；重月似母之母矣，今改老明。明者，日之月

伯父——左日；日上部；甲；

伯母——左月；月上部（该称日上才）；甲才

叔父——右日；日下部；椒老

婶母——右月；月下部（称日下才）；椒才

兄——上部　嫂——上部才

①下面仅系摘录，极个别调整顺序。

弟——下部　弟妇——下部才

夫——官星；官通；盖；

妻——才老；乐老；底老

妾——偏才；通房；半才

姊——上水；水上部；斗上

姊夫——斗上官

妹——下水；水下部；斗下

妹丈——斗下官

又，姊妹通称比官、比水方也

子——欠官；金星　女——斗欠；斗宫

幼子曰尖欠　幼女曰笋牙

姑母——父姊曰水、曰上；父妹曰水、曰下

侄儿——至子；人室　女婿曰斗官

媳妇——欠才　孙——子户，今改重欠

未嫁女——半儿，今改挑蔬

赘婿——合才；入吉才；今改为独占鳌头

连襟——称曰亚，今称弥仲，又曰其服

丈人——才日；外日；插；

丈母——才月；外月；［补］插姥

大舅——才上　小舅——才下

总称舅曰曹国

大舅妻——月上，今改才上才

小舅妻——月下，今改才下才

大姨——才水上；大姨母缺，今可增为月水上

小姨——才水下；小姨母缺，今可增为月水下

阿公——太阳，今改官日

阿婆——太阴；改官月　外甥——斗欠

外公——从日，今改月日，又曰泰山

外婆——从月，今改重月；月月，母之母也，又曰泰水

总称外公婆曰东白，又称外太阳、外太阴

母大舅——月上官　母小舅——月下官

亲翁——姻官；又罗星　亲母—姻才；又计星

继父——奖日；今改莫顾，取《诗》，谓他人之父也

继母——奖月；今改莫月，谓他人母也

继兄——奖上；今改上莫闻

继弟——奖下，今改下莫闻；总取谓他人昆也

继子——奖欠；失欠；今改赢负，谓螟蛉子也

后妻——迟才；今改接辫，取续发之意

晚子——油欠；瓶欠　晚女——油斗

凡晚醮挈子女者，余名之倒藤瓜，谓连子去也

娘子——占子；今改亲手足，谓娘之子也

无妻曰念才；［广］底落　无夫曰念官，［广］盖穿

凡此，足以见其事理逻辑以及民族传统文化中亲族关系的大体秩序。

首先，是反映了以父系家族为核心的性别秩序。以“日月”代男女，古文化早有之，如《礼昏义》：“故天子之与后，犹日之与月。”又《史记·魏其武安侯列传》：“魏其之举以吴楚，武安之贵在日月之际。”而“日月”之喻当起于乾坤之譬。《易大传·乾·彖辞》云：“大哉乾元，万物资始，乃统天。”意即天德之善

系万物赖以发生。《易大传·坤·彖辞》云："至哉坤元，万物资生，乃顺承天。"意即地德之善系使万物成长。若此，乾为天，坤为地；天为根，地为基；亦即乾"统天"，坤"顺承天"也。一若《易·系辞下》云："乾，阳物也；坤，阴物也。阴阳合德而刚柔有体，以体天地之撰，以通神明之德。其称名也，杂而不越。"日月、男女、风雨、动静、尊卑、贵贱、吉凶等之对立合德，乃阴阳交感所生现象。这种传统文化思想，是汉民族文化积淀主纲之一。性别之分，于亲缘关系中纵横交错，至终以此为干。而且，在此传统主纲上，阴阳、乾坤始终未处于平行地位，阳统女承，男尊女卑，进而为夫贵妻荣，至今未绝此迹。秘密语又以夫为"盖老"、妻为"底老"，亦缘于此（天为盖，地为底），一脉相承。即或帝后龙凤之诩譬，亦不例外。横向者本为平行层次，却不平等。

其次，是长幼有序。由纵向（异辈）而言，如以"重日"为祖父，即日之日（父之父）之义；以"重月"为祖母，即月之月（母之母）之义；以"重欠"为孙，即欠之欠（子之子）之义。外戚亦然，如以"斗欠"为外甥，系缘其为"泰山"（外公，即泰斗）之子。又如平行的横向（同辈）之序，以上、左为尊长，以下、右为晚幼，亦为传统秩序观念的直接表现。其上下、左右之别，一如夫妻之别（男左女右）。而于各辈分层次中，又依尊长、晚幼之别而破除了一般以上、左为男，以下、右为女之限。例如：兄为"上部"，嫂则为"上部才"；弟为"下部"，弟妇即为"下部才"。伯父为"左日、日上部"，伯母即为"左月、月上部"；叔父为"右日、日下部"，婶母即为"右月、月下部"。同含"上部"这一"语素"，前置"月"为"伯母"，后置

“才”则为“嫂”。皆因亲族辈分、性别而错落构词。

再次，是主从分明。上下、左右、乾坤、日月，于平行层次（同辈）中，皆为主与从之分别颇明。在此以父系为主干的亲族体系中，主从之别亦直接作用于内亲外戚说分别上，秘密语构词亦相应如此。如以“合才”谓“赘婿”；“才”者，妻也；“合”者，和也；取与妻家在一起之义。又如以“才日（即妻父）、外日”谓“丈人”，以“才月（即妻母）、外月”谓“丈母”，是标示其为外戚，可谓分明。

最后，亲疏、嫡庶分明。《江湖切要》秘密语中，以奖、莫、迟、半、偏等字符标示着亲族关系的嫡庶、亲疏。例如：以继父为“奖日、莫顾”，以继母为“奖月、莫月”，谓“他人”之父母，非亲生耳。以继兄为“奖上、上莫闻”，以继弟为“奖下、下莫闻”，缘系“他人”之兄弟耳。以妾为“偏才、半才”，以后妻为“迟才、接辫（即后续结发妻）”，乃至连未嫁女儿亦谓“半儿”，均显见其嫡庶、亲疏之别，是传统文化的宗族血统观念之于秘密语构造中的体现。

以上，即亲族类民间秘密语构造的逻辑关系体系，显然是完全以传统文化观念为宗、为纲。而大多数民间秘密语于言语交际中，一般均以话语成分的替代符号形式运用其中，亦必合于语言逻辑，试看《江湖切要序》中语例[①]：

日（父）来问欠（儿）欠必险，欠来问日日必殃。青马（妓）问咧（底细），签（凶兆；歹言）前隆（吉兆；吉言）

①括号中为所译通语。

后。通郎（少年）年少，摩写必端。太火（大富贵）通隆其欠贵，中火（小康）通喜纳偏才（妾）。继子每言多克父，赘儿大半早亡亲。幼失日月（父母），岂有现成福享；晚年得欠，可知半世奔波。娇欠多逆日，淫细（妇）定欺孤（夫）。构讼勿言有利益，操孤（下赌注）念咀（无言）有赢输。白（无）托（手段）求琴（银子），皂（财）难积聚。空拳觅把（家业），人必聪明。家从立合而成，胸藏志略；窑（家）为一合而败，性爱风骚。

译破而可读通明意，在其合乎语言逻辑、纳入了言语交际之轨。否则，即或个别符号构造合理，亦只是一堆废料而已。秘密语符号作为语言的语词符号的对应替代符号，只有符合于语言逻辑，才能在言语交际活动中具有实在意义，才能表达思想感情，形成内部交际功能。同时，秘密语的内部构造逻辑，完全构筑在语言思维的基础之上，也只有如此，不然则“驴唇不对马嘴”。因而，符合语言思维规律，与所脱胎的语言文化体系相对应，也是秘密语符号系统化、规范化的前提。也就是说，民间秘密语的逻辑性、系统性，必须以其“母语”的语言文化体系为背景，并以之思维体系为本位。

六、民间秘密语的地方性及其被选入通语的机缘

方言是语言的地方变体，社会方言是语言的社会变体。“地方”自有其社区，“社会”的平面，可由不同地方的“社区”构成。两者交叉，而多有重合，却各有独立内涵与属性。民间秘密

语是语言的一种特殊变体，不仅因为社会职事分类而有群体、集团差别，亦由于其群体或集团内部成员的方言文化及其所处方言区域的不同而存在差异，这种方言文化差异就是民间秘密语的地方性的主体特征。以此为本位考察民间秘密语，则会从有别于职事差别的又一较大侧面进一步认识其丰富多彩，以及产生各种秘密语差别的另一基本因素。

我在一篇论文中提出："民俗语言交叉、综合了民俗和语言的流行地域或通用范围的若干层次，并产生了一个横断形态的具有普遍意义的大的层次，或谓民俗语言圈，即乡村语言习俗与都市语言习俗。"[①] 诸行市语等商业、手工艺人中流行的民间秘密语，是以都市以及集镇为地理本位的语言习俗之一，是这个民俗语言圈中的一种特定品类。这是因为："都市社会的人口以及工业、商业、金融信贷等经济活动比较集中，生产、消费活动非常活跃，生活方式多样化，文化娱乐很丰富。这些不仅使社会习俗惯制在乡村固有习俗的基础上，形成都市社会里的具有个性化的形态和特点，也使其语言习俗和民俗语言发生了明显变化，形成都市社会的特点。"[②] 而各地都市、集镇所流行的民间秘密语，不惟形式、种类多有不同，而且即或同一种形式，种类的秘密语，亦因各地方言而千差万别。如本书已经论及的反切秘密语，无论其顺说、倒说还是软口、硬口，其基本定则都大略相似，原理更为一致，而因流传地域的方言不同，则分出北京、上海、广州……各

①《民俗语言学的乡村语言与都市语言》，载上海《民间文艺季刊》1987 年第 3 期。

②《民俗语言学的乡村语言与都市语言》，载上海《民间文艺季刊》1987 年第 3 期。

不相同。赵元任《反切语八种》文末附录有《撮要表》，可辅助本书前面关于各地反切秘密语记述的比较，兹摘录如次：

地名	名称	妈字拼法	附加韵	附加声
北平	—	mai-ga	ai	g，j
北平	—	mei-ga	ei	g
北平	—	man-ta	an	t
常州	“字语”	meng-la	eng	l
昆山	“切口语”	mo-ba	o	同系通塞互换
浦东	“洞庭切”	mo-ba	o	同系通塞互换
余杭	“洞庭切”	mo-ba	o	同系通塞互换
武康	“洞庭切”			
苏州	“洞庭切”			
苏州	“威分”	uo-men	en	（零）
广州	“燕子语”，“燕子公”	la-mi	i（加尾）	l
东莞	“盲佬语”			
福州	“廋语”，“仓前廋”	la-mi	I（加尾）	l

上表虽然已将原书的国际音标记音改换为近似音的汉语拼音记音，莫如原记音准确，差异分明，但仍可略见端倪。至于以各地区次方言以及土语方音构造的反切秘密语，其差异更为鲜明，自然会更加复杂。对此道理显然毋庸多论。语音差异是方言间差异的主要方面，也是民间秘密语方言差异的主要方面。民间秘密语的语汇差异，主要反映在职事集团、流行群体之间用语方面，在方言这方面虽也存在差异，但不如语音差异突出。

一种民族共同语形式之后，其赖以建立的基础方言的构词能力总是有限度的，难以及时满足社会发展的需要。为了迅速满足社会发展所带来的表达思想感情以及各种事物的交际需要，则促使民族共同语源源不断地从各种方言乃至外来语中，有选择地吸取营养。这是丰富和发展民族共同语的一个基本途径。也就是说，民族共同语（通语）有选择地从地域方言及外来语中选用语言材料，是社会发展的历史必然。民间秘密语作为语言的特殊社会变体，是否也有可能为民族共同语的丰富与发展提供营养呢？回答是肯定的，而且语言事实亦作了充分证明。

语言不仅是交际工具，也是一种民族文化。民族文化是语言的基座，以口语为特征的民俗语言也是民族语言雄厚而坚实的基础。民间秘密语作为民俗语言的一个基本品类，理所当然地成为民族语言基座的有机体，也是民族文化的有机成分。由此导出的一个道理，就是民间秘密语亦可为民族共同语输送一些有机材料，为共同语的丰富和发达作出一定的贡献，取量虽微，却可谓一支细小源泉。

另外，就语言的种属关系而论，由同一语言派生、衍化的各种地域方言与其母语之间是一种种属关系，方言与方言之间，是亲属关系。同理，民间秘密语作为语言的社会变体，作为一种社会方言，与之脱胎而来的母语之间，则是一种种属关系；各地区流行的秘密语以及各种集团、群落流行的秘密语之间所构成的，是以母语为宗的亲属关系。诸此，即为民间秘密语向民族共同语输送有机材料并为之有所选择地接受，奠定了一种先天性的条件，亦即自然的“血统”关系，成为其相互影响的纽带。

20 世纪初，东北“胡子”（又谓“响马”）亦即土匪曾为患一时。匪有匪俗文化，亦有匪语，即其集团秘密语。其中，颇有一些“匪语”已陆续为东北方言乃至现代汉语所吸收成为

“通语”流行于世。例如：土匪以寻找抢劫对象为“打食”，此语为东北方言吸收后取转化义为人或动物找吃的充饥，或寻找、物色某种对象。匪语“踩盘子”是指事先探风，在东北方言中则用指预先勘察适当处所，做某种事情的准备。“顶硬”在匪语中指“挂注”（入伙）时经“过堂”（即试其胆量）而被誉为勇敢、有胆量的评语。一般为两种“过堂”法：一是让来“挂注”者头顶酒壶、葫芦朝前走，由大当家的（匪首）于百步开外举枪射之，头顶上什物打碎而“挂注”者不惊慌，派人摸摸他没有尿裤子，谓之“顶硬”，否则即谓之“扒子”（pǎzi），即完蛋货；再就是命“挂注”者赤手空拳陪“炮头”（神枪手）外出“打食”并先行“踩盘子”，干成功了，亦谓之“顶硬”，算是经受住了考验。在东北话中，“顶硬”与之意义相近，指能够顶得住，顶用。还有一些这样的东北匪语，已经为现代汉语所吸收。如下例：

“绑票”，就是土匪以抓人质办法勒索钱财的惯用办法。东北土匪在绑票之后几天之内，往往派出“花舌子”（为土匪送信人）给其家中送信，交代赎票代价及期限、方法、地点。“花舌子”往往明为村里人，暗则为匪。限期一到，不肯“出血”（出钱财），首先要“伤票”。“伤票”是取猪头割口条让“花舌子”送往其家，声称是其家人的舌头威胁说再不按要求赎票，则 3 天送去其耳，5 天送去其眼，10 天送人头，就要“撕票”（杀掉人质）了。绑人姑娘，谓之“绑红票”。我们不难发现，“绑票”“花舌子”“出血”业已成为现代汉语的常用语汇。试举下例：

绑票　《现代汉语词典》：“匪徒把人劫走，强迫被绑者的家属出钱去赎。"[①] 又《辞海》(增补本):"盗匪掳人勒索钱财，谓之绑票。绑票的盗匪叫绑匪，被绑的人叫肉票。"[②]

出血 《现代汉语难词词典》:"出钱。〔例 1〕你投那么多，从哪里出血呀!〔例 2〕我放你活命，你也得出点血才行。"[③]

花舌子 《现代汉语难词词典》:"花言巧语的人。〔例 1〕把那花舌子站长撤掉，派一个正派人去!〔例 2〕听他胡扯，大地主都是花舌子，带他走得了。"[④] 又《汉语新成语词典》亦收有此语，谓:"东北方言，能说会道，常以花言巧语骗人的人。"[⑤] 再有《惯用语汇释》作"花舌头"，释云:"特指花言巧语或花言巧语的贬人。义。(例) 好一个花舌头骗子，我可逮住你啦!"[⑥]

再如"抬轿子"这个已成为现代汉语惯用语的民间秘密语，原是二十世纪初赌徒黑话，据《切口大词典·赌博类·麻雀赌之切口》释云:"抬轿，合串同赌也。亦代人打牌之称。"我曾撰学术短文《"抬轿子"小考》[⑦] 发表，考云:

> 中国以轿代步之俗，至迟于两汉时即已流行。《汉书·严助传》"舆轿而隃领"注:"臣瓒曰:'今竹舆车也，江表作竹舆以行是也。'……此直言以轿过领(岭)耳。"此后即以轿为肩舆的通称，如宋王铚《墨记》载:"艺祖子，以居天清寺。"又有《朱子语类》云:"南渡以前，士大夫皆不用

①商务印书馆 1978 年版。
②上海辞书出版社 1983 年版。
③延边教育出版社 1985 年版。
④延边教育出版社 1985 年版。
⑤陕西人民出版社 1986 年版。
⑥内蒙古人民出版社 1986 年版。
⑦《社会科学辑刊》1986 年第 6 期。

> 轿，如王荆公（安石）、伊川（程颐）皆云不以人代畜，朝士皆乘马。或有老病，朝廷赐令乘轿，犹力辞后受。自南渡后至今，则无人不乘轿矣。”自有轿子以来，则必有人抬轿，即轿夫。至现代，虽然轿子已成为的遗存，即“抬轿子”。首先使用“抬轿子”这一俗语的，民族传统文化中的古董，但在民间俗语中却留下了它是赌徒。据本世纪初印行的《上海俗语大辞典》记载：“赌博时，数人串合，局骗他人资财者，曰抬轿子，受骗者曰坐轿子。”于是“抬轿子”由原来的一种民间职事，去其本义而成为赌博陋俗。至当代，“抬轿子”则被泛喻人际关系中互相吹捧、互相利用的恶习。由此可知，“抬轿子”这一俗语从其形成之时起，就同社会生活中的陋俗恶习紧密联系在一起了。

《上海俗语大辞典》所释，实比稍晚行的《切口大词典》解释得翔实，这个事实亦证明，其当时，这一赌徒秘语即已进入上海方言俗语之中。[①]《现代汉语词典》《辞海》及其增补本均未收此语，然而近年出版的各种语文辞书却多见收入，如例：

《北京方言词典》：“抬轿子，合伙吹捧、哄骗（某人）。”[②]《现代汉语难词词典》：“1. 比喻奉承、拍马；吹捧。〔例〕你看。原来是这么一个抬轿子的科长。2. 哄。〔例〕小黑皮告诉我，你是有意抬我轿子，叫我输得不明不白。”《汉语新成语词典》：“在封建社会中，做官的人出门都坐轿子。抬轿子，比喻为有权势者出力捧场，有贬义。陈登科《破壁记》：‘在作家当中，也有个把

①闵家骥等编《简明吴方言词典》未收此语。上海辞书出版社 1986 年版。
②商务印书馆 1985 年版。

人跟着吹吹喇叭，抬抬轿子。’”《惯用语汇释》：“原指轿夫抬着轿子。特指吹捧、捧场。贬义。〔例〕这一回省议会的选举，替我抬轿子的人不少，应该有希望。（李六如《六十年的变迁》）《汉语惯用语词典》：“比喻为别人的利益而奔走效劳。〔例二〕他趾高气扬，昂头挺胸，感到自己是一个强人，又有人给自己抬轿子了。（柳青《创业史》）”[①]《惯用语小词典》：“阿谀奉承，支持某人。”[②]《惯用语词典》：“比喻吹捧比自己地位高的人并为之效劳。例：①同一时期，全国各地茶楼酒馆的生意也突然地兴隆起来了，做东道主的都是那些神气十足的竞选人，而吃白食的都是他们‘抬轿子’的绅士之流的人物。（陶菊隐《袁世凯演义》）②做为一个领导干部，手下总得有几员得力的干将，有一把子吹喇叭、抬轿子的人。”[③] 其中注释最详而又按 5 种用法举用例凡 11 个之多的，是“为了外国人学习汉语而编写的”《惯用语例释》的“抬轿子”释文：“‘抬轿子’，动宾结构（抬—轿子）。轿子：旧时的交通工具，用竹子或木头制成，外面套着帷（wēi）子，两边各有一根杆子，多由人抬着走。‘抬轿子’比喻吹捧别人，并为别人效劳。多指吹捧比自己地位高的人。主要用法有：（一）‘抬轿子’常作谓语。（二）‘抬轿子’也可以作主语、宾语。（三）常说‘为 A 抬轿子’、‘给 A 抬轿子’、‘抬 A 的轿子’，‘A’指被吹捧的人。（四）常说‘抬轿子的’，即吹捧别人的人。（五）动词‘抬’可以带补语。”[④]

---

①外语教学与研究出版社 1985 年版。三例选一。

②江苏教育出版社 1985 年版。

③四川人民出版社 1986 年版。未用其全例。

④北京语言学院出版社 1935 年版。用例略。

凡此，不止“抬轿子”早于二十世纪初进入了“俗语”行列，并又视为“惯用语”“新语”“现代汉语难词”，还为北京方言所吸收；并且从书证用例亦可见其于文学作品、报刊中使用频率颇高；由末一种辞书所解析的五种用法，更见其流行之广泛。是为民间秘密语为民族共同语吸收选用的一个典型。

前面已论及，民间秘密语可因流传地域不同而有差异。于此可再举一例，如《切口大词典》所辑“娼妓类”即是。北京的“八大胡同妓院之切口”与南方的“长三书寓之切口”“粤妓之切口”、徽江一带“江山船之切口”，其秘密用语多有分别。如“八大胡同妓院之切口”以“妓女尢领家之庇荫，不能独立营业，必结识一有势力之混混，以为外援，而此混混，谓之扛叉的”；而“长三书寓之切口”将此谓之“撑门口”的：“妓家必结识有势力之白相人，或包探以为外援，犹北京谓之扛叉的也。”此类个中例颇有一些可为列证。尽管如此，基本常见的民间秘密语，虽然，各地发音有别，书之于文字，则又大略相通或一致，盖同出一共同母语之故。并且，历代又都有一些民间秘密语汇为民族共同语所采取，取义亦多以其秘密语本义为基础，或分歧、或相近、或相通、或照用，其中自然亦不乏秘密语照用共同语音形义者，两相混合，交错一处，试摘诸书若干例，略加按语如次，用以说明这个问题。

1.《圆社锦语》

“上手，得。”《江湖切要·人事类》：“赢曰上手。”意同。《切口大词典·武术类·跑马卖解之切口》：“上手，赢也。”意亦同。今以“上手”为开始、参加、进行之义。

“不正，歪”。此为析字法构造的秘密语。《辞源》（修订本）：“歪：（一）不正，偏斜。”《现代汉语词典》释文亦然：“①不正；斜；偏。”

“冲撞，骂人。”《现代汉语词典》“冲撞”条云：“②冲犯：我很后悔不该失言冲撞她。”

“白打，远去。”今俗言“白搭”谓枉费、无用。“搭”“打”，一音之转。

2.《绮谈市语》

“舅，渭阳。”（亲属门）语本《诗经·秦风·渭阳》：“我送舅氏，曰至渭阳。”以“渭阳”称舅，早已有之。《后汉书·马援传》（附马防）：“俱就国封。……其令许侯思愆田庐，有司勿复请，以慰朕渭阳之情。”是谓甥舅之情。唐李商隐《义山杂纂·非礼》云：“呼儿孙表德；母在呼舅作渭阳；”是专指舅氏。是为市语照用古语耳。

“丈人，太山；岳翁。”（亲属门）亦照用古语。“太山”，即“泰山”；“岳翁”，即“岳父”，今亦然。

“小儿，千里驹。”（亲属门）屈原《卜居》：“宁昂昂若千里之驹乎？”《史记正义》引《鲁仲连子》：“有徐劫者，其弟子曰鲁仲连，年十二，号‘千里驹’。”汉刘德、三国魏之曹休等，均曾被号为“千里驹”，本指日行千里之良马，喻指英俊有为少年。《绮谈市语》以“千里驹”为“小儿”之代称，盖本上述。

“心，方寸。”（身体门）《三国志·蜀书·诸葛亮传》：“亮与徐庶并从，为曹公所追破，获庶母。庶辞先主而指其心曰：‘本欲与将军共图王霸之业者，以此方寸之地也。今已失老母，方寸乱矣，无益于事，请从此别。’”是语本此，今亦时用。

“舌，三寸。”（身体门）《史记·留侯世家》：“今以三寸舌，为帝者师，封万户，位列侯，此布衣之极，于良足矣。”元马致远《荐福碑》第一折：“三寸舌为安国剑，五言诗作上天梯。”清蒲松龄《聊斋志异·九山王》亦载：“借大王威福，加臣三寸舌，诸山莫不愿执鞭靮，从戏下。”是语乃歇后藏词语构造，今语仍有“三寸不烂之舌”之说流行于世。

“大桥，长虹。”（宫殿门）唐张鷟《朝野佥载》卷五：“赵州石桥甚工，……望之如初日出云，长虹饮涧。”宋苏轼《次韵周邠寄雁荡山图》之二：“东海独来看日出，石桥先去踏长虹。”以虹喻桥，唐宋已然，是语则为比喻法构造，今依然以长虹称桥，是为一脉相承。

“芡，鸡头。”（果菜门）汉扬雄《方言》卷三：“葰、芡，鸡头也。北燕谓之葰；青、徐、淮、泗之间谓之芡；南楚江、湘之间谓之鸡头，或谓之鴈头，或谓之乌头。”是为摹状构词，今仍谓芡实为鸡头米。

“桃子，仙果。”（果菜门）据北魏杨衒之《洛阳伽蓝记》卷一《建春门》记载，景阳山南“华林园中……有仙人桃，赤色，表里照彻，得霜即熟。亦出昆仑山。一曰王母桃”。《汉武帝内传》载：七月七日，西王母至，“命侍女更索桃果，须臾以玉盘盛仙桃七颗，大如鸭卵，形圆，青色，以呈王母。母以四颗与帝，三颗自食，桃味甘美，口有盈味。帝食，辄收其核。王母问帝。帝曰：‘欲种之。’王母曰：‘此桃三千年一生实，中夏地薄，种之不生。’帝乃止。”又谓“蟠桃”，旧籍多见载叙，民间传说西王母曾举行“蟠桃会”，《西游记》为之演义成故事。《绮谈市语》

以“仙果”代“桃子”，盖以此为本，今仍泛称桃为仙桃、仙果。

“少，雏；娃。”（举动门）“少”当读 shào 音（绍）。以“雏、娃”称“少”宜于自然。“雏”为幼仔，“娃”为小儿，是为“少”者，今仍照用，取义相通。

“步，金莲。”（举动门）《南史·齐东昏侯纪》：“又凿金为莲花以帖地，令潘妃行其上，曰‘此步步生莲花也。’”唐李商隐《隋宫守岁》诗：“昭阳第一倾城客，不踏金莲不肯来。”后世以此谓女子缠足，又称“三寸金莲”。宋卢炳《烘堂词·踏莎行》：“明眸剪水玉为肌，凤鞋弓小金莲衬。”清李渔《闲情偶寄·声容·鞋袜》：“名最小之足者，则曰三寸金莲。”《老残游记续集遗稿》第六回：“你那三寸金莲，要跑起来怕到不了十里，就把你累倒了。”以“金莲”代“步”盖本于上述典实，而今仍以“三寸金莲”喻指足小。

3.《六院汇选江湖方语》

“踩盘子，乃打劫者。”此与 20 世纪初东北匪语所用音、形、义皆通，盖为其源。今已入东北方言（详前）。“调皮，会说话者。”《江湖切要》：“会说曰调皮。”又《切口大辞典·巫卜类·六壬课之切口》：“调皮，说笑话也。”用义相通。《古今名剧》元缺名《度柳翠》（楔子）：“你这和尚，风张风势，说谎调皮，没些儿至诚的。”《元明杂剧》元郑德辉《虎牢关三战吕布》第一折：“为头说谎，调皮无赛。”个中用意亦与之相通。今语用意依然相通，如《现代汉语词典》：“①顽皮。②不驯顺；狡猾不易对付。③指耍小聪明，做事不老实。”

“狗子，是差人也。”“狗子”为“走狗”所转化，现代仍以匪兵、敌兵、反动官军谓为“狗子”，一脉相承耳。

4.《金陵六院市语》

“言说谎作空头。”《北史·斛律金传》：“中书舍人李若误奏，……帝骂若云：‘空头汉合杀！’”《西游记》第六十八回：“哄我去买素面、烧饼、馍馍我吃，原来都是空头。”皆指有名无实。今语以“空头支票”来“比喻不实践的诺言”（《现代汉语词典》）。

“涉败兴者，为杀风景。”唐李商隐《义山杂纂》卷上《杀风景》：“花间喝道，看花泪下，苔上铺席，斫却垂杨，花下晒裩，游春重载，石笋系马，月下把火，妓筵说俗事，果园种菜，背山起楼，花架下养鸡鸭。”《现代汉语词典》“杀风景”条释云：“损坏美好的景色，比喻在兴高采烈的场合使人扫兴。”取义、色彩皆相承、相同。

“扯淡则胡说之辞。”明毕魏《三报恩》传奇《闺叹》：“一发扯淡，那里说起。”又纪振伦《三桂联芳记征途》：“思量做这官儿，真个叫作扯淡。一连饿了三日，不尝半口汤饭。”金陵六院起于明初，“扯淡”当源于其时，至今依然流行，如《现代汉语词典》释云：“<方>闲扯；胡扯。”《现代汉语难词词典》“扯淡”条云：“闲扯。〔例〕她们高声大气地扯淡，聊天，拉家常。”又有“扯闲淡”条：“闲扯；闲聊。〔例〕如意老倌没有心思同他扯闲淡……”今吴语作“扯闲文”，北京话叫“扯句儿”。

5.《行院声嗽》

“虚谎，查呼。”（人事）按其取义，“查”当音 zhā，同“扎”，今作“扎乎”，如《现代汉语难词词典》：“咋唬；嚷嚷；

吹嘘。〔例〕齐恩铭这小子，臭他妈的能扎乎。”东北方言今仍流行是语；一作“扎扎乎乎”，谓虚张不实。

“好打扮，标正。”（身体）元曲以“标致”谓容貌秀丽，如缺名《鸳鸯被》第一折：“闻知他有个小姐，生的十分标致。”今东北方言中所说“标正”与“标致”义近似。

“细，秀。”（通用）个中之“秀”乃“修”之音转通假；或出于方言记音假字。“修”古已有长、高之义，如《诗经·小雅·六月》：“四牡修广，其大有颙。”此义今作“修长”，意为细长。东北方言谓细长为“秀溜”，其“秀”为亦当本于“修”。

6.《江湖切要》

《江湖切要》中秘密语语汇颇有一些与今常语相通者，而其共同特点是多采用以往既有常语或化作语素而用（是略有变化），此其与今语相同之故。例如：《天文类》以雷为“天鼓”（《史记·天官书》：“天鼓，有音如雷非雷，音在天而下及地。”）；以雨为“甘雷子”（《老子》：“天地相合，以降甘露。”乃“相合”之子耳），多以天为“乾公”（见《周易》）。《地理类》以云南为“滇离”，以辽东为“满洲”（此为清人增广），以福建为“闽七”，以浙江为“浙七”；又以小路为“羊肠、径捷”（《淮南子·兵略》：“破路津关，大山名塞，龙蛇蟠却，笠居羊肠，道发笱门，一人守隘而千人弗敢过也，此谓地势。”），其“径捷”即“捷径”之倒序构词。又如《人物类》以市人为“井通”（市井通，其“通”乃“万事通”之“通”，今仍这样用），《鸟兽虫鱼类》以田螺为“海波罗”、以螺蛳为“波罗”（东北俗谓“海罗摸”），《人事类》以“赢曰上手”“会说曰调皮”“做痒曰按摩”，等。

7.《切口大词典》

在《切口大词典》这部迄今收录最富的民间秘密语词典中，秘密语语汇与常语相通、相同情形，自然又比《江湖切要》及以往记载都为普遍。兹摘录如次：

钉梢，跟人也。(《衙卒类·侦探之切口》)

眼线，侦探也。(《衙卒类·厘卡之切口》)

牵头，缰也。(《武术类·跑马卖解之切口》)

海报，戏码头之招贴也。(《优伶类·戏园之切口》)

粉，演戏亵媟也。(同上)

出手，武剧打出时用之。(《优伶类·锣鼓之切口》)

跳槽，谓弃甲妓而别挑乙妓也。犹马之弃其向来就食之槽，而跳就他马之槽也。(《娼妓类·八大胡同妓院之切口》)

回头客，谓一度留髡。(同上)

色迷，谓色欲甚盛之人也。(同上)

挑眼儿，妓女应酬不到，客人挑剔，甚有大发其脾气，皆谓之挑眼儿。(同上)

缺德，捉狭也。(同上)

损，以言语轻薄之也。(同上)

拉皮条，介绍双方不相识之男女，而成为相识者。(《娼妓类·台基之切口》)

出风头，出其所长。以炫耀于人，博美满之赞誉也。(同上)

定货，客指明某家女，代为运动也。(同上)

小伙子，年轻人也。(同上)

溜达，走走也。(《娼妓类·茶室之切口》)

找户头，寻嫖客也。(《娼妓类·相公堂子之切口》)

放手段，行骗术也。(同上)

码头，机关部也。(《党会类·哥老会之切口》)

拜码头，拜客也。(同上)

开码头，设立机关也。(同上）案："青帮之切口"谓"开码头"为："帮匪至穷极无聊之际，至各码头游历一周，可得极大之注入，因各码头之同帮者，除供给日用外，临行皆须送程钱，亦是为帮匪做生意敛钱法也。"(亦见《党会类》)

一步登天，有殊特之势力钱财功勋，而为大爷。(《党会类·红帮之切口》)

家伙，军器也。(同上)

皮子，衣裳也。(《党会类·流氓之切口》)

撕皮子，撕衣也。(同上)

尴尬，无钱也。事之艰难。(《党会类·小瘪三之切口》)

咬耳朵，向人耳边作秘密谈也。(同上)

露马脚，于无意中，暴露秘密计划与行为也。(同上)

扳面孔，忽然不悦也。(同上)

打抽风，服侍赌客乘机讨小账也。(《赌博类·麻雀赌之切口》)

先生，写赌账者。(《赌博类·摇宝赌之切口》)

饭桶，无用之谓也。(《乞丐类·乞丐之切口》)

软尖刀，言阴恶之人也。(同上)

开天窗，在屋上掀去瓦爿，抽去椽子，而入屋者。(《盗贼类·拐匪之切口》)

大院子，监狱也。（《盗贼类·掘壁贼之切口》）

发利市，窃着也。（《盗贼类·爬儿手之切口》）

凑巧，恰好也。（同上）

红事，凡喜庆之事也。（《杂流类·红白帖之切口》）

白事，凡丧祭之事也。（同上）

撮合山，做媒也。（《杂流类·媒婆之切口》）

甜头，糖也。（《杂流类·卖糕者之切口》）

凡此，今语钉（盯）梢、眼线（犹内线，打探者）、牵头、海报、粉（与女色有关）、跳槽、色迷、挑眼儿、拉皮条、码头（主管处，例："找错了码头，不是正当相主儿。"）、家伙、皮子（今黑社会仍沿用）、开天窗、红事、白事（红白喜事）、甜头儿（好处；利益）等等，悉当源自民间秘密语，取义大多相通。余者，如发利市、大院子、打抽风之类，多采常语入秘密语，取义与常语亦相通。同时，亦有一些，如缺德、损、出风头、溜达、一步登天、尴尬、咬耳朵、露马脚、扳面孔、先生、软尖刀等，虽在各行人说来各有具体本行含义，却只是语言环境（言语交际环境）所制约，其用语本身的基本意义与其含义是一致的，略为衍转具体化而已，故实为通语，并非民间秘密语之属的"切口"。是书收录诸语，未免失之宽泛，有伤体例。例如"风头"一语，用指事态发展趋势、情势之义，久已有之。宋朱熹《朱文公集》卷五十三《答刘季章书》："但见朋友当此风头，多是立脚不住。"又《红楼梦》第六回："为什么不你老人家明日就去走一遭，先试试风头儿去？"《现代汉语词典》是条①释云："比喻形势的发展方向或与个人有利害关系的情势：避避风头/看风头办事。"而是书却辑录了与此义相类似的一些条目，如：

避风头，隐居也。(《衙卒类·侦探之切口》)

风头，捕盗也。(《党会类·红帮之切口》)

避风头，逃官司也。(《党会类·青帮之切口》)

避风头，犯事避匿不出也。(《党会类·流氓之切口》)

风头紧，巡查利害也。(同上)

而比较专门化，赋予特定内部意义者，则当属秘密语之列。如：

把风，在门口看望，备拒捕之意。如有追缉，或事主惊觉，则放空枪，告知同伙潜逃也。(《盗贼类·杆匪之切口》)

风紧，把风人见有人缉捕，无枪可放，则高喊风紧，犹言不可为，速逃也。(同上)

风不正，官人多，行劫不成之谓也。(《盗贼类·短截贼之切口》)

扑风，迎拒官兵也。(《党会类·红帮之切口》)

得风，逃回来也。(同上)

失风，被捕也。(同上)

诸此，虽亦含“风”语素，其“风”于语汇中意义仍指官兵缉捕之势，但已非通语耳。

综上所考察历代所辑存之民间秘密语，有的采自通语，亦有通语采自秘密语者；或照用，或变化。而共同语采自秘密语语汇者，其总体特点是以语义、词形、语音互通者居多，以娼、盗、匪、赌之类黑社会秘语居多，诸行技艺、商贩用秘密语为少；就构词方式而言，又以修辞学构词法构造者居多。究其原因有三：首先是音、形、义互通者便于为共同语的一般语言习惯所接受，易于流通。次乃诸行技艺、商贩秘语术语性稍强，属封闭型；而黑社会秘语由于娼、盗、匪、赌等属开放型，多有常人出入其中，易于泄入社会。而诸行技艺、商贩虽亦与社会生活关系密切，但其秘密比较专门、社会共通性差，故为共同语吸收较少。再即以修辞学构词法构造的民间秘密语，由于这种构调方式的本身即增强了其语汇的辞彩，易为口语交际所接受，成为共同语丰富语汇、增强辞彩的一个途径。凡此，则构成了民间秘密语被选入通语的基本机缘。

第二章 非言语的及其他形式的民间秘密语

法国学者路先·列维-布留尔（1857—1939）在其名著《原始思维》中谈道："在阿比朋人那里，多布里茨霍菲尔见到一个巫师为了不让人听见，用手势跟别人秘密地谈话，在这些手势里，手、胳膊肘、头起了自己的作用。他的同行们也用手势回答，所以他们容易彼此保持接触。"① 柯南道尔《福尔摩斯探案集》描述的"跳舞的小人"，是当地黑社会中流行的非言语形式的集团秘密语符号。福尔摩斯破译了它的符号逻辑排列规律，从而侦破了其有关案件。凡此，都是以保守本集团或群体秘密、进行内部交际的特殊秘密语形式，即非言语交际的和特别符号的（"跳舞的小人"也是一种非言语交际形式的）秘密语。

陈原先生在其《社会语言学》一书中提出："特定社会集团在一定语境下使用的黑话，虽然是有声语言，但是同这个社会全体成员习惯用的交际工具——全民语言——完全不同；因此，这些黑话虽则是言语，其实却等于非语言符号。"② 这是相对并且就

①商务印书馆1981年版，第153页。

②学林出版社1983年版，第165—166页。

广义而言。具体说来，中国民间秘密语亦有其言语的、非言语的形式分别，乃至其他特别形式。

在拙著《民俗语言学》中，我有专章讨论副语言习俗问题，并又应邀撰了一部专著《副语言习俗——一种民俗语言现象》。[①]在这两部书中，我提出了一个有别于国际语言学界一般意义的“副语言”的“副语言习俗”和“副语言学”两个概念。一般意义中的“副语言”（paralanguage）或“副语言学”（Paralinguistics），是“指表示操某种语言的个别人特点的那些言语形式上的模式，如‘假嗓音’‘吱嘎声’‘间断’‘咯咯声’等特点。一些语言学家把这些特征看作是超出语言交际和语言分析范围的特征，另一些语言学家则认为它们属于姿态和手势或音系学特征。在某种程度上，这类个人特征已成为不同语言或一种语言的不同方言中约定俗成的东西”[②]。所谓“副语言习俗”，是用指全部“非言语”形式的语言习俗。在写这两部专著时，即已计划撰写一部关于民间秘密语的专书，因而，都未展开讨论副语言习俗的秘密语这个课题。于此讨论，从某种意义上说，也是对那两书的呼应。将此课题置于本书，亦可使本书结构稍为完整一些。然而，考虑民俗语言学这门人文科学刚刚草创，为方便读者阅读，暂仍以“非言语”为题，是为顺便说明。

据文献记载，汉语文化中，远在周秦时代就已经使用烽火报警这种非言语交际方式。《墨子·号令》：“与城上皋燧相望。昼

---

①《民俗语言学》，辽宁教育出版社 1989 年版；《副语言习俗——一种民俗语言现象》，辽宁大学出版社 1989 年版。

②［英］哈特曼、斯托克：《语言与语言学词典》，上海辞书出版社 1981 年版，第 246—247 页。

则举烽，夜则举火。”《史记》卷一百一十七《司马相如列传·喻巴蜀檄》：“夫边郡之士闻烽举燧燔，皆摄弓而驰，荷兵而走。”《史记索隐》引韦昭语释云：“熢，束草置之长木之端，如挈皋，见敌则烧举之。燧者，积薪，有难则焚之。熢主昼，燧主夜”。据此亦可推断，以烽火为报警信号，最初是一地、一族的群体内部约定的暗号，后来传布开来。因其法简便易行，又一定程度地克服了时空障碍，便由独家专用秘号变成了大家公用的“明语”警报。再如中国古代以擂鼓为进军令，以鸣金为收兵号，亦如此。《司马法·严位篇》记有 7 种鼓令，或指示旌旗之鼓，或调动车兵之鼓，或调动骑兵之鼓，或调动步兵之鼓，或指令交战之鼓，或命令整齐队形阵势之鼓，或指示起坐行动之鼓。击鼓方法又有多种分别，《尉缭子·勒卒令》载，首次击鼓系命令前进，二次击鼓是攻击号令，一步击一鼓是要慢步前进的号令，十步去一鼓，则为快步进兵令；鼓声不绝，是跑步前进的命令。“鼓之则进，金之则止，不从令者诛。”各军有各军的鼓令，则非不能统一，而是在于保密，同时最初的鼓令对于异军即具有回避人知的非言语的秘密语功能。

一、“茶阵”与“路阵”

中国古代的“阴符”“羽檄”，也是用于传达信息的非言语方式。“阴符”，相传为太公望（即《封神演义》中的姜子牙）创制，是古代用于军事通讯的一种秘密方式。阴符木片上无文字，却以其长短为事先约定的信息符号。一般分为八种规格，分别表示不同暗语。一曰大胜克敌之符，长 1 尺；二曰破阵擒将之符，长9寸；三曰降城得邑之符，长8寸；四曰却敌极远之符，长7寸；五曰警众坚守之符，长6寸；六曰请粮益兵之符，长5寸；七曰败军亡将之符，长4寸；八曰失利亡士之符，长3寸。

清季民间秘密结社天地会的“茶阵”，则为一种民间集团的非言语交际方式的秘密语。① 20世纪30年代初，中国学者萧一山先生至英国伦敦不列颠博物院抄录带回了丰富的有关天地会史料文献，其中，就包括了一般隐语及“茶阵”“手语”这种非言语的隐语形制定则资料。于此之先，日本学者平山周所撰《中国秘密社会史》一书，亦辑有近代民间秘密社会隐语、“茶碗阵”及“符徵”等的形制定则。② 由这些记载可知，近代民间秘密社会，几乎将民间秘密语的各种形式都充分利用并有所发展。这对于中国民间秘密语研究来说，实可谓弥足珍贵的材料。因而，有必要在此考察一下其基本概况，以便进行讨论。

“茶碗阵者，于饮茶之际，互相斗法。甲乙相对时，甲先布一阵，令乙破之。能破者为好汉，不能破者为怯弱”。这是平山周氏关于近代民间秘密组织三合会“茶碗阵”的记述。中国传统游艺民俗，素有斗花、斗香、斗草、斗鸭、斗鸡、斗鹌鹑、斗蟋蟀、斗蛩、斗巧、斗茶之类方式，史书笔记多见记载。五代后周王仁裕《开元天宝遗事》卷下《斗花》：“长安王士安，春时斗花，戴插以奇花多者为胜。皆用千金市名花，植于庭苑中，以备春时之斗也。”是乃赛花之戏。宋陶谷《清异录·熏燎》：“中宗朝，宗纪韦武间为雅会，各携名香，比试优劣，名曰斗香。”南

①萧一山：《近代秘密社会史料》，岳麓书社1986年版。系据国立北平研究院史学研究会1935年印行的原书改排重刊。

②《中国秘密社会史》，商务印书馆1912年版。

朝梁宗懔《荆楚岁时记》:“五月五日，四民并蹋百草，又有斗百草之戏。”是戏以唐宋以来尤盛。以鸭斗为戏起于汉初，晋葛洪《西京杂记》载:“鲁恭王好斗鸡鸭及鹅雁。”又西晋陈寿《三国志·吴书·陆逊传》亦载:“时建昌侯虑于堂前作斗鸭栏，颇施小巧。”是此戏已传入当时上层社会以为雅戏。唐陈鸿《东城老父传》:“玄宗在藩邸时，乐民间清明斗鸡戏。治鸡坊，索长安雄鸡，金毫铁距，高冠昂尾千数，养于鸡坊。诸王、世家、外戚、公主、侯家，倾帑破产市鸡，以偿鸡值。”又据《乐府诗集》卷六十四《斗鸡篇》宋郭茂倩《题解》:“《邺都故事》曰:‘魏明帝大和中筑斗鸡台。赵玉石虎亦以芥羽漆砂斗鸡于此，故曹植诗云斗鸡。’”《清稗类钞·赌博类》:“斗鹌鹑之戏，始于唐，西凉厩者进鹌于玄宗，能随金鼓节奏争斗，宫中咸养之……其败者，俗谓之曰桶子。”斗蟋蟀旧又谓“斗蛩”，宋顾文荐《负暄杂录·禽虫善斗》:“斗蛩亦始于天宝间。长安富人镂象牙为笼而畜之，以万金之资付之一喙。”清潘荣陛《帝京岁时纪胜》:“都人好育蟋蟀，秋日贮以精瓷盆盂，赌斗角胜。有价值数十金者，为市易之。”《南史·齐废帝海陵王纪》:“永明世，市里小儿以钱相声于地，谓之斗凿。”明陶宗仪《元氏掖庭记》卷二:“至大中，洪妃宠于后宫。七夕，诸妃嫔不得登台，台上结彩散台下，令宫嫔拾之，以色艳淡为胜负。次日设宴大会，谓之斗巧宴。”与茶相关的斗戏是斗茶，又谓斗茗。据宋江休复《嘉祐杂志》云:“苏才翁尝与蔡君谟斗茶。蔡茶水用惠山泉，苏茶小劣，改用竹沥水煎，遂能取胜”。又宋陆游《剑南诗稿》卷五《晨雨》诗有句:“青篛云腴开斗茗，翠罂玉液取寒泉。”那么“茶阵”是什么呢?平山周氏认为是“斗法”:“茶碗阵者，于饮茶之际，互相斗法。甲乙相对时，甲先布一阵，令乙破之。能破者为好汉，不能破者为怯弱。”[①] “斗法”之“法”，俗读 fà（发）音，指旧时方士、术士用以惑人之神秘手法，即“方术”。方术于中国传统文化中乃占候、星占、巫医、占卜、相卜、命相、遁甲、堪舆、神仙术之类，后道教承袭了先秦巫祝祭祖鬼神和方士炼丹采药之术，作为一种修炼方法。三合会、哥老会、天地会等近代民间秘密社会组织，无不借助民俗信仰起事、组合，颇具迷信与宗教色彩，其“斗法”亦然。“茶阵斗法”，不仅反映了其秘密组织的信仰、本位观念，亦兼具斗智游戏特点。然而，其用以斗法的“茶阵”，则是一种非言语方式的秘密语符号的组合变化，以“茶阵”为其“斗法”过程的内部言语交际的神秘方式，充满了神秘而又庄严的色彩。一如《周易》各种卦形各具不同特定信息意义，其“茶阵”的结构变化，亦是含有特定语义集合的秘密符号。“茶阵”的特定语义，是其秘密结社集团内部特定的秘密语含义，三合会、哥老会、天地会（一般统称“天地会”）“茶阵”虽相类似，但又各有差别，是其流行于该秘密集团的不同群落或时期不同之故。各种名目的“茶阵”，分别有其形制、秘密语义及定则，是集团内部交际思想的一种特定方式。因而，“茶阵”既非纯粹的斗智游戏，亦非占卜之术。对于三合会、哥老会、天地会的“茶阵”“路符”[②]，以及手语，下面将分别加以描述、讨论。

---

①《中国秘密社会史》，商务印书馆 1912 年版。

②此系笔者杜撰命名，或可谓“路阵”。

1. 三合会的“茶碗阵”

图 1 名曰“单鞭阵”，一倒满的茶碗、一茶壶排列如图所示，所取意思为向其他同志求救，能救之者即径饮其茶，不能救者则弃碗中之茶再另倒茶而饮。

图 1　单鞭阵　　图 2　顺逆阵

图 2 名曰“顺逆阵”，茶壶旁并列满碗茶、半碗茶各一，满者为孙膑，半碗者为庞涓。饮法为，先将两碗内的茶同注入茶壶，再倒而饮之。

图 3 名曰“双龙争玉阵”，茶壶旁斜列有两碗茶，下边并列两烛。饮法为，先将两烛置于别处，再将两碗茶置放整齐，而后饮之。

“上下阵”类如图 3，但无双烛。饮法为，先将下边茶碗移至上边，使之平列，或置之稍远处，而后饮之。

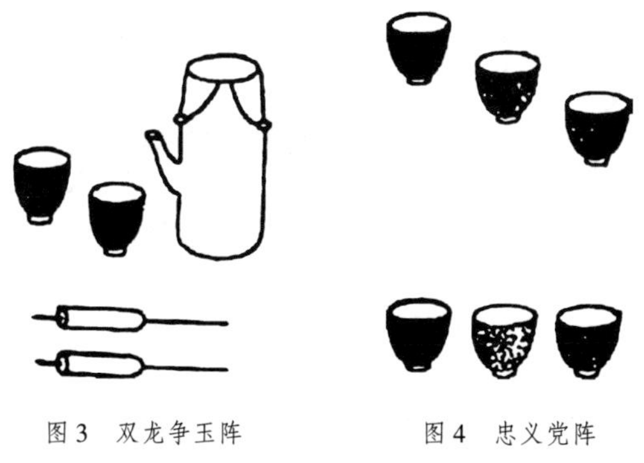

图 3　双龙争玉阵　　图 4　忠义党阵

“忠义党阵”，如图4，无茶壶，三碗茶斜行或并列排开均可，取其居中之茶饮之。

“争斗阵”，如图5，一茶壶旁并列三碗茶。若壶口对茶碗，即献茶者请与之争斗之意，对方若不应所请，则可取中央一碗饮之。

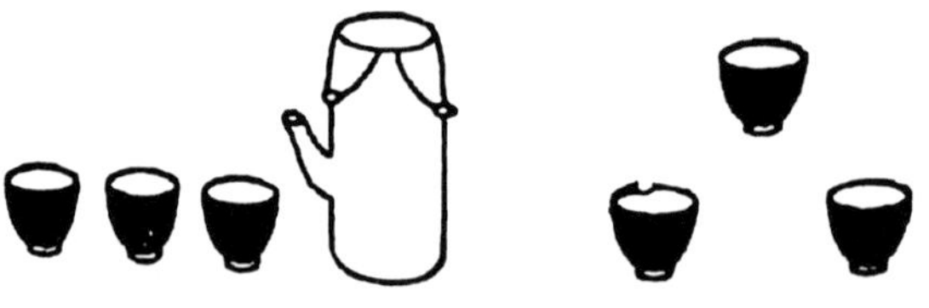

图5　争斗阵　　　　图6　品字阵

“品字阵”，如图6，三碗茶摆若“品”字形，须先将下面两碗茶移之与上面一碗相齐，而后饮之。

“山字阵”，摆法、饮法同“品字阵”。

“关公守荆州阵”，如图7，壶上置一茶碗，壶下两侧各一茶碗；饮法为，先将壶上茶碗取下，与壶下两碗置若“品”字形，然后饮之。

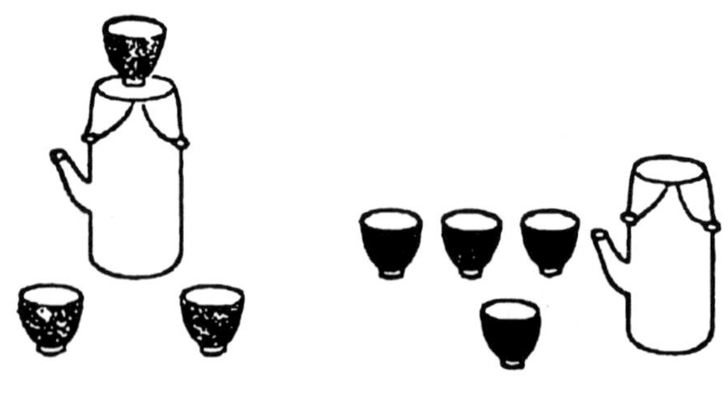

图7　关公守荆州阵　　　　图8　刘秀过关阵

“刘秀过关阵”，壶碗排列如图8。受茶人需饮距离自己身体最近的一碗，并将其余茶碗整齐排为一列，口称：刘关张血誓，不可不作一列。如果原本即为一列置之，是为求援之意。若无意应之而拒绝，即依前式饮尽其茶就可以了。

“四隅阵”，无壶，四茶碗排列如图 9。饮法为，先将上下茶碗移置为一列，尔后立而饮之。

图 9　四隅阵　　　　图 10　四忠臣阵

“四忠臣阵”，壶侧四茶碗并列横排，如图 10。此阵只有于求援时布之，若为寄托妻子而允诺之，即取左边第一只茶碗饮下；若为借钱而允其请，则取第二只茶碗饮下；若为援救兄弟生命之故，则取第三只茶碗饮下；若为救免兄弟之危难之故，则取第四只茶碗饮下。假如不能或不欲应其所求，即变更茶碗排列位置，尔后饮之。

“赵云加盟阵”，无壶，四只茶碗排列如图 11。将左下方一只茶碗与上面三只茶碗并列，尔后饮之。

图 11　赵云加盟阵　　　　图 12　英雄八栅阵

“英雄八栅阵”，无壶，四茶碗排列如图 12。取近身两茶碗饮下，如果对面有人移取，则己即置之后方；若对面人置之后方，则己即移而饮之。

“关公护送二嫂阵”，一壶，壶上一茶碗，壶下亦置茶碗，排列如图 13。饮法为，取下壶上茶碗，放至其余茶碗左边，然后饮下。

图 13 关公护送二嫂阵　　图 14 贫困篚篙阵

“贫困篚篙阵”，一茶壶四茶碗排列如图 14。饮法为，若能扶助兄弟使之解脱患难，即移去茶壶，而后任取一茶碗饮下。

“复明阵”，无壶，五只茶碗（一空者）排列如图 15。饮法为，取中央一空碗倾入茶，尔后饮下。

图 15 复明阵　　图 16 孔明上台令诸将阵

“孔明上台今请将阵”，壶、碗排列如图 16，其中一碗置于壶上。饮法为，将壶上茶碗取下，放下与其他茶碗共同排列，然后饮下。

“反清阵”，无壶，一有茶之碗，四无茶之碗，排列如图17。饮法为，弃之中央有茶碗不顾，而于其余四空碗中任意一只，注茶而饮之。

图17　反清阵　　图18　赵云救阿斗阵

“赵云救阿斗阵”，一茶盘，一茶壶，五只茶碗，壶置盘上，五茶碗置盘上壶之左侧，余碗置盘外，排列如图18。饮法为，先将盘中茶壶、茶碗取出，然后饮茶五碗。

“患难相扶阵”，一茶壶，一茶盘，五只茶碗；一只碗与壶置盘外收右侧，盘中置四碗，排列如图19。饮法为，将盘外茶碗置于盘上四碗中央，然后钦下。

图19　反清阵　　图20　五虎将军阵

“五虎将军阵”，一茶壶，五只茶碗并列于左侧，如图20。饮法为，将碗中之茶还入壶中，然后再于中央一只茶碗注茶而饮。

“六子守三关阵”，无壶，六只茶碗分两排斜对平行列之，如图21。饮法为，取上面一列中央的茶碗置于上，再取下面一列的中央茶碗置于下，成斜“中”字形，然后饮之。

图 21 六子守三关阵　　图 22 古人阵

“古人阵”，一茶壶，左侧置六只茶碗，排列如图 22。饮法为，先取两端茶碗，一置于中央之上，一置于中央之下，成“中”字形，然后饮之。

“七神女降下阵”，无壶，七只茶碗排列如图 23。左端的茶碗用以表示利己之意，不可饮，其余各碗可任意取饮。

图 23 七神女降下阵　　图 24 苏秦相六国阵

“苏秦相六国阵”，一茶壶，六只茶碗分列壶之周围，如图 24。饮法为，先拿去茶壶，再将两端茶碗移置上下，成“中”字形，然后饮之。

“下字阵”，无壶，共七只茶碗，排列如图 25。饮法为，取下边突出的一碗饮下。

“七星剑阵”，有两种阵式，均无壶，共七只茶碗，分别排列如图26与图27。第一阵式（图26），左右两端茶碗不可取用，

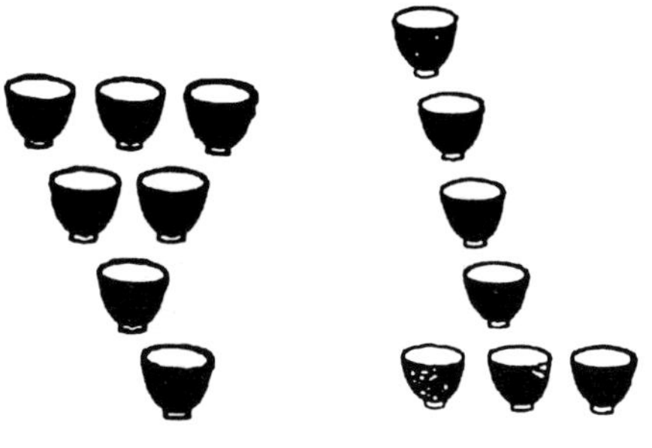

图 25　下字阵　　　图 26　七星剑阵之一

惟可饮用尖端两碗。第二阵式（图 27），左右两端茶碗亦不可动用，宜将端尖一碗置于横列三碗中央直线上，然后取上下两端茶碗饮之。

图 27　七星剑阵之二　　　图 28　太阴阵

“太阴阵”，无壶，十五只茶碗排列如图 28。饮法为，圈上之茶不可取用，惟可饮用圈中央之一碗。

2. 哥老会的“茶碗阵”

哥老会的茶碗阵比三合会的茶碗阵稍简略而又不同，如诸阵均无茶壶。

“四平八稳阵”（图 29）、“仁义阵”（图 30）、“五梅花阵”

（图 31）、“桃园阵”（图 32）、“七星阵”（图 33）、“六顺阵”（图 34）等诸阵式，均属哥老会的普通吃茶式。

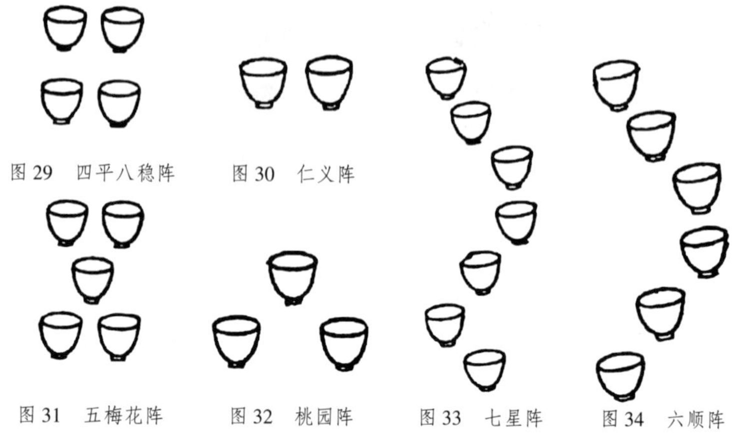

图 29　四平八稳阵　图 30　仁义阵

图 31　五梅花阵　图 32　桃园阵　图 33　七星阵　图 34　六顺阵

“一龙阵”，孤置茶碗一只，如图 35。其义如该阵式语诀所云：“一朵莲花在盘中，端记莲花洗牙唇，一口吞下大清国，吐出青烟万丈虹。”

“双龙阵”，两茶碗并列，如图 36。谣诀云：“双龙戏水喜洋洋，好比韩信访张良，今日兄弟来相会，暂把此茶作商量。”

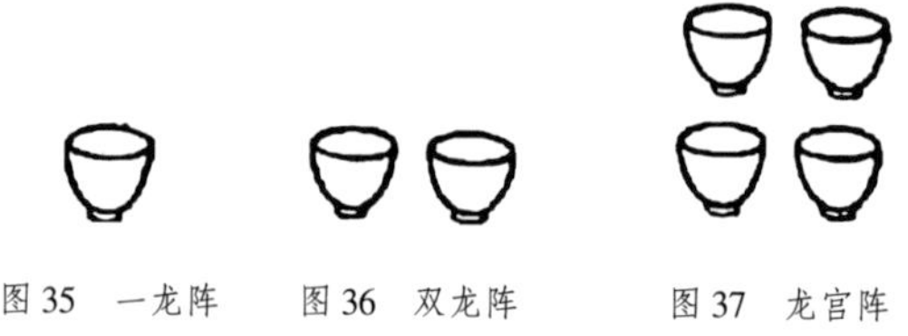

图 35　一龙阵　图 36　双龙阵　图 37　龙宫阵

“桃园阵”，三只茶碗，上一下二，排列如图 32。谣诀云：“三仙原来明望家，英雄到处好逍遥；昔日桃园三结义，乌牛白马祭天地。”

“龙宫阵”，四只茶碗，上下各并列两只，如图 37。谣诀云：

“四海澄清不扬波，只因中国圣人多；哪吒太子去闹海，戏得龙王受须磨。”

“生剋阵”，五只茶碗，上一单只，下四只两两并列，如图 38。谣诀云：“金木水火土五行，法力如来五行真；位台能知天文事，可算湖海一高明。”

图 38　生剋阵　　图 39　六国阵

“六国阵”，六只茶碗，排列如图 39。谣诀云：“说合六国是苏秦，六国封相天下闻；位台江湖都游到，尔我洪家会诗文。”

“梅花阵”，八只茶碗，组合若二相接之梅花图形，排列如图 40。谣诀云：“梅花朵朵重重开，古人传来二度梅；昔日良玉重台别，拜相登台现奇才。”

“宝剑阵”，七只茶碗，五只成一直行列，中腰左右各置一只，排列如图 41。谣诀云：“七星宝剑摆当中，钱面无情逞英雄；传斩英雄千千万，不妨洪家半毫分。”

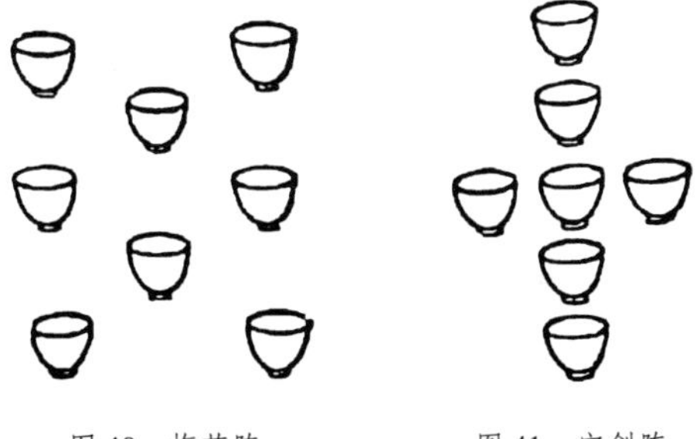

图 40　梅花阵　　图 41　宝剑阵

“梁山阵”，二十四只茶碗，上排三只并列，次五只并列，下“八”字形两边各列八只，排列如图42，总体状似梁山泊之忠义堂前点兵、议事，故名。谣诀云：“头顶梁山忠根本，才捆木杨是豪强。三八廿四分得清，可算湖海一能人。脚踏瓦岗充英雄，仁义大哥振威风。”

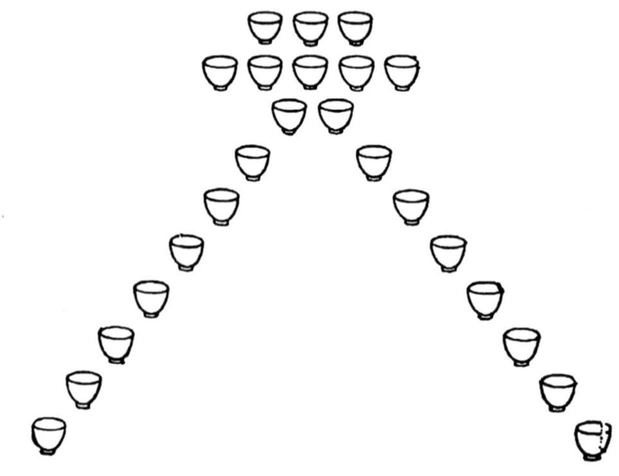

图42　梁山阵

平山周认为，上述谣诀“多失韵，或系传写之误”①。萧一山亦将“茶阵”谣诀称之为诗（或原传抄本此），其实均非诗，谓以“谣诀”更为确切，多系口头创作。又为口耳相传，偶有失韵，乃其自然耳。

3. 天地会的“鼓阵”

三合会、哥老会，本为“天地会”一系，仅称谓或内部分支

①《中国秘密社会史》，商务印书馆1912年版。

有别而已，一般统谓之“天地会”。英国伦敦大不列颠博物馆所藏有关天地会“茶阵”文献，与上记两种相类，但更为丰富详赡，图示、形制定则及谣诀亦俱全。所传有《饮茶总诗》称：“清朝天下转明朝，联盟结拜把兵招；心中要把汈[1]朝灭，查出奸臣定不饶。”是乃“茶阵”所体现的思想主旨，而“茶阵”又系天地会内部秘语秘事，可因之分别忠奸、内外，可为功利之一，亦即“知情任我来去饮，相逢不用说因丫”。如例：

图 43 茶阵佚名，此茶一杯斟满，说独脚难行，回落去茶噎[2]，斟过便饮。谣诀云：“单刀（一作鞭）独马走天涯，受尽尘埃到此来（一作扫净烟尘保主来）。变化金龙逢大吉，保主登基坐禅台。”

图 43　佚名　　　　图 44　佚名

图 44 茶阵亦佚名，此茶两杯，一杯水，一杯茶，将水泼了，然后斟过茶便饮。谣诀云：“泼了清水换洪茶，到处大位是洪家。知情任我来饮，相逢不用说因丫。”

“忠奸”茶，此茶两杯，如图 45，茶满为奸，下为忠。若要饮，注回斟过便饮。谣诀云：“二人同学（一作学问）一师尊，一个忠时（一作忠来）

图 45　忠奸茶

①天地会讳言“清”字，故改作“汈”，下同。
②萧一山原按：“原钞如此，似有错误。”

一个奸。忠者得传师法受（一作忠者书法皆传授），奸心饮过命不留（一作奸者辕门剑下亡）。”

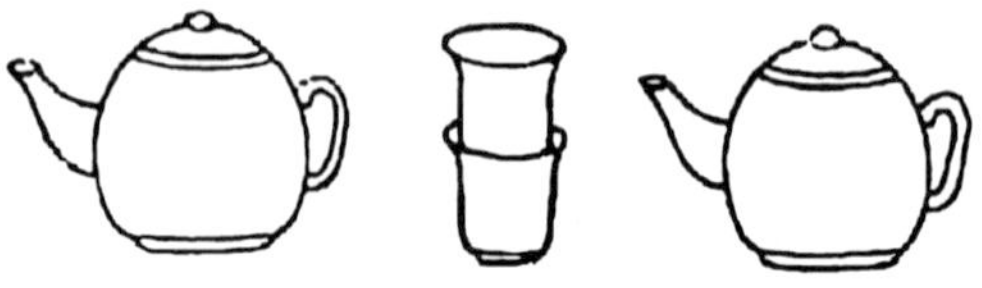

图 46　佚名

图 46 茶阵佚名。此茶两杯，上杯有茶，下杯无茶，取来倒开两杯，斟起便饮。谣诀云：“上塘有水满如基，下塘无水有人知。待等来年春三月，细雨纷纷落满池。”

“攻破紫金城”茶，如图 47。三杯茶，有筷子一对置于茶面上，可用手拈起筷子，说道：“提枪夺马”，便饮。谣诀云：“手执军器往城边，三人奋力上阵前。杀灭清兵开国转，保主登基万千年。”

图 47　攻破紫金城　　图 48　绝清茶

“绝清”茶，如图 48。此茶两杯，上承烟筒一枝。先将烟筒执起，然后拈茶便是。谣诀云：“两塘有水养清龙，手执清龙两头通。清龙无水清龙绝，调转乾坤扶明龙。”或作：茶三杯，茶壶一只，前两杯，摆后一杯在壶嘴，念过谣诀便可饮。谣诀云：“徐州失散关云长，左思右想慢商量。未知兄弟生和死，后来叙认立纲常。”

“深州失散”茶，如图 49。三杯茶，上一杯有茶，底下两杯无茶，斟过便饮。谣诀云：“三条大路通北京，孔明操练五营兵。桃园结义三兄弟，马不离鞍在古城。”

“桃园结义”茶，如图 50。将中心一杯拈上，再拈开左右两杯，可饮。谣诀云：“桃园结义刘关张，兄忠弟义姓名扬。不信曹公忠义将，万古流传远自香。”一作“此茶三杯，摆成品字样。斟起茶，将茶壶嘴□[①]住，用左手天本拨开茶壶嘴，斟茶便饮。”其谣诀为：“桃园结义刘关张，兄弟忠义姓名扬。不服曹公心在汉，流传万古世无双。”

图 49　深州失散　　图 50　桃园结义　　图 51　日月相掩

“日月相掩”茶，如图 51。但见茶色将上一杯倒落入下一杯可饮。谣诀曰：“上塘有水下塘欺，下塘无水明人知。但得东云来步起，细雨纷纷落明基。”

“四大忠贤”茶，茶色四杯，排列如图 52。若饮第一杯是替死，饮第二杯系寄妻，饮第三杯是托子，饮第四杯乃相帮打救出关。谣诀云：“韩朋因妻惹祸殃，韩福替死枉忠良，郑田打救英才子，李昌食妻状元郎（一作昌国养育状元郎）。”是阵一名“四贤结拜”，“茶色四杯……两行摆得正当，将茶移开埋，题诗可饮。诗曰：四杯青莲不相同，木杨城内有关公。桃园结义三兄

①□处字已佚。

弟，后入常山赵子龙。”又有谣诀云：“寄妻托子理应当，借银替死亦何妨。大事机关蹻密讲，义兄何在咁[①]心亡”。又作茶四杯，分四角摆开，中心摆个茶壶。谣诀云：“四人结拜一心同，黄巢兵马各西东。忆恨冤仇何日报，后来叙认保真龙。”案：是阵式与三合会之“四忠臣阵”（图 10）相近。

图 52　四大忠贤

“梅花郎”茶，如图 53。茶色五杯，中心一杯万不可饮，从外顺手拈来诵谣诀即可以饮。谣诀云：“梅花吐蕊在棹中，五虎大将会英雄。三姓桃园还有号，要宄常山赵子龙。”一云：“十月梅花开，四方兄弟来。复明从此日，请主坐龙台。”

图 53　梅花郎

“五祖”茶，茶五杯摆作一列，如图 54。切不可即饮，需先注回壶中，重新斟过再饮。谣诀云：“五人结拜在高溪，五杯茶来兄弟齐。五人分别开各省，五祖祈茶来发誓，五行天下顺明

①天地会造“咁”字，音 gàn。

归。”一云：“五祖结拜在高溪，普庵居住立洪为。花碗奇杯来发誓，颁行天下保明齐。”

图 54　五祖茶

“天日”茶，茶色六杯，分行摆齐若“日”字形，如图 55。饮法为，先将底下两杯移开，成“天”字形，然后用地本拈来饮，故名“天日”。谣诀云：“一天生水水朝东，地二生火烧青龙。清池无水清龙绝，洪家兄弟保明龙。”

图 55　天日茶　　　　图 56　五虎下西村

“五虎下西村”茶，茶色五杯置壶左侧，排列如图 56。饮法为，拈中心一杯，以手本说道：“五虎大将平天下”，尔后便饮。谣诀云：“五虎大将平天下，丹心一片保国家。万人同往金兰路，誓共胡人两不都。”一云：“五虎下西川，忠臣列两班。左文和右武，保主坐朝堂。”

“陆郎镇守三关”茶，茶色六杯，置两壶中间分两横列排开，如图 57。饮法为，先抬起左边一杯放于头上，再拈右一杯放在脚底下变成个“忠（中）”字，诵谣诀即可饮之。谣诀云：“陆郎镇守在三关，二十四将列两班（一作雄兵廿万剿夷蛮）。萧后闻知心胆丧，大破天门（一作胡人）得胜还。”

图 57 陆郎镇守三关

“会仙姬”茶，茶色七杯置壶左，排列如图 58。饮法为，从上排四杯中的一边拈一杯即可。谣诀云：“仙姬七姐渡银河，姊妹下凡会董哥。年年七夕河边会，鹊桥难渡意若何？”

图 58 会仙姬

图 59 带嫂入城

“带嫂入城”茶，茶色六杯，四杯在茶盘中，两杯在外，如图 59。饮法为，先将茶盘外两杯放入茶盘，说道：“带忠心义气入城。”可饮。谣诀云：“义气传名刘关张，关羽单刀保娘娘。过了五关诛六将，燹城寄歇再商量。”①

“七星会旗”茶，茶色七杯，烟筒一枝，壶两只。两壶中间将烟筒置桌上，烟筒右侧茶一杯，余六杯置左侧，如图 60。饮法为，先将烟筒右边一杯茶倒回壶中，重新斟过再饮。谣诀云：

①萧一山原按：“燹字或为樊字之误。”

“一枝大旗七粒星，四九三七正分明。洪字写来无加减，义气兄弟莫绝情。”

图 60　七星会旗

“七例分散壶”茶，茶色七杯，杯空，左边壶嘴旁置两杯，壶右边将余五杯摆直，如图 61。饮法为，将右边五杯移过左边来，斟过可饮。谣诀云：“茶名一炷香，兄弟立纲常。大家齐来饮，食绝清蛮王。”

图 61　七例分散壶　　　　图 62　夜观星象

“夜观星象”茶，茶色七杯，但至兄弟处摆开，若北斗星座，如图 62。饮法为，“将底下壶脚一杯移埋，斟过便饮”。谣诀云：“洪气冲斗牛，结万在桥头。联盟同结气，灭清为报仇。”

“清转明”茶，将八杯分作两行，置于桌上两壶之间，如图63。若要饮，说道：“复明灭清可也。”谣诀云：“江山开基本是洪，五湖四海共一宗。杀绝满洲西鞑子，洪家兄弟保真龙。”

图63　清转明

“八仙回山”茶，八杯茶摆成“山”字形，如图64，顺手拈过中心一杯即可饮之。谣诀云：“钟离宝扇自摇摇，拐李葫芦万里烧。张果老人如古道，采和玉手把篮挑。洞宾背起空中剑，湘子横吹一玉箫。国舅曹公双玉板，仙姑如意定浮桥。”又作：“此茶八杯，斟起茶，摆成江字咁样，注还壶中。后摆成山字，斟起茶可饮。又图，山字形，下五杯并排，上三杯成弧形。”案：一阵两式，或简或繁，未离其本，是乃流传中衍化变异之故耳。

图64　八仙回山　　图65　龙泉宝剑

“龙泉宝剑”茶，茶八杯，摆成宝剑样，如图65。“若要饮者，将剑头个杯反转，说道：反清复明。”谣诀云：“龙泉宝剑插斗中，利害威名扫胡毛。义人争夺含珠宝，做剑二人是姑嫂。”

又作茶七杯，乃无剑柄上一杯，谣诀云："七星剑镇木杨城，照尽花亭结义兵。姑嫂生来洪姓管，锦绣乾坤复大明。"

图 66　合兵灭清　　　　图 67　绝清剑

"合兵灭清"茶，如图 66。"九杯摆不成字，有忠义之心用，顺手拈头一杯，移落底下处，又顺手拈中心个杯便饮。"谣诀云："天地合成和四九，改姓埋名尽招兵。杀灭满洲西子汉，共同战剿灭清兵。""绝清剑"茶，九杯茶于壶左侧摆成桃李剑样，如图 67。饮法为，需先将剑头一杯注回壶中，再重斟过方可饮之。谣诀云："联盟兄弟本姓洪，四海和同共一宗。若有奸心无义子，动开宝剑实难容。"

图 68 茶阵佚名。"此茶色有烟筒、脚香二枝，有茶杯二只，将茶杯合埋，盖住壶口上，二枝脚香插住壶嘴，烟筒放在壶耳。"念诵过谣诀即可饮用。谣诀云："手抱玉龙归本处，义龙出海为争珠。双凤朝阳兄弟到，玉盏移开定太平。"

"五将会四贤'茶，茶九杯，四杯分两行，置壶左，五杯摆一直列置壶右，是为"四贤""五将"，如图 69。饮法为，"将后五排拈埋前面"（即将"五将"移至"四贤"一边），说道："五将会四贤”，即可饮之。谣诀云：“四人结拜在高溪，五将言明分东西。英雄今日重相会，大鹏展翅恨天低。”

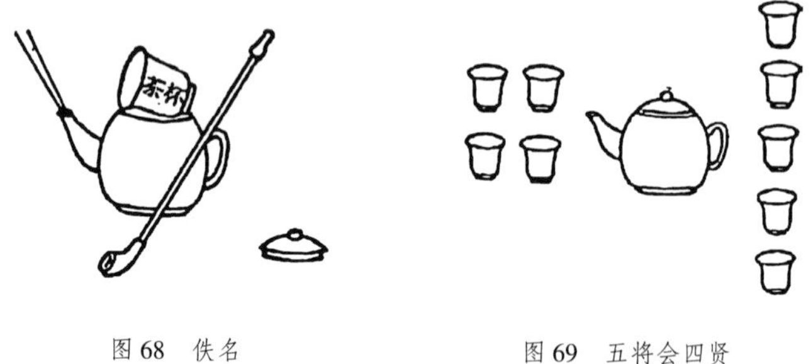

图 68　佚名　　　　图 69　五将会四贤

“插草结义”茶，茶色十杯，摆着白锭炉样，又有脚香五枝，如图 70。谣诀云：“一插草为香，兄弟忠良将；二插草为香，义气刘关张；三插草为香，三军师马黄；四插草为香，四海扶明皇；五插草为香，五人立誓章。”

图 70　插草结义

图 71 茶阵佚名，“此茶九杯，摆开三行，斟开茶。若要饮，说道：洪家忠心为根本，用天本拈中心个杯可也。”谣诀云：“三三连九两三三，九子连环去灭番。忠心杀尽清朝将，血满长江骨满山。

“忠义团圆”茶，茶十二杯摆若“口”字形，中心置一茶壶，如图 72，顺手拈下一杯便饮。谣诀云：“四海九州二洞天，九牛五马一人连。二郎七子回六国，周围十五月团圆。”

图 71　佚名

图 72　忠义团圆

“欺贫重富”茶，此茶色十一杯，摆成银锭样，上置一茶壶，左右各三杯有茶，底下五杯无茶，如图 73。但到兄弟处，有此茶色请饮，即念道：贫富不欺。将下边五杯无茶收埋，念诵谣诀即饮之。谣诀云：“石崇富贵范丹穷，早逢甘罗晚太公。彭祖寿长颜子短，陆人生在五行中。”

图 73　欺贫重富

“明主出身”茶，此茶十三杯，摆若满月，其中三杯在中，两杯在“月”下，如图 74。饮法为，外两杯不可饮，需说道：

“明主登位，氵明朝反灭。”尔后饮其周十一杯。谣诀云：“主子出头英（案：当作应）有日，剿灭氵明朝在目前。如今除了无仇恨，主子登基继后人。”

图 74　明主出身

上述天地会茶阵均为萧一山于大不列颠博物馆所见。此外，英国的波尔（Ball）夫人于香港、广州购得许多晚清粤人手抄天地会文件，亦有一些茶阵之类非言语的天地会秘密语材料。除上述茶阵中“一作”“一云”“又作”者外，又有如下图者。

图 75，壶口有茶杯两只，合埋盖在壶口，又有两枝桂枝，插在壶嘴，有洪竹塞住壶耳。谣诀云：“手把王龙归本处，二龙出水为争珠。双凤朝阳兄弟到，玉盏移开定太平。”此式与图 68 佚名茶阵相近，然而由于多有变化，解意亦有分别。以五只手指托住洪竹，如烧枪咁样，用天本打开，谣诀云：“五人抬炮打氵明兵，莫得向前打弟兄。打府打州能打县，不打洪家结义兄。”以两只茶杯伴着洪竹于台上，谣诀云：“两池无水困蛟龙，此照分明两边通。池中有水蛟龙现，吐出白云辅太公。”有烟无火，谣诀云：“只有金不见珠，相逢对面意何如。洪门大认无凤人，乃念花亭共读书。”烟筒塞住包烟，谣诀云：“我主为粮在库中，外人不敢

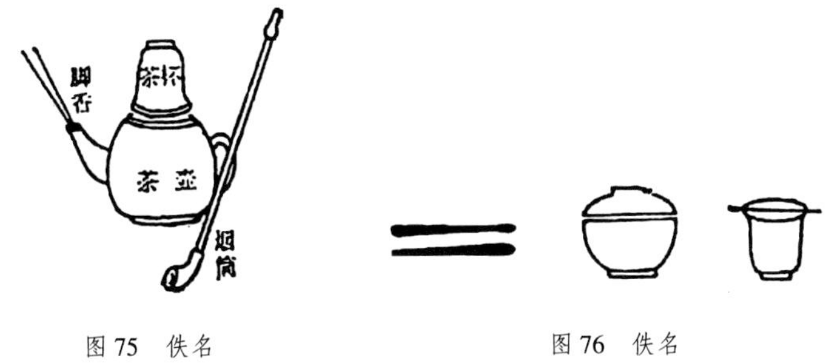

图 75　佚名　　　　图 76　佚名

启原封。专心留与洪家用，现出当年五爪龙。”四只手指握住烟筒，谣诀云：“四大忠贤辅一龙，名为洪竹是天聪。高溪叙认君臣众，得遇风云上九重”。烟筒嘴向落地，谣诀云：“反向道地不成人，父母恩深在五伦。为子须知当尽孝，臣存忠义辅明君。”烟筒调转头，谣诀云：“义兄且我咬云游，何必将枪作对头。母在花亭曾有话，如今不记旧冤仇。”脚踏住洪竹，谣诀云：“五娘今晚踏云梯，太子因何踏在泥。快且五人扶上马，保辅真主入宫闱。”双手拈住洪竹，伸开上边四指，此名洪旗，以四九底合掌接洪竹，谣诀云：“洪旗飘飘，英雄尽招。洪家兄弟，复转明朝。”称筷子为“箸”，谣诀云：“振起云开见青天，八月十五团圆时。同心协力多俱到，手执军器大战时。”以一根筷子架于碗上（如图 76 右图），谣诀云：“人不离甲，马不离鞍。单鞭能救主，独脚马难行。”席上碗、盘、碟、钟（即盅）全盖（如图 76 中图），可先以五俱顺返，谣诀云：“汨不汨来明不明，双鞭打落九州城。五虎大将一齐到，反灭汨朝再复明。”若干席上见有一双筷子首尾相异而置（如图 76 左图），则可用手顺返，谣诀云：“未会双头意若何，乾坤反转太平歌。有缘千里来相会，无缘对面不知哥。”茶两杯，上架一木枝（如图77右图），则可以三

图 77　佚名

指拈开，谣诀云：“二龙降世下凡间，中原无主定江山。残唐五代真无主，万载君臣心胆寒。”白扇盖杯，可将白扇持起（如图 77 左三图），谣诀云：“洪扇盖洪茶，相识满天下。忠心共义气，合来共一家。”茶两杯（如图 77 左二图），同样方可饮；不同，多半不可饮，谣诀云：“二人同学一师尊，一个忠来一个奸。患者天书传后代，奸者全家刀下亡。”（案：此与“忠奸”茶相类

图 78　佚名

似）茶三杯（如图77左一图）念谣诀即可饮，谣诀云：“小主在中央，二龙卧两旁。两班文武将，保主定朝纲。”茶三杯，一满，一半，一干（如图 78 右图），可取半杯者饮，谣诀云：“我亦不就干，我亦不就满。我本中心，持起而饮。”茶一杯置盘外（如图 78 中图），以试探兄弟，要饮，宜移至盘内再捧起相请。谣诀云：“木杨城内是乾坤，结义全凭一点洪。今日义见来考问，莫把洪英做外人。”茶四杯摆做四方形（如图 78 左图），先移开，

再移倚方可饮。谣诀云："四人结拜同一心，黄巢作乱分东西。婴儿长成难开口，后来讲道团团圆。"茶五杯（如图79右图），

图 79　佚名

先将中央一杯移至上边再饮，谣诀云："五虎大将平天下，万人传下一枝花。一点丹心同日月，忠心保主坐中华。"茶五杯，排列如图 79 之左三图，先将左面三杯最下一杯移至右边两杯之上，谣诀云："反斗穷原盖旧时，汨人强占我京畿。复回天下尊师顺，

图 80　佚名

明月中兴起义时。"茶六杯（如图79左二图），可变化，天下太平中五字不能变化，不可乱取饮。茶七杯，排列若七星无头剑（如图 79 左一图）。将第三杯拈来，"做大可方饮"。图 80 左图为九杯茶，乃"无头主"字（"无头主子"），"可抽中杯上一位"，谣诀云："明主今年登帝邦，文武百官列两班。洪家百万英雄将，扶持明主定朝纲。"图 80 中图为"洪字杯"，出二指按于一杯两边，谣诀云："三条大路通长安，廿一年前八月间。盘古天机成

卦相，识得机关便收藏。”图 80 右图七杯茶斜向一字排列，名为“七姊妹”，七夕，牛郎织女渡银河相会。谣诀云：“仙姬七夕渡银河，姊妹下凡兄弟多。年年七夕河边待，鹊桥渡过乐如何。”

凡此悉数“茶阵”，皆以壶、杯、盘等物组合各种阵形，辅以各种定制，从而构成繁复的非言语形式秘密语。其阵形、定制是其秘密语符号的“能指”成分，而解意及谣诀则为其符号的“所指”成分。在民俗语言学中，全部非言语交际亦即副语言习俗形态，通常分作身势情态语、标志语和特殊音响的副语言习俗，共三大分类。三合会、哥老会、天地会“茶阵”，则属于副语言习俗的标志语俗形态，即以其茶阵的变化为“标识”的一种秘密语形态。此外，其“路符”或谓“路阵”者，亦属此类标志语形态的民间秘密语。例如：出门行路，见途中画有一圈（如图 81 右图），可进入三步，谣诀云：“姑嫂相逢在路中，乃是玉莲郭秀英。”出门见路中画一条蛇（如图 81 中图），可用脚挞去蛇头，谣诀云：“天高地厚防相访，太子皆因未出头。今日义兄来劫驾，恃强欺弱有天收。”若出门见路中有人排列 5 块石头（如图 81 左图），则可用脚挞开，并念诵谣诀云：“打开氵月朝兵将绝，为因奸臣所害民。洪英来报冤仇日，诛氵月灭满复大明。”

图 81　路符

“茶阵”“路阵”，皆以人为事物形制及其相关定则构成民间秘密语，是近代民间秘密社会所常用的一种内部交际形式，成为中国民间秘密语史上别具风格的形态之一。至于其所用之用以验证身份、执行事务的“腰凭”，一如以往之“虎符”“阴符”之类，虽或有文字，却亦属此类（其文字功能已被减弱），但莫如“茶阵”“路阵”更具有集团性或群体性，以及标志语的民间秘密语特征，出自民间社会，流行于民间社会，内部特征更加鲜明。

二、以手势为主体的身势情态秘密语

敦煌壁画中人物的身姿、手姿以及服饰，冷眼看去似乎千篇一律，没有多大差别；如果细致观察、比较，不难发现其千姿百态，因性别、信仰和发生时代等社会历史的文化背景而各有不同。以“手势”表达言语意义进行交际活动，是人类的一种本能行为。人类社会的初民，出于谋生行为和初民社会的信息传递所需而提供的生理、心理的基础，不只是产生有声语言的根本条件，同时是形成手势语等副语言习俗的最重要条件，使副语言习俗与言语交际构成人类表情达义的完整基本交际方式。语言学和文化人类学界在探索语言起源这个课题中，有一派认为人类的有声语言起源于手势语，就是说，手势语的运用，是“前语言期”的社会产物。对此，学界至今仍争论很大。但有一点几乎是公认的，即手势语是伴随人类言语交际的一种最重要、也是最基本的非言语交际方式，各个民族的手势语几乎都是很发达、很丰富的。

手势，即以手的动作态势示意。美国学者 T. 丹齐克在考察原始文化与语言中发现，只要有够得上称作计数术存在的地方，一定存在屈指计数方式，或者早一点，或同时并见。在用手指的时候，人类借助于这个工具，就不自觉地从基数转进到序数。人

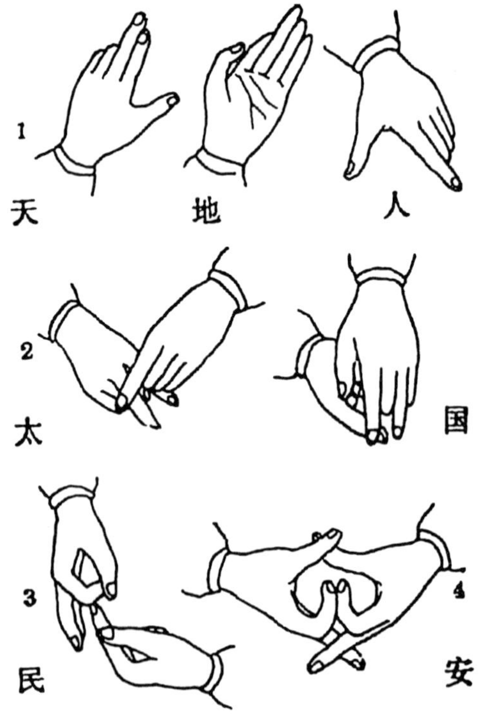

图 82　秘密语中的手势语之一

们在表示某一集合包含四件事物的时候，会同时屈回或伸出四个手指。在几乎所有的原始语言中，都可发现这种计数起源的确切遗迹。在大多数这类语言中，“5”这个数，就多用“手”来表示，“10”则用“双手”表示。可以这样说，人类在计算方面之所以成功，首先应当归功于 10 指分明。[①] 例如中国汉族常见的手语数字表示方式：以伸出食指为一；食指、中指并伸为二；食指、中指、无名指三指并伸为三；食指、中指、无名指、小指并

①详参拙著《副语言习俗——一种民俗语言现象》，辽宁大学出版社 1988 年版。

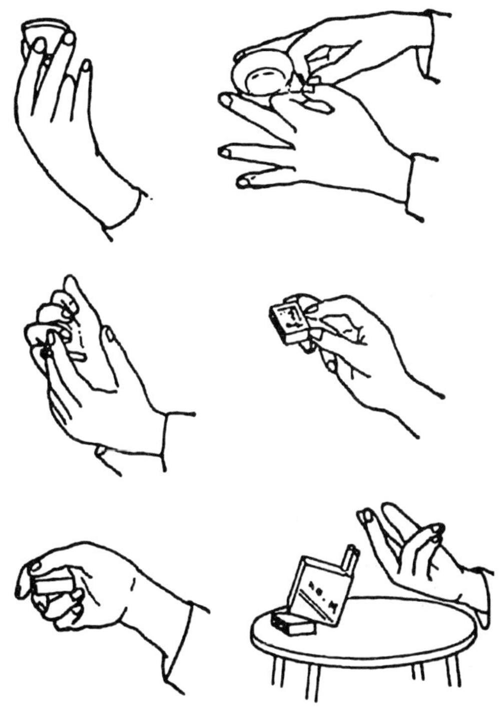

图 83　秘密语中的手势语之二

伸为四；食指、中指、无名指、小指及大拇指五指并伸，为五；伸出拇指、小指，蜷起其余三指，为六；拇指、食指、中指三指指尖捏拢到一起，为七，俗谓“捏七”；伸出拇指、食指并叉开，为八，俗谓“叉八”；伸出食指，指节前屈如钩，为九，俗谓“钩九”；伸出双手或握拳，为十。手势不仅能用以表达基本的简单数字，还可以表达更复杂的语义。而且，因其在近距离、具有可视的交际条件下，是一种无声的交际方式，在一定情况中可以具有保密功能。因而，以手势语为主体的身势情态语方式，亦自然被采用为民间秘密语的主要非言语交际方式，并形成许多这种形式的民间秘密语。旧时中国汉族地区的城市商业、典当诸业，以及乡镇集市贸易中，往往以上述数码指语作为秘密语表示交易中的简略数码，发挥其所兼有的非言语的秘密语功能。旧时聋哑人手语中，亦含有非言语的秘密语成分，不仅一般人不懂，在不同群体的聋哑人之间，亦具有内部交际、保守内部秘密的功能。图 82 至图 84 则是天地会用于内部交际的秘密语手势语方式。

图 84　以手势语为主体的身势情态秘密语

由图可见，这种秘密语的手势语，不仅有单纯以手势示意的，有时还辅以身体其他部位或器官的动作行为态势，乃至借助于器物。这是一般手势语与秘密语手势语所共有的一个特点，故谓以手势语为主体的身势情态秘密语。

三合会，不止有有声语言的秘密语，有非言语形式的“茶碗阵”，还有以手势语为主体的身势情态秘密语——“符徵”。符徵是该会会众务必会使用的一种非言语秘密语内部交际形态，是三合会“会俗”之一。例如：遇有紧要情况，则以白扇徐摇三四次，即是招集身旁附近会员的表示；举扇过头，轻摇三次，意为招集会众参加战事。会员同外人争斗时，在场的其他会员以一手掌向外人示意，以另一手手指甲向会员示意，则是制止不要继续争斗之义。遇两人相殴斗时，会员以两掌向外，连呼不要争斗，则是表示要打其中的不在会者；如果屈其右手拇指，将两掌朝向，连呼不要争斗，即表示不要争斗了，那是会内人。这叫“阴阳法”。争斗时，若以右手拇指及食指、中指一齐伸出，其余两指屈曲于掌，伸臂向前，再以左手照样做出表示，置于右手肘部，是求救的意思。这叫“三角法”。把右手拇指握于其余四指之外放在头上，是又一种求助表示。还有一种求助的表示方法，是把右手掌心向外伸出，把左手拇指和食指屈曲，其余各指贴掌，放到胸前。如果两手都做出同样手势并交换位置，乃令使即刻停止争斗。三合会会员于道途遇生人，试探对方是否在会人，即问对方是否瞎子，若对方答道我不是瞎子，而且我的眼睛比你的眼睛还大，这说明他是会员。亦可以手势语方式试之。如要饮茶时，以右手拇指放到茶碗边缘，中指置碗底，如此端起向人献茶；同时，左手拇指与中指屈曲，其余三指伸出，放在右肘上。如果对方在会，将以同样方式受茶，否则非会友耳。如果伸出右手，使拇指与食指屈曲，其余诸指伸直，左手亦这样伸屈并将伸直的三指按胸前，是为“天”；如果伸出右手，使拇指与食指、中指伸直，其余两指屈曲，另以左手拇指与食指、中指伸直按于胸上，是为“地”；如伸出右手，使拇指与小指伸直，其余三指屈曲，左手照样，并放于胸，是为“人”，谓之“龙头凤尾”。三种手势连续做出。可表示为三合会中人。

三合会的“符徽”虽有许多是手势语的，亦有言语的（如途中关于是否瞎子的问答），还有标志语秘密语形式的。例如葡萄牙和马来西亚人当时亦有加入为会员者，即以绢制手帕圈于脖颈作结垂于胸前。又如为保护会众，凡在会人的家门，多贴以方形红巾，外面作洪字，内书英字，室内四隅皆竖立 3.6 尺长的绿竹，作为会员之家的符徵标志。

除约定俗成或以集团戒律方式规定的手势语的民间秘密语之外，一般的手势、身体态势、眼神，还可临时随机作为特定条件、特定语境中的秘密语，以防除交际对象而外的人知其含义，这种情况比较常见，是临时性的秘密语。一如日常言语中以“那个”“上次说的那事”隐指不便当众说出的事物一样，都具有随机性，强调语境条件，但不具有集团性。

三、类文字符号与具有秘密语功能的特殊文字符号

人的交际有口语的、书面的、非言语的诸形态；民间秘密语亦然，不仅有手势的、言语的、标志语的，亦有类文字的书写形态。这是一种与图画语形态比较相似的秘密交际方式。

汉字起源，至今仍是一个未解之谜。郭沫若曾认为，西安半坡文化遗址陶器刻画符号的意义，至今虽尚未阐明，但无疑是具有文字性质的符号，如花押或者族徽之类。随着地下发掘的成就不断出现，或证实这一论断，或将汉字起源年代进一步提前，无论怎样，在汉字发生史前时期和以后的历史时期，都存在着“类文字”现象，这是毋庸置疑的。文字发生史前的“类文字”，是作为语言书写记录符号定型之前的萌芽现象；而文字产生之后的“类文字”现象，则是以文字为基础的又一种文化现象，是出于特定交际需要而创制的“类文字符号”。例如历代帝王因避讳改

字，也是一种“类文字”文化现象，以空字、不言、缺笔、拆字、取音近音同字代讳字、取义近义同字代讳字等方式，来维系专制礼俗，是对民族语言文字的反动。太平天国及其赖以起事的组织——天地会等原来的民间秘密团体，均有改字、造字之事。如天地会时已将“清”字改写作“汨”（见本章茶阵谣诀），盖以省笔“主”讳“清”，表示其“复明灭清”之志。太平天国时又改字颇多，如将“温”改“吉”，“心”改“草”，“龙”改“隆”，“恃”改“持”，“鬼”改“魁”，“赞”改“讚”，“魂”改“动”，“国”改“国”，“亮”改“熄”，“困”改“睏”等，又造“咁”字，“读作幹音，作壮大解”① 等。诸此改字、造字不仅用于其书面的正式文件，亦流行于记录、书写隐语、谣诀，使之更具神秘化色彩——一种民间宗教色彩。

具有秘密语特征和功能的特殊文字符号，比较典型的是传统的“花押”、典当草书和江永女字。

1. 花押与花押印

“花押”又谓“花书”，是旧时文书、契约末尾署名签字作为信印的一种类文字符号。花押符号不在于别人是否确识其字，而在于其所书符号不易为人模仿或伪造，如此即具有了保守署名或签字者信记秘密的性质与功能特征。相传中国“花押”起于唐代。唐李肇《国史补》载：“宰相判四方之事有堂案，处分百司有堂帖，下次押名曰花押。”宋黄伯思《东观余论・记与刘无言

---

①《贼情汇纂》卷八，载中国史学会主编《中国近代史资料丛刊・太平天国》第3册，神州国光社1952年版，第242—243页。

论书》："文皇（唐太宗）令群臣上奏，任用真草，惟名不得草。后人遂以草名为押，韦陟五朵云是也。"叶梦得《石林燕语》卷四："唐人初未有押字，但草书其名，以为私记，故号花书，韦陟五云体是也。""韦陟五云体"是怎样的形制，已难复见。据宋邵博《河南邵氏闻见后录》卷十载："近有自西南夷，得（韦）皋授故君长牒，于'皋'位下，书若'皋'字，复涂以墨，如刻石者，盖'皋'花字也。"可窥其大概，并知"花押"又谓"花字"，乃"花押"之"字"耳。据清梁绍壬《两般秋雨盦随笔》卷四《花押》载："安禄山押山字，以手指三撮，见曾慥《类说》。王荆公押石字，性急潦草，人以为类反字，见《石林燕语》。韦陟五云体亦是花押。陈仲醇云：'钟离权花押，作一剑形。'见《香祖笔记》。是神仙亦有花押也。"至于唐韦陟的"五云体"形制，以唐段成式《酉阳杂俎》续集卷三《支诺皋》下载：韦陟用五彩笺写信，由人代笔，然后只亲自签名，"尝自谓所书陟字，如五朵云，当时人多仿效，谓之郇公五云体"。后来，官府文书或契约中要不识字人签名或由"写字先生"代笔签名，多以划一"十"字代之"花押"，是失其符号的保密功能矣。

以"花押"入印章，谓之"花押印"。据30年代安阳殷墟出土的三方商玺（钵）可知，中国以印章为信记已有3700多年的历史。而以"花押"为印，据现有文物所见，当是宋代的事。宋代以人名花字或不易模仿的符号入印作为私记，成为一时"花押印"之习，至元代尤盛，故又有"元押"之谓。当时一些少数民族人不识汉字，多以花押符号或花押印作为借记，是"元押"一时为盛之故。邓散木《篆刻学》云："署押，俗称花押，盖古人画诺之遗。六朝人有凤尾书，亦曰花书，后人以之入印，至宋而盛行。

周密《癸辛杂识》云：‘古人押字，谓之花押印，是用名字稍花之，如韦陟五朵云是也。’元代署押印，多作长方形，有上刻真书姓字，下刻署押者，亦有参以蒙古文（即元代国书），或以蒙古文代押，或上蒙古文，下著署押者，俗统谓之元押。有一印中剖为二，如古代符节者，曰：合同印。亦用蒙古文，大抵为分执示信，以为验合之用。”① 然而，《癸辛杂识》将“古人押字，谓之花押印”，不知是否有据，已无从考。今“花押”见于唐，“花押印”见于宋，周密适为宋人，又云“古人”花押印，如非将“花押”与“花押印”相混淆，即别有他故。除此而外，尚未见称“韦陟五朵云”即“花押印”者，是为“花押印”史一桩疑案，有待详考其是非曲直。然非本书所当容纳与细究之事，仅存此质疑耳。常见以往花押印，请参见图85，可知其形制、“花”法定则。

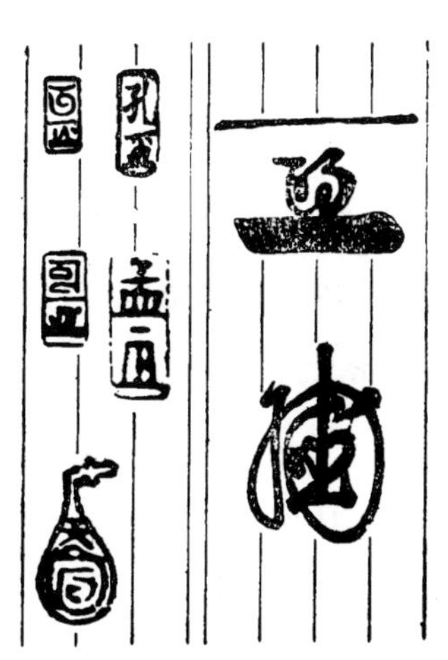

图85　花押印（据邓散木《篆刻学》）

①人民美术出版社1979年版，第41页。

2. 典当书体

典当业，又谓“当铺”或“押店”，起源于南朝时寺庙所经营的典当，历代又有“质库”“质肆”“解库”“长生库”等称谓，是一种收取衣物等动产为质押而借贷款项的高利贷行业。清光绪间张焘《津门杂记》载：“天津县属城乡，典当凡四十余家，每年冬有减利之则，由藩司出示，惠及贫民，平时利息，绸布衣服、金银首饰，每两二分；羽纱绒呢皮货，每两三分，十两以上，则仍二分；若铜锡器皿，无论十两内外，概系三分。年例于仲冬十六日起，至年底为止，原利三分者让作二分，原利二分者让作一分五厘。在典商所损无多，而贫民大为方便。一进腊月，则烂其盈门，柜上伙计已有应接不暇之势，柜外人声鼎沸，乱如纷丝。从日出起直至日昃，迄无宁晷，至岁底数日，人数尤多，事情尤琐。大除夕，城乡当铺一律向不闭关，纷纭一夜，竟有守候终宵者。至元旦日出，人数始稀，其中大都转利者居多。因一逾此日，利息如故矣。”典当业行情多变，又尤以盘利为本，内中诡秘事亦多，故不惟有内部秘密语遮掩行市诸事，而记账用文字符号亦以草变保其秘密（如图 86）。

典当书体与“花押”字相类似，一是均为求速而源自汉字草书，二是均以不易模仿、伪造为本。然而，“花押”字唯用于签字信记，而典当书体在于记载账目事类并兼信记，载之账簿、当票。有人认为：“典当书体，另成一格，业外之人，多难辨识。创之何人？始于何时？即业中耆老，亦无有能言之者。尝考其字之形态，似脱胎于草书之《十七帖》，而兼参白字上语。所以求其便捷，其变化大甚者，几与速记之符号相仿。然世运递进，品

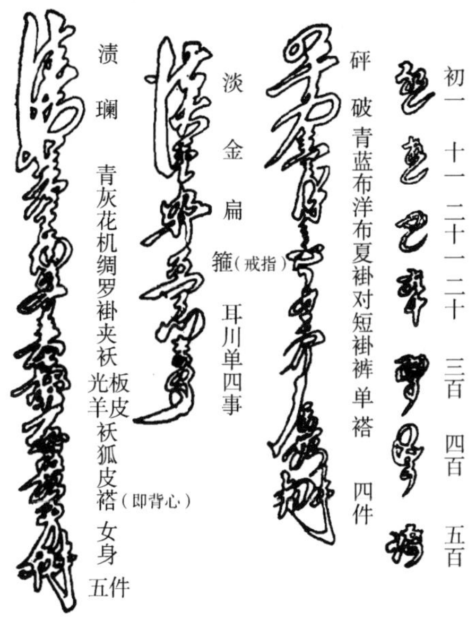

图 86　中国典当书体

物更易，有今有而昔无者，有昔多而今不常见者，故典当书体，亦随之变迁。据业中人云，典当所用字数，仅一千余，而日常应用者，仅三四百耳。"① 中国地广，都市林立，典当业遍布大小城镇，所用典当书体亦多有不同；又因城镇大小，所经营什物品类各异，因而所用典当书体字亦有分别。一般典当书体用字的通例是，"票头"与"票尾"均有一定书写定则，若抵押物为金银首饰，金不写"赤"而写作"淡"，银不写"纹"而写作"铜"，铜锡器皿则冠之以"废"；绸缎裘皮，常形容以"破碎""渍烂""虫蛀""光板"等，皆以典当书体字书之，而押者不识，事后则可减轻当铺收存在押为质期间的责任，是以该书体作弊之用。至于

①杨肇遇：《中国典当业》，商务印书馆 1929 年版，第 38 页。

以此书记数量、日期，更有文章可做。如此秘密字，是为骗、诈有术，恶劣商俗之一弊。究其实，典当书体，不过是将文字变化而构成的记录语言的秘密符号而已，是文字的社会变体。

3. 江永女字

“江永女字”，又谓“江永女书”，是流行于湖南省江永县及其相邻地区部分乡村妇女当中的一种稀见民间变体字。关于“江永女字”，至今尚未见有史志记载，产生的年代及其源流已无法确考。而且，自民国以来，使用这种文字者渐少，据 1987 年统计，仅有 86 岁的高银先、81 岁的义年华和 78 岁的唐宝珍 3 位高寿妇女能熟练运用或识读这种文字了。并且，由于旧礼俗，当妇女过世时，亲人都须遵其遗嘱将留下的女字书写物焚化，“以便让她在阴间也能读到女书”。据义年华老人讲：“很古的时候，我们这地方有个姑娘，生下来就有九斤重，人家都叫她九斤姑娘。九斤姑娘很聪明，又能干，姑娘们都喜欢和她结老庚。[①] 有的老庚住得很远，九斤姑娘要和她们写信，就造了女书。”也有的老人讲：“很久很久以前，荆田村胡家有个姑娘，叫作胡玉秀，人很漂亮，又最聪明、最能干，还写得一手好文章，做得一手好诗。皇帝知道了，就接她进宫当了贵妃。家里人去看她，都以为她得了荣华富贵。胡玉秀见了亲人，又高兴，又难受，又不敢说出自己心里的苦楚，就偷偷地写了封长信，要家里人带回家，斜着看就看得懂了。以后，妇女都争着学，就成了女书。所以现在

①旧时习惯称同年出生的好友为“老庚”，江永地区则泛指要好的朋友，而不论是否“同庚”。互相要好就叫作“结老庚”。

的女书都是斜写的。”据《永州府志》载：“宋胡先和，元符间进士，官文华殿学士，姊玉秀，才学冠世，恩赐御书楼，给大夫禄。”后一传说，或由此附会而来。这些，未免给“江永女字”增添了神秘传奇色彩。据一般考察认为，“江永女字”的产生，有其历史文化渊源。该地处于偏僻山村，以往旧的习俗惯制中，夫权较重，妇女又往往有各种婚姻不幸，出于姊妹间相互倾诉心曲苦衷之故，而创制“女字”流行。或认为出自当地的“姑娘会”“七姐妹”等民间女性结会会友之间倾诉苦楚、通报消息的需要，以及互相传递阅读民间流行唱本、交流女工和家务技艺等的方便，最终形成当地女性专用的秘密交际工具。一如义年华老人所说：“我 10 岁起就跟伯娘学女书。那个时候的女人，不学不行。不懂得写，也要读得懂。什么都不懂就结不到‘老庚’，要受人讥笑，说是不聪明、不能干。后来的年轻女子就不同了。她们可以进学堂学男书①，说学女书没啥用了。”可知“女书”是由于方便当地旧时女性群体内部交际需要而出现的一种民间秘密文字，运用这种工具进行交际，又是当地的一种女性交际习俗。据从江永县上江圩乡搜集的以“女字”记录（包括创作）的两万多字的作品、文献来看，有《儿女歌》《媳妇歌》《卖水记》《王氏女》《义年华自传》《太平天国过永明》《林夫人禁烟》《中日战争记事歌》《梁山伯与祝英台》《肖氏女》《三姑娘》《王五娘》《卖花记》《陈世美不认前妻》等民间文学，以及往还书信。这些文献，或书之于纸，或书之于织物、折扇等女用物品上，故又谓之读纸、读扇，书写工具多以毛笔点墨。

①即一般所用文字。

尽管江永县毗邻江华瑶族自治县，而且当地方言情况比较复杂，土语达十几种之多，但江永女字脱胎于汉字结构，流行于汉族妇女之中，是汉语文字的一种特殊变体符号。其基本形制构造，即可为证。一般说，江永女字的形体结构方式，大致可分为如下情况：

（1）借用汉字，如：（一），（二）、（三），（文），（牛），（井）等。

（2）象形，如：（刀）；（星）；（豕）；（花）；（鸟）等。

（3）会意，如：（言）、（人）合而为（信）；（亲），相并为亲近；（凄），分离为凄然；小物为“、”，大物为“✓”，合体而为（上）；为女，于女人身上刺记“·”为（刻），等。

（4）形声，如：（涧）、（人）为（解）；借（般）音构成（伴）；借（五）音构成（饿）等。

（5）变体，如：（忙）与（芒）、（念）与（哪）、（伶）与（零）等为同音变体，（母）与（麻）、（病）与（兵）等为近音变体。

凡此，“大字”不仅像汉字结构那样，既有独体字，亦有合体字，而且更有一些借用汉字加以变形的，如：（必），（在），（义），（亡），（月），（十），（日），（内），（鱼），（早）等；当然另造的字也不少，如：（海），（树），（窗），（放）等。诸此，形体似乎类似金文、甲骨文之类。有人提出，“女书虽然是一种汉文，但它并不是通用字的变体，更不是单由妇女创制、妇女专用的文字，而是直接从汉语古文字发展、演变而形成的，具有独立体系的一种汉字支系的遗留。这种文字仅仅在当地妇女中流传，只是在后来的演变中，由于特殊的历史条件形成的特殊现象。”① 我以为，就其字构造规律来说，脱胎或说源于汉语古文字，这是显然的。从其直接或间接借用汉字（确切点讲，应说源取于汉字）这一点来看，似乎是“具有独立体系的一种汉字文系的遗留”②；但就其交际功能、流行范围以及历史文化背景来看，当具有一种特殊的秘密（群体内部）交际、回避人知的属性，同民间秘密语脱胎于通行母语这一点是相同的，属于汉字的特殊社会变体，而民间秘密语则是语言的特殊社会变体。

四、谣诀式与话语体的民间秘密语

所谓“谣诀式”，即歌谣、口诀形式。这种形式的民间秘密语，在本章讨论天地会等近代中国秘密社会组织的“茶阵”中，已经有所记述；其各种“茶阵”，大都伴有相应的谣诀，在以往文献中多称之以“诗”，实则是一些顺口溜式的谣诀，或类似民歌而已。

如果追溯谣诀式民间秘密语源流的话，可以同魏晋六朝以来的“风人体”民歌、歌谣及谚语联系起来。“风人体”以隐喻其辞为特征，其风至今犹盛。清杜文澜《古谣谚·凡例》云：“谣谚二字之本义，各有专属主名。盖谣训徒歌……谚训传言。”而

①谢志民：《江永“女书”概述》，《中央民族学院学报》，1987 年第 1 期。

②这一点尚有待深入考察、论证，若此说可以成立，对于汉字形成及演变、流传的研究，将提供新的视点与结论，将会出现新的突破。

曲譬隐喻谣谚之例，不胜枚举。诀者，秘诀、诀窍。《列子·说符》云："卫人有善数者，临死以诀喻其子。"《魏书·释老志》："药别授方，销炼金丹、云英、八石、玉浆之法，皆有诀要。"《孟子》所载夏末民谣："时日曷丧，予及汝偕亡"。这不是谣诀式民间秘密语，而是隐喻式民谣。谣诀式秘密语的字面，多情理显然，但不取其比喻或隐喻之义，而是将其完整地（或伴随以其他动作形式、标记）作为秘密语符号的"能指"成分，"所指"成分基本都是集团或群体内部约定并流传于内部的，一经形成，即不再具有任意性。尽管其语句中有时亦掺杂秘密语成分，但一般不取那其中某一部分或构成体的语义，而是符号整体所代表的秘密语义。而且，其各个构成部分，一经组合为完整的秘密语符号，即不得随意拆散、变换或改变结构秩序，否则将失去其秘密语功能乃至性质。近代中国秘密社会中，哥老会的谣诀式秘密语谓"海底"，又谓"金不换"，是会中用于仪式与对谈的一种秘密语；按具体用途分别，可达数十种，如：拜码头交结，梁山高大典交结，始祖洪盛殷交结，赞酒，送宝，出山访友交结，四十八句总诗交结，送行交结，三把半香，出门交结，店主回，洗面交结，倍堂传令，五碑高升，山岗令，大小通用，赞刀斩牲，祭旗，洋烟开火，祭红旗，传令开山，相会合同，相会皮盼，红旗安位，镇山令，接客安位，封赠大爷，封赠当家，封赠老五，封赠老六，封赠老九，封赠满爷，封赠少侄，禀见盟证大爷，等等，名目可谓繁多。如例：

我兄弟来得卤莽，望你哥哥高抬一膀（高抬贵手），恕过兄弟的左右。我闻你哥哥有仁义，有能有志，在此拈旗挂帅。招聚天下豪杰。栽下桃李树，结下万年红，特来与你哥随班护卫。初到贵市宝码头，理当先用草字单片。到你哥哥龙虎宝帐，请安投到，禀安挂号。兄弟交结不到，理义不周，子评不熟，钳子（即口）不快，衣帽不正，过门不清，长腿不到，短腿方齐，跑腿不称。所有金堂银堂，卫是门堂，上四排哥子，下四排兄弟，上下满园哥弟，兄弟请安不到，拜会不周，金伏称哥子金阶银阶，金副银副，与我兄弟出个满堂上副。

回条：好说好说。

不知你哥哥到此来，未曾收拾多少安排，未曾接驾你见怪，副奈仁兄莫计怪。仁义胜过刘皇叔，威风甚过瓦岗寨。交结甚过及时雨，讲经上过批法台，好比千年开花，万年结果，老贤才。满园桃花共树开，早知你哥哥驾到，三当三十里铺毡，四十里结接你，五里排茶亭，十里摆香案，派三十六大满，七十二小满，摆队迎接你哥哥，才是我兄弟的道理。

回条：好说好说。

不知你哥哥，旱路来，水路来？

回条：兄弟旱路也来，水路也来。

旱路多少弯，水路多少滩？

回条：雾气腾腾不见弯，大水茫茫不见滩。

请问有何为证？

回条：有凭为证。

拿凭来看。

回条：大哥赐我一凭文，牢牢隐记在心中。各位哥哥要凭看，普通天下一般同。

别有诗句。

回条：有诗一首。

何诗，对答。领凭领凭。

回条：八月中秋桂花开，会同天下众英才。咱们兄弟蟠桃会，六部议挂金牌。得罪得罪。三天不问名，四天不问姓，请问你哥哥高姓大名？

回条：某某姓名。

请问你哥哥金山银山，哪座名山？金堂银堂，哪座明堂？三十六把金交椅，七十二道挂金牌，你哥哥高升哪一牌？不对式不成内，是你哥哥指式，我兄弟才好你哥哥教弟。

回条：兄弟有义见仁兄恩兄拜兄，喜功提拔，放在八宝会中。多受老大哥栽培，少受老大哥夹磨（即戒摩），某山堂蒙大哥栽培某位。

久闻哥哥大名，未见其人。今日一见，果不虚传。九岭十三坡，久闻老哥站得高，望得远。站得峨眉山，望得洞庭洞。高山打鼓名声大，海内栽花根本深。金盆栽花，有名之家。千层佛，万层佛，好比万层台上一尊佛。我兄弟多在家，少在外，三纲五常前（全）不晓，五岳三山并不知。兄弟不知不识，望你哥哥指式夹磨。特来你哥哥处站班，员（原）为领凭学见，才是我兄弟的道理。

回条：好说好说。

东风西风，难比你哥哥的威风。砍柴过的沉香木，挑水遇的海龙王。官到尚书吏到督，文官拜相武封侯。我兄弟交结不到，你哥哥海涵海涵。

回条：好说好说。

你哥哥上走广东广西，下走三江口码头；飘五湖，游四海，无去不到。哪里不由（有）兄弟走的路，即（岂）有你哥哥过桥的多。你哥哥威镇中华，名闻各国。兄弟特来与你哥哥处，打起金字旗，银字旗，威武八卦旗，龙凤帅字旗，望你哥哥与我兄弟，画个好字旗。

回条：好说好说。

好哥哥金字旗，银字旗，威武八卦旗，龙凤帅字旗，兄弟难以打起一个好字旗。逢州打州，逢省打省，逢府打府，逢县打县，省省打到。去去打高，高高举起，轻轻放下。咱们兄弟打红不打黑，一个好字旗，我兄弟可以打得起。

连香凯连香，都是梁山一炷香。不共山来也共娘，有福同享，有祸同当。只有金盆栽花，哪有梁山分家。只有一个梁山，哪有两个水游。你老哥果有天才地才，文武全才；三十六本天书，本本看到；七十二本地本，页页看清。我兄弟三十六条全不晓，七十二款并不知。你哥威风过界，仁义过天，真正肚大量宽。老哥开龙山，设贵堂，开龙放榜操技，龙兄虎弟再来请安道喜，将我兄弟高高举起，轻轻放下。

这是哥老会“拜码头交结”时所用的谣诀式秘密语主要内容，有问有答，环环相扣，未免啰嗦，然而却是其团体的规矩。对答得当，即“拜码头交结”成功；否则，即刻为敌，或招伤害。谣诀中，诸如“钳子”“打红”“打黑”之类，则是掺杂使用的语词式秘密语成分。一如“茶阵”，谣诀式秘密语多见于民间秘密团体，最基本的功能在于审查、鉴别或说明是否团体中人——同党。“拜码头”，是“拜客”或“拜会”、寻觅同伙的秘密语说法，这是“交结”中常见的第一关卡。此关一过，即可视为“自己人”了，以兄弟乃至贵宾相待。

按照秘密团体的戒规，举凡日常交往、外出活动、娱乐、仪式等，无不备有各种谣诀式秘密语，即或为新入伙者举行仪式，哥老会亦会“送宝”（颁发会员证明）谣诀：“东边一朵祥云起，西边一朵紫云开。祥云起，紫云开，乃是龙山开大会。大哥传令把堂座，特命送弟解宝来。此宝不是非凡宝，众家兄弟众家宝。用不了，吃不了，甚过当年秦叔宝。要学羊角哀左伯桃。义好义气高，桃园与古交。请宝入库，金银满库；发富发贵，禄位高升，高升禄位。”二十世纪初东北土匪流行说：“挂注容易，拔香头子难。”“挂注”是入伙，“拔香头子”为退伙。不唯“挂注”仪式复杂，“拔香头子”还有其特定谣诀。“挂注”时若经受了相关考验之后，即举行“拜香”仪式，即插香盟誓。首先插花十九根香，除一根代表师傅（即大当家的，匪首）外，其余十八根代表十八罗汉。十九根香按照前三后四、左五右六中式一的规矩分插五堆，然后跪下起誓。“拔香头子”时亦先如此插好香，然后跪下念谣诀：“十八罗汉在四方，大掌柜的在中央。流落山林百余天，多蒙众兄来照看。今日小弟要离去，还望众见多容宽。小弟回去养老娘，还和众见命相连。有窑有片弟来报，有兵有警早挂线。下有地来上有天，弟和众兄一线牵。铁马别牙不开口，钢刀剜胆心不变。小弟废话有一句，五雷击顶不久全。大哥吉星永高悬，财源茂盛没个完。众兄弟们保平安。”十九根香，十九句谣诀，念诵一句，拔掉一根，念完谣诀亦拔完了香。若把同伙说高兴了，匪首则会说，“兄弟走吧，啥时候想家，再回来吃饭!”谢过之后，还赏些钱财为盘缠。但是若说得吞吞吐吐、不利索，大掌柜的则一拍桌子即变了脸说：“你个不上道的，我插了（杀）你!”可知，谣诀式秘密语在其内部交际中亦事关重要，弄不好亦会危及身家性命。其中，“有窑有片”“挂线”之类，显系东北匪语词。在民间秘密社会中，如果单纯使用谣诀式秘密语交际，皆以顺口溜对答，是不方便的。就像戏剧亦间插道白之类，在民间秘密语中，还有一种话语体的秘密语。话语体的民间秘密语，虽亦掺杂语词式秘密语作为话语成分，但它的本体是以一般话语亦即说话形式出现的。尽管如说话一般，非本集团或群体中人却不能明了其义，更不用说与之以相应方式进行言语交际了。如东北土匪“拜香”时常这样跪地起誓：“我今来入伙，就和弟兄们一条心，如不一条心，宁愿天打五雷轰，叫大当家的插了我。我今入了伙，就和兄弟们一条心。不走漏风声，不转，不出卖朋友。如违犯了，千刀万剐，叫大当家的插了我!”平常语言，偶有黑话（如“插了”）。在民间秘密社会的内部言语交际活动中，非言语的秘密语与语词式、谣诀式及话语体的秘密语，往往都混杂为一体，交错使用。这是民间秘密社会运用秘密语习俗的一个显著特点，原因在于他们保守内部秘密不仅事关胜负成败，而且关系各个成员的身家性命，关系重大，故而用的地方多，用得频繁，而且形式亦复杂，在于时刻识别是否同伙和防范外界识解其秘密。

英国伦敦大不列颠博物馆所藏太平天国文献中的《问答书》《禀进辞》《先锋对答》《问来路所见》《通用问答诗辞》《截路打鹧鸪口白》等各种“口白”即非言语的、语词式的、谣诀式的和话语体的秘密语综合运用之例。如《先锋对答》中的一个片段：

问："你过了乌龙岗是乜地方？"答："是丁山脚下。"问："丁山脚下乜物在？"答："有一渡洪英船。"问："有几人在船内？"答："有三人在船内。"问："谁人在船头？"答："艄公在船头。"问："姓甚名谁？"答："姓桃名德大。"问："生在何时？住址何处？"答："生于正月十五日子时，住在福建厦门大忠堂。"问："船尾何人在？"答："船尾艄婆在。"问："姓甚名谁？"答："姓蒋名柳青。"问："生在何时？住址何处？"答："生于八月十五日午时，住在广东海棠寺。"问："子午相冲，如何行得船？"答："行船须用子午。"问："大舱中乜在？"答："洪兄在。"问："船有几多舱？"答："八个舱。"问："几多肚？"答："廿一肚。"问："几多帆？"答："五张帆。"问："几多舱板？"答："廿一舱板。"问："几件木？"答："三件木。"问："甚么木？"答："左桃右李，中心洪木。"问："几条底骨？"答："十二底骨。"问："有何为证？"答："有诗为证，诗曰：顺天行道孝双亲，天意无私本同仁。行到两京十三省，道排兵将两边分。招集四海英雄将，来复明朝杀涓君。有日团圆封爵位，吉星高炬我君臣。游行宇宙任我意，遍立安排众子民。天运复回明帝主，下营兵将定乾坤。"问："船有几条灰路？"答："九条灰路。"问："用得几斤丁？"答："百零八斤丁。"问："用几多灰油？"答："廿一斤灰油。"问："船头安乜神？"答："安五显华光大帝，左有千里眼，右有顺风耳。"问："有联无？"答："有联一对：福建厦门大忠堂；广东惠州海棠寺。又有关圣帝君在，左有关平太子，右有周仓大将。”问：“船尾安乜神？”答：“安天上圣母，左右有哼哈二位大将。”问：“中央安乜菩萨？”答：“安观音佛祖，左右有十八罗汉。”问：“船用几枝桅？”答：“三枝桅。”问：“三枝桅乜枝高？”答：“中心为高。”问：“几多张幔？”答：“廿一张幔。”问：“几条缭绳？”答：“三八廿一条。”问：“何人掌缆？”答：“四大金刚掌缆。”问：“何人管缭？”答：“十八罗汉管缭。”问：“以乜为宝？”答：“明珠为宝。”问：“以乜为号？”答：“大洪旗为号。”问：“有何为证？”答：“有诗为证。诗曰：大胜洪旗透上苍，胡人一见心胆寒。英雄夺国夺天下，顺天行道讨江山。”

问答诸事皆隐含天地会信仰、起事宗旨、领袖人物等，谣诀式、话语体交替穿插而用，环节相连，层层递进。再如《截路打鹧鸪口白》[①] 中的一个段落：

“兄弟你真鹧鸪肥，真正是好食。”答曰：“我不是鹧鸪，本是洪英。”问：“洪英亦要打？”答：“我头上有三粒金刚沙，背后有廿一条料丝骨，不怕你。”问：“你包袱有几多斤重？”答：“二斤十三两。”问：“内面有乜物件？”答：“五色什货。”问：“是乜货？”答：“是结万义兄的骨头。”……倘遇夜间行船，有兄弟船来劫你，可将白扇写一首诗。抛过他船中。他看见是洪门号头，便知是大家兄弟，[②] 保无伤损。

①一作《遇劫口白》。
②“便知是大家兄弟”，当系“便知大家是兄弟”之误抄。

诗曰：皎皎凝秋水，浑浑骨神仙。水汨不见色，玉洁又生情。又诗：乌度枝头白，鱼穿浪底明。团圆意传眼，恐畏听琴声。倘或船中无白扇可写，你可将铜钱百零百文穿好，用洪绸金花包了，合檍抛过船去。他见此物件，亦知是洪家兄弟，不敢伤害抢夺。倘若船中百物俱无，可念诗一首，曰：高溪有条洪为头，四海兄弟莫强求。就把缆丝来结据，恃强欺弱有天收。倘他已经过船来抢夺物件，你可挂起便号，披衿合掌盘龙坐，或收付你自己衣箱包袱物件，出三指按于上面。他看见亦知你是洪家兄弟，即如腰屏（腰凭）一样，他自然不敢动手，可保安全无伤也。

宿店诗　主人开口问曰：“洪门八字开，无钱勿进来。”答曰：“三八二十一，无钱亦食得。”问曰：“三八二十三，无钱脱衣衫。”答曰：“三八二十四，食饱去看戏。”

又相逢试探诗　问曰：“对面不相逢，恐畏半天风。”答曰：“三八二十一，合来共一宗。”问曰：“对面不相识，今日初相逢。”答曰：“不问自然知，各人有道理。”

凡此可见，无论语词式、谣诀式、话语体，还是非言语的秘密语，其功能属性均基本一致，即用于回避人知、保守内部秘密的内部交际。如“行船逢劫口白”，以谣诀式秘密语或洪绸金花包百零八文铜钱，乃至挂便号、作出身姿手势，均可免予遭劫。对于民间秘密社会，又尤以审鉴是否内部人为基本功能。一如萧一山所云：“天地会本以反清复明为宗旨，实为光明正大之民族革命集团。其后以流品渐杂，不免有杀人越货之举。此种口白，盖为‘自家人’之辨认计。以后三合、哥老二会之所以能发达，恐亦与此种暗号有关。因行旅者往往持此以为安全之护符也。”① 秘密语以保守内部秘密和审鉴交际双方为保护本集团及集团成员利益的手段，这一点，对于民间秘密社会尤为紧要，故多为采用，成为一种习俗惯制。1914 年，重庆坊间曾刻有《江湖紧要》一书流行，内有“汉流急用”“红旗传令”“安位条规”“讲论条要”“共庆升平”5 类，皆谣诀式秘密语，盖以往三合会、哥老会、天地会之遗制耳。如其“汉流急用”：“桃园红花满地开，承蒙仁兄赏驾来，杏黄旗上书大字，忠义昭彰千古排……”然其宗旨又与天地会信仰相体，尊崇儒家，如：“小弟年轻骨嫩，言迟口连，香规不熟，礼义不周，多在寒家，少在江湖；未学周公之礼，少读孔孟之书。”只是言语形体一致而已。由此亦进一步说明，非言语的秘密语、谣诀式秘密语和话语式秘密语，多用于民间秘密集团或群体，并间或与语词式秘密语综合运用。而语词式秘密语比那三种形式都更为常见于民间社会各种行当，是最基本、最常见亦流行最广的。

①《近代秘密社会史料》第 4 卷，岳麓书社 1986 年版，第 288 页。

第三章
民间秘密语与文学艺术

文学艺术是语言艺术。文学语言，是以人民口头语言为基础，经过发掘、筛选、加工、提炼，使之准确、鲜明、生动，富于形象性和艺术感染力，从而成为塑造形象、表达主题的工具和手段。因而，文学家即可谓语言艺术家，往往被誉以“语言大师”的桂冠。旧时社会三百六十行，行行几乎都有“行话”“切口”，唯文学家未见有其秘密语传世，而私塾先生（传册）、写字先生（捌黑生）、画家（捌彩生）却有专用切口流行。大抵一是因为中国古代作家并无专职者，不算一个行当、一种职事；二是当时的诗人、作家大都是读书做官之人，是雅事，不属民间三教九流之列。即或清代《聊斋志异》的作者蒲松龄，中年尚一度在宝应作幕客，71 岁时还闹个贡生当。这是中国传统政治文化制度所造就的特定文学史现象。然而，《汉书·艺文志》将小说家列于九流十家之末，谓：“小说家者流，盖出于稗官。街谈巷语，道听涂说者之所造也。”其作者地位由此即可知矣。清曾廷枚《古谚闲谭·自序》云：“谚者，直语也。廛路浅言，文词鄙俚，有实无华，莫过于谚，殆与刍荛无以异也。”谚语尚此，又何况流行于下层文化圈中的民间秘密语呢！清采落子《虫鸣漫录》

载："六合士子，约伴至金陵乡试，泊舟野岸，有贼抉板探足入，共曳入舱，贼惧求释。士令其将贼中隐言备述，而笔记之，彼此习以为戏。"事实上，在中国传统文化的世俗观念中，正是将民间秘密语视为匪盗歹徒用语；又因一向重农抑商，亦视为奸商们骗人的秘术之一，似乎成了这些"贱民贼人"的专属。然而，文学要反映各阶层人们的生活、情趣，则无法回避禁忌与他们的语言沾边。如果硬要瓦肆勾栏中人以将相的雅语言谈，岂不滑之大稽。不说唐诗、宋词以及散文，中国文学史上以中下层社会为主题背景的元明戏曲、明清小说乃至现代小说，大都以平白的口语为艺术语言。近人孙锦标《通俗常言疏证序》说："元人词曲俗语尤多。"今人朱居易《元剧俗语方言例释·自序》云："元剧在当时之所以能普及大众者，主要原因之一，就是它充分利用了人民大众的口语方言；但使其曲生动者，则为其丰富多采的俗语。其中有谚语，有市语，有隐语，有趣语，有双关语，有谐音语，有歇后语，有外来语，一语之妙，全剧生色，不特加强了该剧的艺术性，同时还增添了该曲的音节美。"所说甚是，恰为事实。其中，就点到了民间秘密语的之于文学语言的效应。事实上，这也是古今汉语中的一些民间秘密语被吸收到文学语言和民族共同语的一个主要径。

相对"文言"文学艺术而言，"白话文学"属于"俗文学"范畴，这是汉语文化史和文学史的历史所自然界定了的。[①] 元明戏曲、明清小说，是以宋元以来都市文化为本位的，是以"市民

①当然，现代文学理论，又有"民间口头文学""通俗文学"与以往历史上的"白话文学"相对应，但亦颇多错综联带。

文学”为主体的；而民间秘密语，又大都是都市经济、文化不断繁荣的产物，与“俗文学”同根相连。这是民间秘密语进入元明戏曲、明清小说文学艺术语言的根本历史文化背景，亦由此而打通了民间秘密语得以选入民族共同语的一条主干渠道。

现在，我们即从元明戏曲、明清民歌时调和明清世情小说语言艺术，来考察运用民间秘密语的历史状况。

一、元明戏曲与明代民歌时调中的民间秘密语

明朱权（明太祖朱元璋第十七子，别号臞仙、涵虚子、丹丘先生，封宁献王）《太和正音谱》按内容性质将杂剧分作十二科，一曰神仙道化，二曰隐居乐道（又曰林泉丘壑），三曰披袍秉笏（君臣杂剧），四曰忠臣烈士，五曰孝义廉节，六曰叱奸骂谗，七曰逐臣孤子，八曰钹刀赶棒（脱膊杂剧），九曰风花雪月，十曰悲欢离合，十一曰烟花粉黛（花旦杂剧），十二曰神头鬼面（神佛杂剧）。所分未必科学，尚可略窥大概。一般说，现存的百余种元杂剧，以历史题材者居多，次为取材于唐宋传奇、志人小说、话本、笔记的，再即直接以现实生活为题材的。而500余种之多的明代杂剧，则以鬼神故事居多，次为历史、爱情、风花雪月题材的，直接反映现实生活的较少。尽管如此，元明杂剧以都市文化为背景，以市民为主要表现对象，其艺术语言亦更接近中下层社会。而且，各种剧目的作者大都与中下层社会有着多种联系，梨园子弟更是身处下层社会，其本身即有特定“市语”“行话”。凡此，均为民间秘密语同大量俗语等民俗语言进入艺术语言和当时的通语，奠定了深厚的社会基础，提供了流通渠道。试看下列诸例：

〔例1〕《烟花梦》第二折《感皇恩》曲："受不过撅了骂，赤紧紧盖老穷。"

案："盖老"，《事林广记续集》卷八《绮谈市语·亲属门》："夫，厥良；盖老。"《六院汇选江湖方语》："盖子，是丈夫也。"《墨娥小录》卷十四《行院声嗽·人物》："夫，灵盖。"又《江湖切要·亲戚》："夫，官星；官通；盖老。"何以"盖"谓丈夫？据考，古以夫为天，如《仪礼·丧服》所云："夫者，妻之天也。""天灵盖"，略称为"灵盖"。"天"则隐称为"夫"。又将"灵盖"只取盖，与人称语尾语词"老"相合为"盖老"，后就用来指称"夫"。[①] 所考对路，然而犹嫌未确切贴合。《周易》以乾为天、坤为地；《易·系辞》以乾为阳物，以坤为阴物。天在上，如盖，谓夫即"盖老"，在地下，为底，谓妻则为"底老"，是民间秘密语所变亦不离民族传统文化之宗耳。

〔例2〕《对玉梳》第二折《醉太平》曲："你去顾前程，这搭儿体超垛，识吊头打闹里急趉过。"

案："超垛"，陆澹安《戏曲词语汇释》："卖弄阔绰。"不确。《墨娥小录》卷十四《行院声嗽》："坐，超垛"。是乃本为行院中语。由此，顾学颉、王学奇《元曲释词》（一）认为，"这里由'坐'引伸为留恋之意"[②]，龙潜庵《宋元语词言词典》释为"停留"，取义已较贴近。

---

①龙潜庵：《宋元语言词典》，上海辞书出版社1985年版，第859页。
②王学奇：《元曲释词》，中国社会科学出版社1983年版。

〔例3〕《金线池》第一折："尽道吾家皮解库，也自人间赚得钱，……所生一个女儿，是上厅行首杜蕊娘。"《南牢记》第一折："正是能开皮解库，会做撮合山。"《诚斋乐府·烟花梦》第二折《感皇恩》曲："赊不成皮解库，做不得肉屏风。"又《曲江池》第二折《滚绣球》曲："你将那水塌房皮解库关闭的完全。"

案："皮解库"作为当时市中代称妓院的隐语，亦有所本。"解库"，一作"质库""典解库""解典库"，即当铺。如《五代史平话》卷上："待咱把三五百贯钱与他开个解库，撰些清闲饭吃。"又《东京梦华录》卷七："质库，不以几日解下，只至闭池，便典没出卖。"是知乃以当铺喻妓院，妓女如典质之物于其中出卖皮肉，又或可赎身从良，故隐称以"皮解库"。

〔例4〕《卓文君》第三折："闻知此间有个秀才，引着个底老，十分放浪。"又《团圆梦》楔子："小之姓氏奇拗，唤做爿舍名号，将着无限金银，只要寻个底老。"

案："底老"，宋陈元靓《事林广记续集》卷八《绮谈市语·亲属门》："妻，内政；底老。"《江湖切要·亲戚》："妻，才老；乐老；底老。"《通俗编》卷三十八《识余》："夫曰盖老，妻曰底老，"即本《江湖切要》。

〔例5〕《玉壶春》第二折《梁州第七》曲："若是我老把势展旗幡立马停骖，着那俊才郎倒戈甲抱头缩项，俏勤儿卸袍盔纳款投降。"《神仙会》第二折《催花乐》曲夹白："奴家不

> 比别人，常笑那子弟勤儿眠花卧柳，不顾身体。”元本《风月紫云》第四折《三煞》曲：“今后去了这驼汉的小鬼头，看怎结束那吃勤儿的老业魔。”《诚斋乐府·小桃红》第一折：“想这花门柳户，做子弟勤儿的，好是难省呵!”《宋方壶一枝花蚊虫》套：“有一等强风情迷魂子弟，初出帐笋嫩勤儿。”王仲元《普天乐》曲：“如无钞使，休凭浪子，强做勤儿。”

案：“勤儿”，谓嫖客、浪子等好色之徒市人隐语。无名氏《墨娥小录》卷十四《行院声嗽·人物》云：“子弟，勤儿。”又明徐渭《南词叙录》：“勤儿，言其勤于悦色，不惮烦也。亦曰‘刷子’，言其乱也。”“刷子”，戏曲中亦有之，如《冤家债主》第二折：“为甚阎王不勾我？世间刷子少我钱。”小说中亦有之，如熊龙峰《张生彩鸾灯传》：“如何他风情惯熟？这舜美是谑浪勤儿。”又《水浒传》第二十四回：“这个刷子踅得紧，你看我着些甜糖抹在这厮鼻子上，只叫他舔不着。”

> 〔例6〕明朱有燉《诚斋乐府·乔断鬼》：〔末云〕：“且住，再听他说个什么？”〔净云〕：“大嫂，你收了银子了？将前日落了人的一个旗，两搭儿荒资，把那青资截一张荒资，荷叶了，压重处潜垛着，休那着老婆子见。“〔贴净云〕：“你的嗽，我鼻涕了，便去潜垛也。”〔末云〕：“小鬼，他说的都是什么言语？我不省的。”〔小鬼云〕：“他说‘旗儿’是绢子，‘荒资’是纸，‘青资’是刀儿，‘荷叶了’是包裹了，‘压重’是柜子，‘潜垛’是藏了。他说：教他老婆将那落的人的绢子纸，用刀儿截一张纸包裹了，柜子里藏了，不要他

> 娘见。那妇人说‘鼻涕了’是省得了，便去藏也。”〔末云〕：“他的市语声嗽，我也不省得，你如何省得？”〔小鬼云〕：“小鬼自生时，也是个表背匠。”

案：剧中科白所见“表背匠”的“市语声嗽”，于其他市语亦有参证，如《行院声嗽·器用》：“纸，荒。”又《江湖行话谱·行意行话》：“大刀为海青子。”“海”为“大”①，“青子”即“刀耳”，“青子”亦即“青资”。

> 〔例7〕《渔樵记》第三折：“由你写！或是跳墙蓦圈，剪柳搠包儿，做上马强盗，白昼抢夺。”《诚斋乐府·小桃红》第一折《金盏儿》曲：“常则是搠包儿为帅首，背板凳惯曾经。”《金凤钗》第三折《红芍药》曲：“我想那戳包儿贼汉，栽培下不义之财。”《扬州梦》第四折：“谁着你调罨子画阁兰堂，搠包儿锦阵花营。”

案：“搠包儿”即“截包儿”。明田汝成《西湖游览志余》卷二十五《委巷丛谈》：“《辍耕录》言：杭州人好为隐语，以欺外方。如：物不坚致曰‘憨大’，暗换易物曰‘搠包儿’，粗蠢人曰‘杓子’，朴实曰‘艮头’。”可知“搠包儿”亦即今所谓“掉包儿。”“掉包儿”，今仍流行于盗窃团伙之中用为暗语。

> 〔例8〕《僧尼共犯》第一折《哪吒令》曲：“顶老儿一样光，刀麻儿一般大，胡厮混一迷里虚花。”又第四折净白：“又好又好！再看你那刀麻儿如何扎作？”邓玉宾《村里迓鼓

①《江湖通用切口摘要》：“大曰海，多亦曰海。”

·仕女圆社》套：“俊庞儿压尽满园春，刀麻儿踢倒寰中俏。”

案：“刀麻儿”即“刀马”，“足”的隐语。宋江云程《蹴鞠谱·圆社锦语》：“刀马，脚。”

就所见及所举元明杂剧运用市语行话之例，多为反映现实社会生活的剧目，是艺术反映现实，亦选用现实生活诸行俗语、市语之故耳。而以历史为题材的剧目，却一般鲜见采用市中诸行隐语。

同元明杂剧比较，明清的民歌时调不只是俗文学，而且是民间口头文学的一种品类。在明代民歌时调中，我们亦可发现偶有行话隐语采入其中，如：

〔例 9〕明冯梦龙辑《山歌·拣孤老》：“荐本上升官弗认个真，黄册上派差弗审个贫，市学里先生弗拣学生子，郮了小娘倒要拣客人。”

案：“孤老”，《蹴鞠谱·圆社锦语》：“孤老，老官人。”《事林广记续集》卷八《绮谈市语·君臣门》：“官人，孤老。”《行院声嗽·人物》亦然。又《江湖切要》以“官”为“孤”，如，“凡文官曰士孤，乡官曰孤通，武官曰马孤”，“官员”曰“孤员”。章炳麟《新方言》第三：“《说文》：‘嫪，婟也，郎到切，婟，嫪也，胡误切。’秦有淫人曰嫪毐。今江南运河而东谓淫人为婟嫪，音如固老，安徽谓其所私亦云。”先此，清朱骏声《说文通训定声》即云：“婟，按：今俗谓女所私之人曰孤老。”据此，则认为姑、孤、盖，双声字，义并同。姑老，孤老、盖老，都是妇女、娼妓对所私者，或妻子对于丈夫的称呼。又如明周祈《明义考》亦云：“俗谓宿娼者曰孤老，亦作婟老，犹言客人也。”

是知嫪毐、媢嫪，与孤老、姑老、盖老、夃老，均为一声之转。[①]陆澹安《戏曲词语汇释》、龙游庵《宋元语言词曲》，皆持此说。但是说虽自有所根据，却未尽然。而今人许政扬认为，“其实，孤者就是‘官人’的黑话”[②]，倒是恰中关键，颇有见地。“孤”与“官”，一声之转，是隐语以通语音转构成之例。“孤老”即“官人”之隐语，“老”为语助，无实义。“官人”一词于汉语中出现较早，取义亦多有分别。《尚书·皋陶谟》：“知人则哲，能官人。”指授以官职。《荀子·王霸》：“制度以陈，政令以挟；官人失要则死，公侯失礼则幽。”又《荀子·强国》：“官人益秩，庶人益禄。”注云：“官人，群吏也。”是知泛指官吏、百官。至唐代，仍指为官者言，如杜甫《逢唐兴与刘主簿弟》诗：“剑外官人冷，关中驿使疏。”至宋元以降，“官人”则成为一般对有一定社会地位人的尊敬称谓，雅俗皆然。例如：宋杨万里《诚斋集》卷四十一《至后入城道中杂兴》诗之三：“问渠田父定无饥，却道官人那得知。”《京本通俗小说·错斩崔宁》：“有个官人姓刘名贵，字君荐。祖上原是有根基人家，到得君荐手中，却是时乖运蹇，先前读书，后来看看不济，却去改业做生意。”而且，作为尊敬称谓，对于差役、官吏、商人、艺人，皆可泛用，妻对夫、仆对主亦然，其例于戏曲、小说、笔记杂著中，俯身可拾，是一时习俗礼制。并且，梨园行话又以扮演官员为“孤”。如宋吴自牧《梦粱录》卷二十《妓乐》：“末泥包主张，引戏色分付，副净色发乔，副末色打诨；或添一人，名曰，‘装孤’。”明朱权

①顾学颉、王学奇：《元曲释词》（一），中国社会科学出版社 1983 年第 1 版，第 655 页。

②《许政扬文存》，中华书局 1984 年第 1 版，第 154 页。

《太和正音谱》云："孤，当场装官者。"如《窦娥冤》剧中的太守桃杌是"净扮孤"，《救风尘》剧中的太守李公弼是"外扮孤"。宋元以来将"孤老"采入时语流行，即与"官人"语义相当，并行于世，而"孤老"尤多见于中下层社会中人使用。近人王国维《古剧脚色考》曾疑"孤之名或官之讹转"，可成定论。据知，"今浙东尚有把'官'念作'孤'的，均可为证。按，'官'念'孤'，双声对转。"① 《清平山堂话本·曹伯明错勘赃记》："终是妓者心不一，原来他自有个孤老，唤做倘都军。"《水浒传》第四回："亏杀了他，就与老汉女儿做媒，结交此间一个大财主赵员外，养做外宅，……我女儿常常对他孤老说提辖大恩。"《古今小说》卷二十九："见邻妓家有孤老来往，他心中欢喜，也去门首卖俏。"《南牢记》第三折："自己不是别人，臧大姐是也，一生别无营运，止靠弹唱为生，家住左所四辅，接的孤老无数。"一如清翟灏于《通俗编》中所云："唐时惟有官者方得称官人，朱乃不然。若周密《武林旧事》所载，金四官人以棋著，李大官人以书画著，陈三官人以演史著，乔七官人以说药著，邓四官人以唱赚著，戴官人以捕蛇著。"吴自牧《梦粱录》又有徐官人幞头铺，张官人文籍铺，傅官人刷牙铺。当时殆无不官人者矣。"而"孤老"尤以优、娼等下层为流行，是乃当时娼、优相通耳。是知"孤老"乃"官人"之音转，亦为市语行话中敬称。

例〔10〕《山歌·骗》："姐儿骗我进房门，忽地里盖老

---

①顾学颉、王学奇：《元曲释词》（一），中国社会科学出版社1983年版，第656页。

归来教我鄉脱身。郎道儿呀，一铁搭捹出子十七八个夜叉，侪是地里鬼，四对半门神九片人。①”

案：“盖老”，丈夫，考释已见前载。

〔例 11〕《山歌·杀七夫》：“姐儿命硬嫁子七个夫，第七个看看咦要矬。听得算命先生讲道铜盆铁帚硬对子硬方无事，阿奴只恨家公软了无奈何。”

案：“矬”，行话隐语指通语之“矮”。《江湖切要·身体》：“矮，脞身；〔增〕如射。”“脞”，即“矬”也。

〔例 12〕《山歌》卷九《杂咏长歌·陈妈妈》：“陈家妈妈有人缘，风月场中走子几呵年。〔白〕小阿奴奴名头虽然人尽晓得，只弗知我起先个族谱相传。我出身原是湖州个大细，当初跟随子织女天仙。弗匡道沉埋，得我更个凌替。吃个姐儿扯到身边，淹流到那间个时节。弄得我忒弗新鲜。（下略）……〔歌〕我吃个淹润着人了还子多少风流债，雨散云收做一团。”

案：“陈妈妈”，明风月友《金陵六院市语》：“行经号为‘红官人’，用绢呼作‘陈妈妈’。”此当指“妇人拭物之巾”，详见前考。

①“四对半门神九片人”，“片人”谐音“骗”，歇后语，喻义为“骗人”。

二、明清小说中的民间秘密语

明清两季，以市井人情为题材的小说一时大盛，成为中国文学史乃至世界文化史上的一个引人注目现象。这些世情小说直接取材于现实社会生活，描摹了当时的“活世相”，反映了一种现实主义、人文主义思潮。张竹坡《金瓶梅读法》（夹批）云：“作《金瓶》者，必曾于患难穷愁人情世故，一一经过，入世最深，方能众脚色摹神也。”明清季是市井文化繁盛时期，亦是白话俗语、民间诸行隐语颇为流行之际，采之入文以描摹世情，尽在情理之中，乃自然之事。其中，又尤以《水浒传》《金瓶梅》等白话通俗小说采入者为最显著。试引如下诸例。

〔例 1〕《水浒传》第二十一回：“我喉急了，要寻孤老，一地里不见他。”《二刻拍案惊奇》第三十八四：“有时接着相投的孤老，也略把这些前因说说，只好伤感流泪，那里有人管他这些唠叨。”

案：“孤老”，详见上节。此外，明张自烈《正字通》：“娼妓谓游婿曰婟嫪。”明周祈《名义考》：“秦以市沽多得为夃，盖负贩之徒。夃老，犹言客人。”可参。由是，娼妓所谓“孤老”，乃“客人”也，《山歌·拣孤老》，即选择嫖客。

〔例 2〕《水浒传》第六十七回：“那汉子手起一拳，打个塔墩，李逵寻思：‘这汉子倒使得好拳！’”

案：《许政扬文存》认为："《通俗编》引《江湖切要》云：'坐曰打墩。''打'与'塔'声音相近，所以'塔墩'即'打墩'。此处'那汉子手起一拳，打个塔墩'。'打个塔墩'就是打得跌坐在地上的意思，南方土话叫'坐臀桩'。"《江湖切要·人事类》："坐曰打墩子。"

〔例3〕《水浒传》第五回："周通把头摸一摸，叫声阿呀，扑翻身便剪拂。"

案："剪拂"，下拜。《江湖切要·人事类》："拜曰剪拂。"

〔例4〕《拍案惊奇》第二回："若是这妇女无根蒂的，等有贩水客人到，肯出价钱，就卖了去为娼。"

案："贩水"，拐卖妇女，《绮谈市语·人物门》："娼妇，技者；水表；姐老。"

〔例5〕《古今小说》卷三十六："这汉与行院无情，一身线道，堪作你家行货使用。"

案：《绮谈市语·饮食门》："肉，线道。"《行院声嗽·饮食》："肉，线老。"又《行院声嗽·宫室》："肉店，线铍。""线""线道""线老"，即肉之隐语。"线道""线老"，一声之转。

〔例6〕《金瓶梅》第十五回："少顷，顶老彩漆方盘，拿七盏来雪绽般盏儿，银舌叶茶匙。"又第九十四回："一般儿四个唱的顶老，打扮得如花似朵，都穿着轻纱软绢衣服。"《水浒传》第二十九回："一个年纪小的妇人，正是蒋门神初来孟州新娶的妾，原是西瓦子里唱说诸般官调的顶老。”《古今小说》卷三十六：“告公公，我不是擦卓儿顶老，我便是苏州平江府赵正。”

案：“顶老”，《行院声嗽·人物》：“妓女，窠子；鼎老。”鼎“老”亦“顶老”。《金陵六院市语》：“小娃子为‘顶老’。”“小娃子”，雏妓也。明徐渭《南词叙录》：“顶老，伎之诨名”。是戏曲中已有之，如：商衢《一枝花·叉秀英》：“生把俺殃及做顶老，为歧路划地波波。”《琵琶记》：“终日走千遭，走得脚无毛。……倒不如做虔婆顶老，也得些鸭汁吃饱。”

〔例7〕《金瓶梅》第十五回：“又有那站高坡打谈的，词曲杨恭，到看这扇响钹游脚僧演说三藏。”又第六十三回：“我不信，打谈的掉眼泪，替古人耽忧。”

案：“打谈的”，《六院汇选江湖方语》：“打贪子，说因果的。”“打谈的”即“打贪子”的，亦即宋刘昌诗《芦浦笔记》卷三所谓“街市戏谑，有打砌、打调之类”。

〔例8〕《金瓶梅》第九回：“世上妇人，眼里火的极多。”又第八十四回：“这兄弟诸般都好，自吃了有这些毛病，见了妇人女色，眼里火就爱。”

案：“眼里火”，好色，放纵情欲。《金陵六院市语》：“眼里火，见者便爱。”

〔例9〕《金瓶梅》第二十八回：“我几次戏他，他口儿且是活，及到中间，又走滚了。”《醒世姻缘传》第四十二回：“若赔了，倾家不算，徒罪充军，这是再没有走滚。”

案：“走滚”，《行院声嗽·人事》：“说不定，走衮。”“走滚”亦即“走衮”。

〔例10〕《官场现形记》第十四回：“我十五岁上，跟着我娘到过上海一趟。人家都叫我清倌人，我肚里好笑。”《海上花列传》第二回：“俚哚才看惯仔大场面哉，耐拿三四十洋钱在拨俚，也勿来俚眼睛里，况且陆秀宝是清倌人。”

案：“清倌人”，不曾接过客之妓。《切口大词典·娼优类·八大胡同妓院之切口》：“清倌，未破瓜之雏妓也；浑倌，已破瓜之妓也；桌面儿，犹清情也；炕面儿，犹浑倌也。”又《粤妓之切口》：“琵琶仔，清倌人也。”

综上所述，元明戏曲、明代民歌时调及明清小说语言中所运用的诸行隐语，一个显著的特征，即是已将其作为通语中的“俗语”采用的并未将其作为特殊用语，是丰富当时文学艺术语言的一种当然手段。这个情况亦告诉我们一个语言事实，即所用这些诸行隐语大都业已为当时民间口语所吸收并流行。而这些戏曲、民歌时调和小说采用的诸行隐语，则是以当时口语的流行为基础的，顺手拈入文中则已，从而丰富了文学语言，增强了作品的生活实感和时代气息。这种情况，同现代文学语言中所采用的“扯淡”“挂花”之类原本黑话、隐语的语汇一样，大都是在其为民族共同语、至少是为方言所吸收以后，方才自然而然运用于作品之中的。

至于某些文学作品出于故事情节或人物塑造的需要，而采用一些民间秘密语，则是与上述情况完全不同的。在这种因艺术需要而采用有关一些秘密语，是将其作为被描述的对象或“道具”来使用的，并不是构成文学语言的材料。例如姚雪垠长篇历史小说《李自成》中述及的“肉票”（人质）、“花票”（所绑架的人质为女性）、“撕票”（伤害人质）之类，即属这种情况。然而，这种把秘密语作为被描述对象或“道具”的作法，近代已开其先例，绝非现代所创。今人陈汝衡据清乾隆年间所刊崇德书院大字本《说唐全传》修订的通俗小说《说唐》[①]，已可见引述秘密语的用例。

如第二十二回《众马快荐举叔宝　小孟尝私入登州》：

> 那山上原有厅堂舍宇，二人入厅坐下，众喽罗参见毕，分列两边。俊达叫道：“兄弟，你要讨账，要观风?”咬金想到：“讨账，一定是杀人劫财；观风，一定是坐着观看。”遂应道：“我去观风吧。”俊达道：“既如此，要带多少人去行劫?”咬金道：“我是观风，为何叫我去行劫?”俊达笑道：“原来兄弟对此道行中的哑谜都不晓得。大凡强盗见礼，谓之‘剪拂’。见了些客商，谓之‘风来’，来得少谓之‘小风’，来得多谓之‘大风’。若杀之不过，谓之‘风紧’，好来接应。‘讨帐’，是守山寨，问劫得多少。这行中哑谜，兄弟不可不知。”咬金道：“原来如此。我今去观风，不要多人，只着一人引路便了。”俊达大喜，便着一个喽罗，引路下山。

---

①《说唐》，上海古籍出版社 1978 年版。

古今文学艺术一行，即或今已有职业作家，均未有秘密语流行（旧时梨园隐语，属表演艺术一行语俗），可知文学向为“雅士”之所事，即或落魄、不第学子，亦以雅事为清高之本，但文学艺术语言以民间口语为本，却不弃民间俗语、行话、秘密语之“俗”，采之入文，化“俗”为“雅”，又一番雅趣，倍增艺术力量，是与现实生活更加贴近之故。民间语言是民族语言文化之本，文学艺术作为语言艺术尤不可脱离这一根本，此即某些民间秘密语得登文学艺术殿堂的根本原理。补充、丰富文学语言和民族共同语，是民间秘密语社会价值与美学价值的又一方面。

事实上，文学艺术中运用各种非言语的秘密语的情况是屡见不鲜的，一个手势、一个眼色、摇头、点头，在具体交际环境与艺术构思的情节中，都可能暗示某种不便直言或不愿为别人所了解的意思。这种秘密语带有极强的随机性，大都未能事先约定，却可心照不宣，即时可懂，其语义是不固定的，表示方式亦多是临时应急而生的。这个事实也说明，文学艺术与民间秘密语有着多种方式的联系。

第四章
民间秘密语与科学技术史
——中国民间秘密语的社会文化考察之一

中国是人类文明的四大发源地之一，中华民族的文化，是世界最古老的文化之一。科学技术的发达历史及其发展水平、速度，是一个民族社会文化发展史的主干方面。英国著名化学家、中国科技史专家约瑟夫·尼达姆即李约瑟（汉名）博士，以其《中国科学技术史》这部巨著，从一位西方学者的科学视点，向世界介绍了中国历史上众多辉煌卓越的科技成就。事实证明，世界科技史上的许多重大发明创造，都最先产生于中国。李约瑟博士在一次讲演中说："你对中世纪时期的中国技术了解得越多，你就越会承认不只是众所周知的某些东西，诸如火药的发明，纸、印刷术和磁罗盘的发明，还有许多其他方面（其中之一是我将要向各位谈得很具体而引人入胜的东西）在中国完成的发明和技术发现，改变了西方文明的发展进程，并因而也确实改变了整个世界的发展进程。我相信，你对中国文明越是了解，就越是对近代科学和技术没有在那里兴起感到好奇。"① 在中世纪，"从科

---

①这是李约瑟于 1947 后 5 月 12 日在伦敦红狮广场的康维馆，以"中国古代的科学与社会"为题所做的演讲。见潘吉星主编的《李约瑟文集》，辽宁科学技术出版社 1986 年版，第 36 页。

学的角度来看，更令人发生兴趣的是宋朝（960—1279），因为正是在这一时期，即在11、12世纪，中国的科学发展到了它的顶峰”①。有趣的是，中国民间秘密语亦在宋元以来流行为盛。考察研究中国科学技术的历史，不仅中国科学家（包括社会科学家）们多未曾注意到民间秘密语这一社会文化形态的发掘、考察，国外的中国科技史学者亦往往忽略了这一观点。李约瑟博士虽然注意到，“中国的城市与西方城市迥异。同样，中国的行会与西方的行会有着根本区别”②，但恐怕亦未注意“行会”秘语与科技史的关系。但是，李约瑟博士研究中国科学技术史，是将其置于中华民族的社会历史文化背景中加以考察、透析的，这种科学方法，颇值得我们学习和借鉴。在现代科学中，孤立地研究某一事物，早已是科学史上的一种陈规旧制，多维视野的全方位透析研究对象，已成为一种基本科学方法。本章，我想做的，即试图通过考察民间秘密语中的科技方面语汇成分，说明科学技术对社会中下层文化影响，以及中下层文化中的各种民间社会群体接受科技文化的观念状态，并以此为探讨中国科技史或其他民族科技史，提供一个民俗语言学的新视点，新方法。尽管这一尝试尚属初步，却愿意以此为今后从这条野径通过者拓荒踩路。

中国历史上的民间科技社团出现较晚，是清末民初以来的事。而且这种民间科技社团从其出现时起，即不具有“行会”性质，亦没有形成什么一般所说的“行话”，更没有其特定的秘密

①《中国对科学和技术的贡献》，载《李约瑟文集》，辽宁科学技术出版社1986年第1版，第110页。

②《中国科学技术与社会的关系》，载《李约瑟文集》，第61页。案：笔者未曾通览已出的《中国科学技术史》各卷全文，仅就所见作出的判断，故加“恐怕”二字。

语流行。以促进民族科学技术发展为宗旨，当时大抵尚无保守“科技秘密”的观念或必要。1918 年，上海扫叶山房曾石印出版了一部周商夫编的《新名词训纂》，所录“新名词”大都当时由于西学东进而出现的新词语，悉将所录证之以汉语古籍，多有与古汉语本词（词组）语义不合者，其中当然包括了不少的科学技术用语。如：“物理”条：“《晋书・明帝纪》：帝聪明有机断，尤精物理。”又如：“空气”条：“《淮南子》：西穷窅冥之党，东开鸿濛之先。按，鸿濛亦云空濛，即今所谓空气。”云云。因为当时基于近代中国科技落后的条件下，学习西方科学技术成为一时社会改革中的潮流，所以民间科技团体亦无创制使用内部秘密语交际的必要。一来，当时这种团体较少，对外界和相互间又无保守秘密的必要；再者推广、交流科学技术，尚是其结社的基本主张。然而，科学技术史作为中华民族文化史的有机组成部分，渗透于社会生活的各种层次、各个方面，民间秘密语作为民间文化的一种特殊形态和内部交际工具，亦必然凝聚或反馈各种民族科技信息。

一、民间秘密语中的形形色色数码

数，是人类语言的最基本的、也是产生最早的内容。美国数学家 T. 丹齐克在其《数：科学的语言》这部精湛的专著中谈道：“人类在进化的蒙昧时期，就已经具有一种才能，这种才能，因为没有更恰当的名字，我姑且叫它为数觉。由于人有了这种才能，当在一个小的集合里边，增加或者减去一样东西的时候，尽管他未曾直接知道增减，他也能够辨认到其中有所变化。”[①] 远在汉字出现以前，即有了“结绳”“刻契”形式的数码，仰韶文化与马家窑文化的彩陶体上符号，已与商代数字差近。汉刘熙《释名》云：“契，刻也，刻识其数也。”许慎《说文解字》云：“数，计也。”甲骨文字的“数”字，即结绳记数的象形（如图87）。左边是一根杆上打了许多绳结，上下是些散乱的绳头，右边则是以手结绳记数。中国南方多竹，“算术”的“算”字原即指一种竹制算具——筹码，是用以记数、计算乃至卜卦用的竹签。《说文解字》：“算，数也。从竹、从具，读若筭。”“筭”乃“算”之又一写法。《说文解字》释云：“筭，长六寸，计历数者，从竹、从弄、言常乃不误也。”汉语传统记数大抵有两套系统，一为一、二、三、四、五……之类的一般汉字数字，多用于文书、典籍记数；一为源于筹算的算码，算码多用于传统数学和商业计算。在陕西千阳和湖北江陵凤凰山汉墓先后出土的骨制、竹制算筹，同《汉书·律历志》所记长6寸（13.86厘米）、直径1分（0.23厘米）形制大体相符。因筹算排列法有纵横两式，故算码亦有纵横两式，纵式算码的基数：𝍠、𝍡、𝍢、𝍣、𝍤、𝍥、𝍦、𝍧、𝍨；横式算码为：𝍩、𝍪、𝍫、𝍬、𝍭、𝍮、𝍯、𝍰、𝍱。明代以后，筹算为珠算所取代，而阿拉伯数字和罗马数字又先后从13世纪传入了中国，算码则成为近代商业流行记数符号，逐渐为外界所陌生，故称作“马（码）子暗数”，又因其盛于苏州这个当时颇为繁荣的都市，故亦称

图87　甲骨文的“数”字

①［美］T. 丹齐克：《数：科学的语言》，商务印书馆1985年版，第1页。

“苏州码”。在当代，已很少见到了。然而，这种“马子暗数”虽为外行所不熟悉，却于商业通用，不能起到保守经济秘密作用，而且在叫法更与通语无异。于是各行各业、各种社会集团，先后创制了很多以保守内部秘密为功利特点的秘密语数码。

宋代陈元靓《事林广记续集》卷七《圆社摸场》诗云：“四海齐云社，当场蹴气球。作家偏著所，国社最风流。”“国社”是宋时蹴鞠之戏的民间结社，其《圆社锦语》中，可见两套秘密语数码。一套是：一为孤（案：一者，单一，孤单），二为对（案：二者，成双成对），三为春（案：春中藏三），四为宣（案：取“宣示”之“示”与“四”之谐音），五为马，六为蓝，七为星（案：北斗七星，以星宿得码），八为卦（案：《易》有“八卦”，三国时诸葛孔明有“八卦阵”），九为远（案：“久远”之“久”音与“九”同，取其“远”为代码），十为收（案：取“收拾”之“拾”与“十”谐音）。再一套是：一为解数（案：“解数”乃武术套路，何以代一，待考），二为勘赚，三为转花枝（案：“转花枝”当系“转枝花”之误，“转枝花”为牡丹花的一种，宋欧阳修《洛阳牡丹记》：“潜溪绯者，千叶绯花……本是紫花，忽于丛中特出绯者，不过一二朵。明年移在他枝，洛人谓之转枝花。”或取“转”、“三”声转为码），四为火下，五为小出尖，六为大出尖，七为落花流水，八为斗底，九为花心，十为全场。《绮谈市语·数目门》所载两套数码，一套与《圆社锦语》前套相同，其中二为封，疑为“对”之误。再即：一为了不勾，二为示不小，三为王不直，四为罪不非，五为吾不口，六为交不七，七为皂不白，八为分不刀，九为馗不首，十为针不金，悉为析字离合法构码。《西湖游览志余》所载之“四平市语”数码，悉取三字俗语首字谐音为之：一为忆多娇，二为耳边风，三为散秋香，四为思乡马，五为误佳期，六为柳摇金，七为砌花台，八为霸陵桥，九为救情郎，十为舍利子。《行院声嗽》中数目亦有两种，一种亦与《圆社锦语》第一种相同，可知是旧时各行通用流行暗码；再一种是：一为寒，二为利，三为淀，四为殂，五为掘，六为猱，七为鞋，八为敲，九为弯，十为接。《江湖切要》所载明清时秘密语数码，又别有两种，并于构造上多互有联系：一为刘，又为流寅；二为月，又为月卯；三为汪，又为汪辰；四为则，又为执巳；五为中，又为中马；六为人，又为人未；七为心，又为辛申；八为张，又为朔酉；九为爱，又为受戌；十为足，又为流执。明末清初，都市各行秘密语数码又繁杂歧出，如《通俗编》卷三十八所载：米行，一为子，二为力，三为削，四为类，五为香，六为竹，七为才，八为发，九为丁，十为足；丝行，一为岳，二为卓，三为南，四为长，五为人，六为龙，七为青，八为豁，九为底；细绫行，一为叉，二为计，三为沙，四为子，五为固，六为羽，七为落，八为末，九为各，十为汤；线行，一为田，二为伊，三为寸，四为水，五为了，六为木，七为才，八为戈，九为成；铜行，一为豆，二为贝，三为某，四为长，五为人，六为土，七为木，八为令，九为王，十为合；药行数码暗语颇有行业特点，悉以药名代数，一为羌（羌活），二为独（独活），三为前（车前子），四为柴（柴胡），五为梗（桔梗），六为参（人参），七为苓（茯苓），八为壳（枳壳），九为草（甘草），十为芎（川考）；典当，一为口，二为仁，三为工，四为比，五为才，六为回，七为寸，八为本，九为巾；故衣铺，一为大，二为土，三为田，四为东，五为里，六为春，七为轩，八为书，九为籍；道家星卜，一为太，二为大，三为蒙，四为全，五为假，六为真，七为秀，八为双全（案：此系就隐码造隐码），九为渊；杂货铺，一为平头，二为空工，三为眠川，四为睡目，五为缺丑，六为断大，七为皂底，八为分头，九为未丸，悉以摹状字形构码；优伶，一为江风（案：《一江风》为曲牌，属南曲南吕宫），二为郎神（案：《二郎神》亦曲牌，属南曲商调），三为学士，四为朝元，五为供养，六为幺令（案：《六幺令》为曲牌，很多传统剧种都用），七为娘子（案："娘子"乃旧时妻子之谓，戏曲科白多用此），八为甘州（案：《八声甘州》为曲牌），九为菊花（案："九月菊"乃菊中名品），十为段锦（案：即《十样锦》合奏乐，明沈德符《顾曲杂言》："又有所谓十样锦者，鼓笛螺板大小钹钲之属，齐声振响，亦起近年，吴人尤尚之。"）。至于当时江湖杂流，大抵与《江湖切要》所载相同。

至清末民初，各行秘密语数字更为五花八门、纷繁杂出，各有名目，令人眼花缭乱。如光绪年间巾、皮、李、瓜诸行江湖日常通用切口数目，以一为留，二为越，三为汪，四为则，五为中，六为仁，七为信，八为张，九为爱，十为足，与以往某些秘密语数码互有异同，盖传承扩布中变异之故，并有行当、地区分别。[①] 这前后，丝铺以一为汪提，二为宝儿，三为纳儿，四为萧字，五为马儿，六为木儿，七为才儿，八为古儿，九为成儿，十为药花，十一为田汪，二十二为重求，三十三为重尺，四十四为重晓，五十五为重丁，六十六为重木，七十七为重才，八十八为

①据光绪间苏州桃花仙馆石印唐再丰《鹅幻汇编》卷十二《江湖通用切口摘要》。

重古，九十九为重成，百为文关，千为汪匹，万为汪糙。金银业，一为口，二为介，三为春，四为比，五为正，六为位，七为化，八为利，九为文，十为成。银楼，一为钱，二为衣，三为寸，四为许，五为了，六为木，七为才，八为奇，九为长。绸缎庄，一为夏，二为料，三为推，四为钱，五为文，六为头，七为病，八为花，九为礼，十为痨。金线业，一为欠了，二为挖工，三为横川，四为侧目，五为献丑，六为断大，七为皂底，八为分头，九为少九，十为田心。衣庄，一为口，二为月，三为太，四为土，五为白，六为田，七为秋，八为三，九为鱼，十为无。南货铺，一为吉，二为如，三为甘，四为利，五为古，六为竹，七为兴，八为法，九为有，十为王，大多以同韵字为数字暗码。地货铺，一为老一，二为如毫，三为煤丁，四为方宇，五为折浪，六为筛浪，七为仙浪，八为扫浪，九为迁浪，十为药花，十一为索酌，十二为吉如，十三为索南，十四为索苏，十五为水满，十六为索筛，十七为索西，十八为索考，十九为索浅，二十为如毫，二十一为负酌，二十二为重如，二十三为赖南，二十四为赖苏，二十五为赖拆，二十六为赖筛，二十七为赖线，二十八为赖考，二十九为赖迁，三十为煤色，三十一为煤酌，三十二为煤如，三十三为重煤……余可类推，皆以二字暗码代数，规律明显，较为自成系统者。陆陈业，一为常，二为落，三为几，四为时，五为麦，六为重，七为春，八为伏，九为求；与之相似的豆麦业，则以勺、排、川、方、香、伦、戳、颠、欠、席，作为 10 个数字的暗码。古董业的 10 个数字暗码为：由，申，人，工，大，王，主，井，羊，非；皮裘业为：坦底，抽工，眠川，杀西，缺丑，劈大，毛根，入开，未丸，约花；顾绣业：偏，时，习，言，百，俄，之，水，越，旦；另剪业：企，洒，西，生，苦，意，哈，即，绣，球；布匹业：主，丁，丈，心，禾，竹，见，金，页，马；茧行：烟，足，南，常，马，青，尺，边，脚，台；铜锡行：旦，衣，寸，口，丁，龙，青，戈，欠，田；粮行：席，林木，各，甲，为时，文，眼上，言尖，贺路，丑；棉店：了，败，川，晓，丸，龙，汤，千，边，欠；贩猪行：平，竹，春，罗，语，交，蛇，分旭，老平；贩耕牛行：加，田，南，苏，破，早，昔，寸，头，老加；海鱼行：了，足，南，宽，如，满，青，法，丁，料；鲜鱼行：了，足，南，宽，如，龙，青，法，底，色；米店：只，祥，撑，边，母，既，许，烘，欠，阿；邮局：横杠，重头，堆头，天平，歪身，平肩，差肩，拖开，勾老，满头；山果业：集，道，听，西，来，滚，限，分，宿，色；老虎灶：豆，贝，台，长，人，耳，木，另，王，合；成衣匠：欲记，饶记，烧者，素之，鹤根，落笃，徐，博氏，觉尤，拆；贩席者：气，西，沙，苦，球，屋，色，分，旭，架；裱画业：意，排，昌，肃，为，龙，细，对，欠，平；髹漆业：代，刚，川，风，辇，劳，先，扁，求，加；贩人参燕窝者：谦，薰，项丁，孝郎，尺郎，局郎，仙郎，少郎，欠郎，药花，又以十一为叔扎，以十二为叔薰，以十三为叔项，十四为叔晓，十五为子母，十六为竹节，十七为叔仙，十八为叔考，十九为叔欠，二十为字号，二十一为赖札，二十二为重度，二十三为赖项，二十四为赖孝，二十五为赖办，余此类推，自成系统；旧时道士暗码：人，利，西，底，圆，隆，青，昌，湾，人式；文王课：演寅，月卯，汪辰，执巳，中马，人未，辛申，朔酉，受戌，流执，悉与明清江湖切口暗码相同；茶担夫：料丁，利丁，财帛，苏丁，风流，晓丁，青时，托大，湾丁，成色；戏班：只，蛋，阳，梨，模，龙，踢，扒，秋；赌场（麻雀牌）：项张，于张，吃张，出牌，对煞，成功，清一式，砌牌，抓牌；收旧货的：口，人，工，比，才，渭，寸，本，金，首；贩卖玉器的：旦，竺，清，罢，语，交，皂，未，丸，章……凡此可知，旧时五行八作的各种民间秘密语中，大都有各自的数字暗码，尤以工商业最为突出，是金钱、货物为其行业之本，行市价码利额极为敏感，至为关键，是其业中核心机密，又无不与数码相关。因而，即或极相近似的行业，亦采用不同暗码，以维护内部切身利益，可见至关重要。至于同行而异地，使用不同暗码，亦属自然，如昆明旧时收旧物行业暗码，即与上述不同：逗，倍，母，长，拐，土，兆，财，湾，分。

数是科学的语言，而秘密语暗码用于诸行集团、群体的内部交际，组织管理，亦是其科学性质的体现，诸行暗码的差别，某些行当暗码的自成系统，亦为其科学性、严密性的一种佐证。简言之，民间秘密语数码的科学性，最基本的就在于其不同集团或群体的差异性。而且，民间秘密语不仅有其数目暗码这种“科学的语言”，还往往采用明码数构造秘密语，亦即将数字采作创制秘密语的材料，是其构造方式之一。如《切口大词典》中下例：

> 五千，切都纸也。（《商铺类·纸业之切口》）六千，北都纸也。（《商铺类·纸业之切口》）廿一，道士也。（《杂业类·旅馆之切口》）廿三，和尚也。（《杂业类·旅馆之切口》）廿四，师姑也。（《杂业类·旅馆之切口》）十一，黄泥也。（《工匠类·泥水匠之切口》）十五，赢也。（《巫

卜类·茶馆测字者之切口》）十六，输也。(《巫卜类·茶馆测字者之切口》）二五，未嫁之女子也。(《党会类·红帮之切口》）

诸如上述，以暗码数字入秘密语，以明码数字创制秘密语，是乃民间秘密语独辟蹊径的别一门数学分支。

二、民间秘密语中的“军语”

在中华民族的文明史上，由于曾经发生过无数次大小战争，由此涌现了许多军事家，形成了具有民族特色的军事科学。以“武经七书”[①] 为代表的中国古代军事经典中，形成了特有的军事术语系统和军事思想体系。然而，中国军事史上较早而又比较系统的军事术语集，当属清光绪三十二年（1906 年）北洋陆军督练处编的《军语》一书。[②] 综观历代民间秘密语，可见存有若干关于军事方面的语汇材料，是个中特有的“军语”，亦是一般为讨论民族军事历史、军事术语所往往被忽略的内容。尽管其未必体现怎样重要的军事科学思想，但亦当属于所应注意到的一个细微方面。因此，则不因其琐碎散乱而略加蒐集揭载、考察，或可给予方家一点启示。

今存唐宋民间秘密语文献最少，亦略有兵备词汇，如《圆社锦语》以军人为“攒老”，是宋时球戏社团中人对军人的隐称；

①《孙子》《吴子》《司马法》《黄石公三略》《六韬》《尉缭子》《李卫公问对》。

②曲彦斌：《〈军语〉，一部北洋陆军的军事术语辞典》，载上海《辞书研究》1988 年第 2 期。

以脚为“刀马”，是因其蹴鞠之戏一如杀场，以足戏球犹若使用“刀马”。《绮谈市语·君臣门》以巡检为“戎公”；而“巡检”乃宋代设置的以防范与镇压国内人民反抗为责的职事，以武官充任，设于关隘要地，或兼管数州县，或一州一县，属州县指挥，于海南等地又设有巡检使，至明清季，巡检司设距城稍远之地。又《器用门》以佩刀为“吴钩、顺带”，系军器市语隐称。

明季，民间秘密语既存文献略多，而兵备语汇亦渐增。如《行院声嗽》以刀为“喜子”（器用），以军为“假豹子”（人物）。《金陵六院市语》又以脸为“枪”，搽粉为“摸枪”，未知取义所出；至于《六院汇选江湖方语》，以出场为“出杀”，是当时杂剧中多有武打题材之故。

明末至有清，则可见民间秘密语文献又增，兵备内容亦多不少。《江湖切要》一刻，不只散见有以武举人称“寒斗”，以武秀才谓“寒通、冷占”（官职类），以兵丁谓“塞通、汗八”（人物类），尚专辑有“兵备类”一项：以盔为“元老”；以甲为“宿皮、摧锋”；以枪为“条子、刺坚叉、牛头”；以刀为“苗叶、千金、利口生”；以根为“要千、挺老”，以弓为“弯老、先张、匾弯子”；以箭为“快快、茅针”；以挂刀为“被子”；以爆竹为“响子”；以流星为“落弓”；以缰绳为“缠午老”；以鞍辔为“稳子”等。此中有一信息值得注意，即将“爆竹”列属“兵各类”。放爆竹向为岁时喜庆用事，如南朝梁宗懔《荆楚岁时记》：“正月一日是三元之日也。《春秋》谓之端月。鸡鸣而起，先于庭前爆竹，以辟山臊恶鬼。”清顾张思《土风录》卷二：“纸裹硫黄谓之爆仗，除夕岁朝放之。案：高承撰《事物纪原》云，魏马钧制爆仗，隋炀帝益以火药杂戏，是爆仗之名，元魏已有。然范石湖《村田乐府》云，截筒五尺煨以薪，掌阶击地雷霆吼，则是时犹以竹爆也。”而以爆竹用于军事，却历来鲜见载录，此则为一稀见处，书虽非正史经典，是至迟清季亦将爆竹用诸兵备之一例显证，然囿于体例，书中不能得以备载稍详，当属憾事，信息却弥足珍贵。又如“流星”谓“落弓”，其“流星”即兵器之“流星锤”，又名“飞锤”，以绳索两端各系铁锤而成。用流星飞击谓正锤，提于手中自卫为救命锤。明茅元仪《武备志》卷一百零四《军资乘·器械》可见记载，而由《江湖切要》亦可窥知清季军械中仍有此器。此外又以“急曰弓皮”（人事类），则系以“弓”拉开然则箭驰出，其速常谓“急驰”（若马急奔），“一张一驰”，是为“急”，因以譬喻构造江湖隐语，亦与军器相关耳。

历来以反抗官兵朝廷举事结社而又以夺取政权为目的的民间秘密结社，尽管多带浓厚宗教的或民俗信仰乃至迷信色彩，多最终付诸武装起义，则无不与军事直接相关，即或最初聚众结合过程，已具有半军事组织性质。一当举事成功，其政治、军事合为一体，其军事组织体制则与政治性质并存，为之服务，以军事性质受制于政治，始终为夺取或巩固政权服务。因而，不仅其民间秘密语兼具政治军事属性，语中内容亦多反映其前后军事素质水平，可以略见一时兵备、制度情况。如太平天国起义之初的三合会中秘密语，以会员证明的凭票为“腰平”，以新会员为“新丁”，以船为“平”，以乘船为“搭平”，以剑为“橘板”“绉纱”，以小刀为“狮子”，以大炮为“黑狗”，以火药为“狗粪”，以大炮声为“狗吠”。又如哥老会，以会员为“圈子”“左玄”，以会员证为“宝”，以道路为“线”，走路为“踹线”，以被捉为“被摘”，以斩为“劈”，以牢狱为“书房”。再如天地会洪家暗语，以官府为“对头”，以外人或官差为“风仔”，以官兵为“猛风”，以别人为“有风”，以众人为“风大”，以人为“马”，以火为“红”，以刀为“跳”，以双刀为“桥板”，以军师为“灰”，以军器为“灰挑”，以被为“遮天”，等等。

凡此，虽仍有江湖社会习尚痕迹，却已具军事集团雏形。此仅就其所采用秘密语而论，尚有其建制、号令、戒规诸项可以论之，似不属本论范围，未便展开于此。而天地会诸流一当形成太平军之势，其政治军事体制亦益完善，日趋正规，其民间秘密语亦随之用于军事，正式具有军用秘语性质，个中秘密语之军语亦趋于完备。如清廷官员所辑之《贼情汇纂》卷五《伪军制下》中的《贼中军火器械隐语别名》，已足见其略成系统：

> 大炮改称“洋装”（案：原三合会隐称为“黑狗”）；抬炮改称“长龙”；鸟枪改称“营枪”，又名“小炮”；枪炮子改称“铅码”；火药改称“红粉”（案：原三合会称为“狗粪”）；刀改称“云中雪”（案：原洪家暗语以刀为“跳”）；短刀改称“顺子”；矛杆改称“挑子”；兵称“圣兵”；鼓称“圣鼓”；海螺称“圣角”；旗称“圣旗”；竹帽称“圣帽”；号衣称“招衣”；连荄棍改称“神鞭”；火弹改称“先锋包”，又名“红粉包”；喷筒改称“花筒”；库称“圣库”；粮称“圣粮”。（案：是书所谓“改称”或“称”，悉乃相对通语与暗语而言，并非是就原暗语另改的新暗语名称。）

虽名“军火器械”实已笼统罗列及至军粮等事，可知当时军语详备之一斑。后太平军虽遭失败，是乃多种因素所致，而不能由最终失败的结局而低估其军事素质水平的成就，其上述军中秘语所及，已略可证之。

至清末，民间流行的秘密语中，仍不乏军语内容。如《江湖通用切口摘要》所载之谓兵勇为“柳叶生”，刀为“青子”，炮为“烘天”，炮船为“烘天底子”；《江湖行话谱·行意行话》以枪为“条子”，大刀为“海青子”，花枪为“花条”，单刀为“片子”，洋枪为“小黑驴”，鸟枪为“喷子”；又《走江湖行话》以枪为“蔓子”，子弹力“非子”，买枪为“串蔓子”，买子弹为“串非子”，死了为“碎了”；等等，是又一时民间秘密语中的“军语”。

至民国，军、警分制，其秘密语亦有分别。士兵中，以兵士为“塞通”，私自逃离军队为“小差”，即今通语所谓“开小差”，兵目为“汗八”，饮酒为“红脸”，老百姓为“比儿”，蠢人为“高于岑楼”，死胚为“未死生”，闯将为“匹与横行”，兵官为“老大”，打仗为“开火”，打胜仗为“夺着”，打败仗为“让地皮”，绝粮为“在陈”，劫掠为“扫边”，杀人为“做”，吃饭为“上山”，和尚为“磨刀石”，大炮为“轰隆”，洋枪为“腿子”，手枪为“喷管”，刺刀为“燕尾”，等等，可见民初军中士兵生活习俗及语俗之一斑，亦为一时军界下层风尚。当时警士中亦流行若干秘密切口，如：警士为“看街”，执行警务公事为“出差”，私下勒索钱费为“寻把”，收受赌场贿赂为“敲硬牌”，警棍为“横子”，口号为“令子”，小偷为“插子”，抢劫案为“大岔子”，询问为“探底”，等。凡此，亦可见一时之警风警事。至于当时杆匪团伙，已远非钩枪刀棍武装，亦“鸟枪换炮”了，其军械兵器方面切口也相应完备，增入新语。如：以洋枪为“大洋装”，二人抬土炮为“大憨”；快枪为“快车子”；二人抬土枪为“土车子”；开枪放炮为“推车子”；与官兵对击为“交亮”；等等，是乃黑社会之“军语”。

诸如上述，均属近现代民族军事史上的特别军事语言，既可作为建立“军事语言学”或“语言军事科学”的研究材料，或名之“秘密语军语”，亦可为军事史科学研究提供许多特别的借鉴、考察材料，不无研讨价值。

三、民间秘密语与天文地理

天文、地理，是汉语古籍传统目录学分类中一种子类概念。中国传统学术，向来文、理笼统一体，典籍中社会科学与自然科学类属错综交织，门类杂处，是一显著外部特征。从史书、典籍分类至俗语杂事分类，大都分置天文、地理等门类。如《尔雅》以释诂、释言、释训、释亲、释宫、释器、释乐、释天、释地、释丘、释山、释水、释草、释木、释虫、释鱼、释鸟、释兽、释畜，分别为19卷；明代佚名氏的俗语辞书《目前集》二卷，则分天、地、人、时令、饮食、衣服、宫室、器物、官吏、妇女、释教、道教、文墨、杂事、常言、禽兽虫鱼、草木、药物、俗字等凡19部。至于宋以来旧刊民间秘密语专书、专辑的分类亦大率沿袭此法，如《绮谈市语》《行院声嗽》《江湖切要》之类。虽各类所录内容文理交叉，而又多有侧重，如天文、地理等门类，即多含相关自然科学内容。如《绮谈市语·天地门》：

天：上苍，苍苍；日：烛龙，羲驭；月：玉兔，桂魄；

星：列宿；风：入令，巽二；雷：天雷，灵鼍；雨：崖拨；晴：开霁，崖缩；雪：六花，天瑞；地：方舆，所履；山：岛，屿；水：壬癸；田：东皋，膏腴；泉：地脉，瀑布；州：郡，邦；县：邑，郭；村：掩下，寸；市：阛阓，井中。

《行院声嗽》的“天文”“地理”“时令”三类：

天：苍子；风：飑子；雨：洒溲；日月：耀光；日：听光；月：卯光；冰：冬凌；雪：光花溲。水：潄老；白地：慢坡。冷：冰答；热：炎光；晚：昏兜；早：拔白；阴：布暗；暗：卜亮；十二年：一轮转。

又如《江湖切要》：

〔天文类〕天：乾公；日：太阳；月：太阴；星：光芒；风：丢子；云：天表；雨：津；雾：迷津；霜：露销；雪：飞六；晴：爽气；火：丙丁，少阳，焰老。〔地理类〕地：坤老；山：土高，地高；河：长流；城：太援；井：地窟；桥：撑江；土：戊转；山西：金地；山东：木地；云南：火七；浙江：浙七；江西：月七；福建：闽七；广东：粤木；苏州：吴七；杭州：天堂，上天；湖州：兴地；绍兴：越地；宁波：近阔；徽州：韦七；东：仰盂；西：上缺；南：中虚；北：中满；左：青；右：白；前：朱；后：玄；上：溜；下：落；高：上天（案：此与杭州地名切口重复）；低：入地；远：暗；大路：洒苏；小路：羊肠。〔时令类〕春：木季天，甲通；夏：火季天，丙通；秋：金季天，庚通；

冬：水季天，壬通；……雨水：天泉；惊蛰：发蒙，惊愦；春分：解木；清明：雨朝，良牧，会朝；谷雨：济贫；立夏：火头；小满：中康；芒种：勾甲，力田；夏至：改火；小暑：避雷；大暑：乘阴；立秋：迎金，肃风节；处暑：絺居；白露：阳晞；秋分：剖金；寒露：蛩浆；霜降：木落；立冬：水头；小雪：露白；大雪：重裘；冬至：水中；小寒：挟纩；大寒：护炉。(余略)

凡此，以往民间秘密语的典籍分类，悉以传统学术体系及目录学分类体系为本位，并以关于天文、岁时、地理的传统科学认识为思想基础，贯穿于隐语语素意义的结构之中。也就是说，尽管其已是“改造”过的“新语”，而其所组合所体现的科学思想，仍不失传统认识之本。如古人以苍昊为天帝，以主东方之青帝神为苍帝，宋人市语则以“上苍、苍苍”为天之隐语。冬雪保墒，而不生春旱，“瑞雪兆丰年”，古今同理，则以“天瑞”谓雪，正是“民以食为天”这一传统的朴素自然观在这个以农业为主的国土上的印证。而泉，古人早知其为地下水源，如《易·蒙》：“山下出泉，蒙。”《墨子·备穴》：“下地，得泉三尺而止。”故以泉为“地脉”，意为地下水脉。“五行”乃传统哲学思想与自然科学观念的有机结合，历代秘密语以此为语素搭配构词不乏其例，如以山西为“金地”、山东为“木地”、云南为“火七”之类，又以春为“木季天”、夏为“火季天”、秋为“金季天”、冬为“水季天”，凡此均包含着潜在的五行观念。

以二十四节气来表明气候变化与农事季节，是中国劳动人民从几千年同自然作斗争的实践中总结出的科学规律，是夏历的主要特点，在人类文明史上具有重要地位。《史记·太史公自序》云："夫阴阳四时、八位、十二度、二十四节各有教令。"据清赵翼《陔余丛考·二十四节气名》考："二十四节气名，其全见于《淮南子·天文》篇及《汉书·律历志》。三代以上，《尧典》但有二分二至，其余多不经见，惟《汲冢周书·时训解》始有二十四节名。其序云：'周公辨二十四气之应，以顺天时，作《时训解》。'则其名盖定于周公。"这种根据太阳在黄道上的位置（黄经）来划分一年各个阶段的科学方法，直接与人们社会生活相关联，民间秘密社会及诸市各行亦不例外，造出各节气的隐语以应内部交际之需，理所当然；而隐以各节气相应的物候、人事作为"能指"成分，如以雨水为"天泉"，是草木作物萌生之时，雨贵如油，则是赞颂之语；以小暑为"避雷"，是其时雷电频繁尤当注意；以大暑为"乘阴"，是为避暑时节；又因立夏发暖谓为"火头"，而夏至渐将入暑，酷热如火，故又谓"改火"。又有一般人事内容造语者，如以谷雨为"济贫"，盖谓适值新粮未结、陈粮将竭之时，若下场粮谷之雨，岂不解救了贫户之饥困，堪称及时雨了。是将这种美好的祈愿化为对这一节气名称的字面上本来意义的比喻性组合，用为隐语。又以小满为"中康"亦属这种构造方式，或即"小有满足"，即为"康乐"之意，中者，适宜，康者，此乃小康。

《江湖切要》又辑得若干地名隐语于地理类中，这是以往有关文献所不多见者。而地名科学多注意命名规律与地理文化的关系，注重地名语源及别称、地名规范，却极少有注意及秘密语中的地名。民间社会遇有不便直言其地名称，只好以隐称代之，这就为地名学又增添了新的课题和老材料，有待专门研究阐发。

综上可见，民间秘密语有关天文、地理方面的用语构造，悉以相关的传统科学思想为本，是“万变而不离其宗”；同时又融入了民间社会的人文思想观念，其中不乏现代有关科学领域尚待深入发掘、展开的课题。

四、民间秘密语与农事

中国是一个以农林经济为传统之本的国度。华夏民族的祖先是个原生的农业民族，河姆渡遗址、半坡遗址的考古发现证明，远在母系氏族公社阶段，即出现了原始农业。因而，以农耕生产为本的生存环境即导致产生出相应的农业民族文化；农业科学技术体系，即是这种经济与文化的基本组成部分。《尚书・无逸》云：“先稼穑之艰难，乃逸，则知小民之依。”这是中国早期基本的民本观念。在这样的民族文化土壤中滋生出来的民间秘密语文化形态，多有涉及耕、牧、林、渔诸行农事的内容，不足为怪，是再自然不过的事了。

唐宋以来，从民间秘密语正式出现，就产生了各种有关农事方面的秘密语符号。如：麦为来牟，牛为大牢、大武，马为骏足、代步（案：系从马为乘骑工具视点构词），羊为柔毛、膻物、肥羜、羔儿，猪为豢贺、豕物，兔为明视。又有果蔬者，荔枝为侧生、福果，樱桃为崖蜜、含桃，葡萄为马乳，石榴为天浆、金罂，甜瓜为东陵、召平，菱角为水果，荸荠为地栗，芡为鸡头，桃子为仙果，梨为大谷果，橘为洞庭香、木奴，藕为召伯、蒙牙，笋为箨龙、竹萌，蕨为紫玉簪，韭菜为丰手、葱乳，萝卜为卢服。又有花木者，松为霜杰、十八公，桧柏为庭玉、苍龙，竹子为此君，木犀为天香、桂仙，菊花为傲霜、寿客，荷为香盖、仙衣，茶为烧雪，等等。

明季以降，有关农事的民间秘密语又多与以前不同。如：柴火为会打、内家，马为鹊郎，驴为果老，牛为驮老、丑生，狗为戌儿，羊为膻郎，鹅为羲子，鸭为咬翅，猪为亥儿，鱼为河戏，蟹为钳公，等等。有清以来江湖切口中农事方面的秘密语，又大都与明季有别。例如：以山里人为真八，种田人为棋盘身、村庄儿女，乡下人为千长通，种田为钻盘，田地为棋盘，买田为拨盘，卖田为削盘，总称树木为独脚鬼汉，柴为樵杖，草为木，木为甲乙生，花为元稀，叶为盖露，果为青垒、苗群、希令桔、红圆，菱为角儿，菜为苗稀、破屑、地青、叶苗，小菜为苗戏，萝卜为大苗希、埋头、假参，笋为少竹、竹欠，山药为蒙枝，茭白为指节，芋艿为滑麻，茄子为垂老、垂子，姜为甲老，葱为管希、管苗，韭为毛头青、月割，蒜为地拳、条苗，西瓜为水毬，瓜总称为毬，豆为粒儿、圆、沙子、为兵，晚豆为结老，蚕豆为毬老，绿豆为和垒，苗为芸青，稻为青焦，赤豆为花垒，大麦为粗花、垒麦、人花，小麦为细花、地花，荞麦为和花，谷为连谷希，米为希老、软珠、擦老、碾希，糙米为研希，糠为希谷，粞为小希，糯米为粉希，白米为雪希，牛为丑官、吞青、土官、春官，马为午流、午老，羊为未流、白衣、圈判、膻老、解草、山官，犬为州官、戌老、巡攘，猪为亥官、黑官、线留官，鸡为王七、酉官、鸣老、得晓、斗子、响各，鸭为王八、鸳五、纸判，鹅为王九、雀官、判头、道十，兔为卯官，骡为古老，驴为蹇老、钝牙，虫为受儿，猫为将寅、穿梁、夜明，鸟为鸢飞，小鸡为火鸣菜、德雏、腌蛋、信圆、鸡蛋王、七欠，等等。

至清末以往，虽中国历来以农业人口为众，可谓诸行当中最大的一行，却极少见有关此行行话隐语的文献记载，或因其老祖宗耕种方式，虽有地理差别而大抵千古一道，无密可保之故，恰足说明中国农业科学的发展缓慢、水平不高。唐宋以来有关农事方面的民间秘密语，大都是社会上各种不同集团或群体中语。至民国初，却见《切口大词典·役夫类》辑有“樵夫之切口”和“农夫之切口”。如：以柴担为千斤，柴为蓬山，硬柴为堂箍，叶柴为大蓬，柴贩子为吃松毛，砍柴刀为钩锋，捆柴绳为套索，肩担为一条龙，是樵夫以砍柴至市中出卖为业，略有隐语亦为自然。但“农夫”谓车水为发潮头，耕田为翻身，耘田为数罗汉，下秧为散子，插苗为挡直壅田为下料，掘田为竖耜头，刈稻为捆翻，田为坂里，耕牛为承相，水车为长腰，锄为耜头，粪构为摇头，犁为大抬子，等等，不知何故。或从各行隐语中辑得再冠于“农夫”题下；或江南某地方农村乡里有此语俗流行，或为语言游戏，均无显证，不敢妄为定论。无论如何，以农耕为业的若大农民群体并无采用秘密语进行内部交际的功利性社会基础，存在相关术语理所当然，云有隐语切口则难以置信。

从上述历代有关农事内容的民间秘密语形制构造可见，大体皆以对具体事物的形态、功能特征的描摹方式构成该符号的“能指”成分，反映了千百年来人们关于有关事物、事象特征、性能或规律的常识性认知。如以桔为“洞庭香”，可知唐宋时洞庭湖地区曾以产桔闻名；蕨为“紫玉簪”，是对其外观形状的描述；以田为“棋盘”，是以从高处鸟瞰田野所见景象构词；凡此秘密语这种特定文化形态的有关内容，悉可资民族农业史乃至农艺科学参考。

中国当代农史专家胡道静先生在其所著《农书·农史论集》[①]书附编的一篇《元至顺刊本〈事林广记〉题》文中，于阐发介绍是书内容的同时，略及《绮谈市语》与《行院声嗽》中语，可知其视野开阔，功底深厚。笔者非农科、农史专长，不敢妄谈，仅以此抛砖引玉而已。

五、民间秘密语与医药

俗语说："人食五谷杂粮，安能无病？"从有人类以来，疾病就成为威胁人们生命的大敌，探索防病、祛病之术，成了人类维系生存的本能。可以断言，一如各种谋生方式的科学研究之无止境，医药科学的发展亦必然伴随人类社会始终。中华民族以整体观念、辨证施治和防治结合见长的中医术（俗谓汉医），是具有独创性和传统特色而无法为其他医学所代替的一门医学科学。就现已发掘并识别出的殷商卜辞中，所见关于疾病的记载即多达五百余条。远在西周社会，即已有食医、疾医（内科）、疡医（外科）、兽医等医学科别，有医师总司医政，属"天官冢宰"。据《史记》载，其后私医雀起，春秋时秦越人精于内科外术，兼作带下医（妇科）、小儿医、耳目痹医，皆"随俗而变"。历代名医辈出，医经药典源远流长。在漫长的中医学史上又有僧、道、星命等各家掺入，形成了中国特有的民族传统医学文化。在不同的社会文化层次，又形成了形形色色的医药行群体，又以民间中下层医药文化最为繁杂，仅行医卖药即颇多种类身份人物，颇多当

①系《中国农史研究丛书》之一种，农业出版社 1985 年版。

行名目。凡此，大抵多可于近现代民间秘密语文化中有所反映。可以认为，有关的民间秘密语，即为民族医药文化史的有机组成部分，可视为传统医学文化的一个缩影。对此，略为考察即知。

早在民间秘密语兴起之初的宋代，即以病为违和、便作，以泻为河鱼、破腹，瘦为削。至明季，则谓泻肚为拐答，瘦小为京三。至清代，又造出许多名目来。例如：病通称为延年（案：忌因病早亡耳）、眠眠、元念、暗年；疯子为巽方太岁、摊（案：即谐瘫音）延年；目疾为照年；瞎子为念照；驼子为脊牛；痨病为火延年、赤太岁、焦根限；隔症为闭塞延年；臌胀为水火延年、山风延年、结珠延年；疟疾为水火延年；痢疾为玻璃延年；手疾为托牛；足疾为折牛、踢牛；缺嘴为兔唇；生疮为哥太岁；带疾为有牛；杨梅疮为因哥延年、果子延年；暴疾为急延年；老病为常年；疥疮为十字延年；耳疾为井牛；烂耳曰并延年；臁疮为裙风延年；死为川：病死为大限川、年川；水死为龙川、冷川、玄武川；产死为红川；雷击死为乾川、震川；痨病死为火川；医生为济崩公、扶本、苦功人；名医为熯火通；富医为汗火；时医为丹青、竹彩；眼科为皮恳；针灸为钗烟弯；诊脉为弹弦子；撮药为配熯；末药为暗老、暗熯；膏药为圆纸、涂国；煎药为煎熯，熯即药；掺药为飞屑；锭子药为熯火、熯琴（案：江湖切口中“琴”乃“银子”之隐语，银多以锭为形体，故有是称）；行走卖药为跳皮、行熯、小卖药、丢小包；卖春方为派熯、取鳖、挂狼；追虫去积为七节通、七节吊；下针为叉卖、叉党；丸药为丸熯、粒粒；牛黄为爆工；换药珠为鼓釜工；吐虫为泼卯水；挑担卖药为天平党；卖丸药为跳粒粒；虎撑为寸铃（案：虎撑为卖药行商的招幌，形制若手镯而大，中空，盛有铁丸，套在手腕上摇之则琅琅作响，用以招徕买主)；卖疮药为跳十字熯；烧香朝山卖药为拱党、观音党；打弹卖药为弯子；卖方子为提空；荡膏药为炊涂儿；京人卖药为念七皮通；僧卖药为三皮跳；道人卖药为火头生、全真党；取牙虫为柴受；妇人卖药为拖青、扳柴；空中取药为采粒；骑驴卖药为拖鬼儿；撑伞卖药为昌皮；戏法卖药为丁乂党；排摊卖药为疙瘩党；打坐卖药为丢墩子；告示卖药为设僻；卖假药为跳将熯；学医为锁皮；等等。凡此可知，不止疾病、医法、药物于江湖秘语中有多种隐称，而行医、卖药一行亦有繁多形式和名目。

至清朝末叶，“江湖诸技，总分四行，曰：巾、皮、李、瓜。此行者，名曰相夫。凡做相夫者，不曰做而曰当，故自称当相者。”① 四行之中，算命、相面、拆字等类，总称巾行，变戏法谓李子，打拳、跑马谓瓜子；而行医、卖药之类，则称皮行。此时不止皮行隐语自成系统，即或江湖四行于医药有关隐语名物亦与清初或中季相殊。如以血为鑛子；肚皮为登子；吐血为曷鑛子；病为念课；治病为麻念课；痛为吊；药为汉火；病好为念课响；牙痛为瑞条吊；呕为了；泻为恭；面为千条子；罐为摇子；针为叉子；膏药为罗；火罐为三光摇子；痰为希；牛角为希筒；眼中星为天求；眼中衣为天皮；疮为点子，等。而皮行之中秘密语则更为专门、隐秘而成系统，例如：台上置药瓶治病者，为四平；台上置药瓶而并有锉锉药者，为捻子；于地上置药瓶不多的，为占谷；手摇虎撑走街并有长布招牌者为推包，虎撑谓推子；卖膏

①《江湖通用切口摘要》，见清光绪苏州桃花仙馆石印本唐再丰《鹅幻汇编》卷十二。

药以铁锤自打者，为边汉；卖膏药以刀自割臂者，为青子图；卖橡皮夹纸膏者，为龙宫图；卖膏药而不收钱但要香者，为香工；专门串乡走村自称戏子而行医者，为收包；摆草药摊为草汉；卖吊虫丸而挂许多虫于竿上为幌者，为狼包；卖吊虫丸不挂虫幌，而于无人时预先将饭粒与虫或钱倒在地上做成病人呕出之物状，以为招徕者，为例毛水；卖假龙骨者，为凄凉子；以散药入水成丸为汤李子；卖黄色起楞头浸酒治病者，为追李予；卖眼药者，为招汉；卖参三七为根根子；卖膏药打弹子者，为弹弓图；治毒疮、卖春药者，为软帐；卖药糖者，总称甜头；敲戏锣（案：今俗谓打糖锣儿）卖药糖为超包；剉药入糖、当面煎熬者，为剉木甜头；预先做糖成长段而临卖现用锯片者，为小包甜头；空松之药糖为铺货捻地；先变戏法而后卖药者，为聚麻；各种卖药，总称皮行小包。凡此，是乃当时皮行之诸般活世相。

中医中药进入现代科学行列之先，民间私医、药贩盛行，乃至泛滥成灾，骗财误病，屡见不鲜，而由此行发财或发迹者不乏其例，而皮行内部各集团、群体竞争亦日趋加剧，行中隐秘用语即相应不断翻新、区别益细，体系亦益完善详备。现即以民国初年皮行中各不同行医、卖药方式、内容的群体的各自秘密语为例，考察一时传统医药文化习尚。

作为以先明清医药行的传承，至清末民初“皮行”当相者已达近30种左右的类型，即“皮行分支”，而且各类皮行当相者，均流行有各自的秘密切口。不同皮行的从业者皆以本行特点，经常涉及的疾病、药物，以及接触的患者等，创制相关内容秘密语语汇，在皮行秘密语这一组合平面上，构造、形成了几十个皮行秘密语文化群体——秘密语交际的次分支言语共同体。例如经营高档滋补营养药品人参、燕窝的从业者，关于这两种药品即有多种切口代码。以吉林人参谓“棒锤”，是该参素以质好属上乘之参而闻名，前清一直列为贡品，不许平民百姓享用，然而难禁民间私运私用，故以此讳其通名。又如：高丽参为别直；冲高丽参为石居子、黄陈蜜；冲吉林参为白草；头条江参为边江；东洋参为太极、日光；西洋参为花旗；冲西洋参为赛光；而参之条、须、尾等各部位价值不同，隐称亦有分别，如西洋参须为顶顶光；高丽参须为细尾，高丽参条为抄条，粗大的高丽参谓顶尾，较之稍细小者谓大尾，再次为中尾，较中尾又次之者为众尾，最次者谓夹尾。燕窝亦然，除以玉匙为切口总称外，又有暹罗、龙牙、阁岩、阁庄、阁康士、外鲁南、娄州等各种名目。

一般医生的切口　医生为济崩公；药店为苦口朝阳；诊脉为弹弦子；观察脸色、气色为占气，看香苦为占门枪；询问病情（问诊）为探底子；开药方为开票，大药方为大票，小药方为小票；男人为条生，女人为开生，孩子为荷荷子；其他，如销老（学医）、观音党（朝山卖药者）、采料（空中取药）、提空（卖药方子）、纪熯（撮药）等，大都沿袭明末清初时说法。

药商切口　药物的民间商业化给个中创制一些隐语切口提供了机缘，形成了卖药一行的秘密语。如：卖药者总称皮行包，卖参三七者为根根子，卖假人参为放条子，先表演戏法尔后卖药者为聚麻，说价钱为盖对，虚价为海外，起码价钱为杂奴，看货为桥，顶高货物为神高子，生意好为勃来，生意差为呆，买主不爽为古董，送来为达来，打绷为耍子，卖完为晚停，老买主为老相，问是否有此为有里花，强买硬销为乃胡，人为生死，同伴人为里党，非同伴人为卧党，卖出假药即迅速逃离为拉腿，称此人为割项生死；此外，各种买主亦被命以各式隐语称谓，如：平常人不是相夫者谓洋盘，小孩子谓秧希，兵勇谓柳叶生，富人谓火生，穷人谓水生，官员谓葵生，读书人为酸生、笔管生，赌徒谓乱巴生，生意人为朝阳生，讨饭的谓海巴生，乡下人为绑人，尼姑为水念三等。凡此，皆在于接待社会上不同身份地位的买主时讨价还价，推荐药品种类，乃至施以奸商手段而见机行事。

中药店药名切口 中药品类繁多，而为交易方便，亦命出许多药名隐语。如：孵鸡壳为凤凰衣，蛇蜕为龙衣，砒霜为红信石，当归为无文，芍药为将离，粪蛆为五谷虫，蜂房为倒开莲蓬，丝瓜络为葛巾，石菖蒲为蓬仙，扁豆壳为白衣，蝉蜕为清客衣，地必虫为坎气子，橘络为香网，佛手片为金镶玉，八角茴香为莽草，红豆为相思子，乌豇豆为天鹅眼，刀毛药为血见愁，钩藤为不断，贝母为龙牙，广皮为红衣，化州桔红为菊轮，金石斛为节节高，鲜石斛为青琅玕，紫叶为苏枝，皮硝为明石，鲜生地为白条，元明粉为白屑，砂仁为纱囊，豆蔻为洋珠球，冰片为小三梅，花椒为绛珠，杏仁为叭达，玫瑰花为离娘焦，藕节为通情，茉莉花为压九秋，竹叶为飘飘子，夜合花为相见欢，青蒿为去尘，荠菜花为满天星，凌霄花为天穿，西河柳为观音枝，蜈蚣为百脚，桑葚子为红娘，芦根为水底笋，芽根为地毛篝，荼蘼花为雪梅墩，山药为地龙，芦菔子为苍狗虱，臭婆娘为路路通，云母石为石花，鲜首乌为地精，菖蒲为香苗，白菊为金气草，荷叶为洒珠兜，莲花瓣为催山符，石决明为望江南，茯苓为松英，牡蛎粉为海蠢，桑枝为鸟宿，臭梧桐为恼客草，天癸草为红焦兰，等等。其中，有许多今已正式成了药名或别名，变为通语专名。

祝由科切口 旧有以画符为医药方法聚敛钱财一行，曰祝由科，其从业者谓“于头子”，该行隐语乃又一系统。如：画符而用火炉烧铁条治病为三光鞭，画符治病而能知病情者为叉李子，游走乡间送符硬索钱财者为劈斧头，所画符箓谓革卑，咒语为神稿子，此科以短杆套铁圈摇动作响招徕顾客的招幌为乃能，火炉为三光炉，将铁鞭置火中以治病谓黑鞭，行术者以短棍缚巨石竖于酒杯之底为云根子，以活鸡裂头血洒室内逐魔之鸡为得公子，讲生意作价为哈搭，病为林，病人为林木，病人居室为林窑，鬼为哀六子，妖怪为牙，神模为晓衣，软妖为截牙，付为打，看为班，道帽为椏头巾，宝剑为刚子，道袍为仙氅，客寓为琴头，住为杜，菩萨为尊老，庙宇为幽地，客寓费用为琴头巴，饭为汉，吃饭为闵汉，小菜为划汉，酱油为乌沙，老酒为沙西，点心为春汉，茶为青，吃茶为闵青，煮饭为熏汉，碗为壳子，茶碗为青壳子，出码头为过账，借为统，分为匹，借铜钱为统洋子，分银洋为匹琴，买饭碗为班汉，画符为由头子，等等。凡此，其隐语系统较之一般医药业者所用，更具有明显的封闭性隐秘性。

摇虎撑卖药者切口　明清季虎撑的江湖隐语谓寸铃，今民初谓推子，而摇虎撑扯帆幌游街串巷卖药则仍谓推包，此行之中亦有许多切口。如：看病为照镜，讨价还价为开讲，走乡行医为响党，借客栈为杜江州，旅馆为江州，妻为方字头，相私为拿攀，摸乳为采球子。素常所涉各色人物又有隐称，如：贫户为璃璃生，富户为润屋生，妇女为细公，教书先生为巾老，幕宾生为立门头，学生为剪披，书史为管公事，写状人为捌黑生，送写大字者为飘叶生，画家为捌发生，光棍为油生，大光棍为顺柳子，下流光棍为谷山，闲汉为甲七通，帮闲汉为携手观天，赌客为跳生，门子为双扇，皂隶为友竹，捕快为钩子，皂快为贴孤通，公差为紧脚，禁子为禁脚生，总甲为方坑，蠢人为古生，呆人为土偶，乡下人为我犹未免，歹人为汉韩忌彭，好人为念将通，客人为盖各，上江人为丁老，外地人为介葛来朝，本地人为蒂固生，山里人为真八，等等。其中亦不乏沿用明清季隐语者。

摆草药摊者切口　满摊药笼专售新旧草药者为草汉，其所用药名切口又与中药店坐商所用不相一致，别有名目。如：紫花地丁为箭头草，里牵牛花为江南花，枸杞为壮阳子，红花为张迁花，防风为如利，枳壳为破郁，桔梗为齐苨，紫草为绛丝，茴香为莽草，牛膝为对节东，馨香为青树，甘菊为苦苡，吴茱萸为黄花子，薏苡为菩提子，五味子为旺种子，黄精为一枝金枪，偏精为葳蕤，野葛为钩吻，麦门冬为羊韭叶，天门冬为乾食子，地黄为玄戊子，贝母为商草，蓼花为田塍花，三醉为佛头青，紫罗兰为墙头草，金灯草为忽地笑，天棘为万岁藤，刺桐为缫丝，旋覆花为滴滴金，大茧为瞿麦，铃儿草为竹叶兰，挂金灯为鼓子花，淡竹叶为紫茎竹，蝴蝶花为谢干其，玉簪花为秋白萼，白鸡冠花（含子）为白得公子，丹叶水仙为金盏子，百合花为涯丹，凤仙为急性子，莲蓬为铜锤，水仙为金盏银台，芍药为花相，菖蒲为香苗，金雀草为迎春，凌霄花为喇叭（叶为三角片），柽木为西柳，紫荆花为紫花，等等。凡此，多以药物形状、颜色、药性、功能等特征为名目，是行话隐语常用构造方法。其中既有沿用明清叫法的，亦有照用俗语中名称的，又有许多今已成明语的正式通语名目。

卖膏药人切口　膏药为中医药传统的丸、散、膏、丹四大主要成药剂型之一，是一种简便的外用剂型，旧时专售膏药者自成皮行中一行，亦流行各种行话切口。如明清季称以铁锤敲打自己身体兜售膏药业者为边汉，称以刀割自家臂卖膏药业者为青子图，卖膏药收香钱者为香工，打弹子兼卖膏药者为弹弓图，等等，至民初仍沿用，是知此行源远流长。行中其他隐语如：铁锤为同子，刀为青子，香为朝奏，弹工为半月，乳为求子，头为搔麻子，脸为披子，耳为兜风，眼睛为照子，手为托罩，手掌为托天，手指为龙爪，臂把（膀?）为冰藕，脚腕为泥桩，脚为金刚子，脚掌为罩地，脚指为虎爪，阳物为金星子，阴物为攀，交媾为拿攀，腰为软条子，背为硬片子，肚皮为大瓠子，肚脐为桃花源，胸部为软片子，颈项为扭条子，小肚皮为登子，头发为青丝，眉为眼罩，鼻孔为喷气洞，膏药为罗，膏药末药为罗汉，辫子为交条子，拳头为瓜了，摊膏药为涂圆，荡膏药为炊涂，等等。凡此，多因敷用膏药而生身体有关部门用语切口，虽兼含江湖个别通用切口，亦成本行切口体系，可窥知江湖各行隐语通用与专用及相互交流融合之一斑。

自称戏子而治病者切口　此行乃江湖郎中行医方式一种，因其游走四方，自谓戏子，以武生往往出现外伤而验治有丰富经验之故。此行以专医跌打损伤为长，顺便收购猫胞，用以和药配药，故从业此行者通谓收包。而该行因游走四方，故多有地名切口。行中切口如：医者自谓为苦劝人，末药为焙老，猫胞衣为袖头笼，初出江湖为卯喜，惯走江湖为相府，天为无外、兼容，地为任重，山为土高，河为长流（案：盖“长流水”之缩脚歇后语），江为子长，海为纳细，城头为太太拔，井为水窖，桥为续断，泥土为万生，石头为土骨（案：海、井、桥、泥、石之诸切口皆以事物功能特点造语，而精巧别致，颇具修辞之美），上边为溜，下边为落，高为上天，低为入地，大路为爰遵，小路为微行，吃饭为问汉子，住宿为杜江州，乘车为趁圆子，乘船为登瓢等。又有常见地名多种，如：北京为水部，贵州为寸金地，宁波为近阔，湖州为兴地，江南为长火，辽东为阔海等，余多沿用明末清初切口用语，知其云游各地之广泛。

医眼病卖药者切口 该行以专治眼病为业，行中多有专门切口。如：卖眼药者为招汉，眼中起星为天球，眼中生衣（案：即生有白翳）为天皮，眼屎为天粪，眼内红线（案：细微血管）为天络，眼皮瘌为焰边，光棍为井梧摇落，闲汉为高搁，皂隶为结脚，赤眼为天半红霞，二目外观如常而盲者为青盲念，白眼为白果，眼痒为油，流泪为漂，工人为琴邱，船户为飘游生，挑夫、轿夫为押生，小贩为天平王，等等，是以本行为基点构造切口暗语，当行特征显然。

施药郎中切口 此为卖药兼医病一行，犹今中药店中坐堂医生。行中亦有切口，如：药瓶为立汉，列药瓶于台案为四平，疾病为念课，病人为念课子，治病为麻念课，病愈为念课响，腹泻为落里，大便为扯丹，小便为扯奴，呕为丁，痈疽为泥蓝，疼痛为吊，水泻为畚，溃烂为发斗，脓为段，针为叉子，药线为汉苗，疼痛不止或难堪为意怪，人体图或标本画为描景，恐惧为召骇，忧愁为也儿，谎言为罗腔，使人无言而去为推送，事情为沙希，说人好处为弄缸，说人歹处为千缸，人来责我为训，我去责人为开，罢休为厌河，不肯罢休为勿厌河，吹牛皮为喝西皮，急为贵，事急为沙希贵，要钱为使把。凡此，皆与坐堂行医兼卖药者的社会人际环境相合，亦多为明清切口用语遗制。

针灸郎中切口 以通晓经络、控制刺激穴位深度与停针、行灸时间从而祛病为基本内容的中医针灸术，是中国传统医学主要疗术。针灸术起源颇早，除秦汉经典的记载外，马王堆帛书亦发掘有先秦《足臂十一脉灸经》《阴阳十一脉灸经》文献。历来民间行医或官办医疗机构中，针灸治病多专为一行、一科，而旧时针灸郎中这一皮行中则专有行话隐语流传。如：针为叉或叉儿，以针灸治病为叉烟弯，下针为叉卖，以木偶人体插针示穴为苦身子，艾叶绒为青绒，灸用火纸卷为煤条，脱衣为卸披，竹筒为熏筒，行针于穴并艾灸针上为点穴，[①] 等等。

卖药糖切口 以药入糖防病治病，卖者自成一行，江湖上切口总称卖药糖为甜头，敲锣叫卖为超色，剉药入糖当场熬制为剉木甜头，而预先加工制作临时现卖现割者谓小色甜头。此外，行中隐语名目尚有许多，如：谓空杜之药糖为铺货捻地，盛药糖之盘为聚宝盘，所敲戏锣为响子，小云锣为革对，男性买主为青公，女性买主为青婆，买糖儿童为青儿，卖场地为河塘，售罄为顽顽，刚出门为戴，归来为候，这边为沟下，那边为港下，剉药料之剉刀为朝香子，煎糖之釜为郭之，煎糖铲为流星，扇子为捕通，糖为车白，酱油为白秋，铜钱为大方，银角子为银方子，洋钿为大银方子，香料为乃合，挑药糖担用扁担为物驼，药糖担为肥山，本钱为恳子，大为海，小为尖，多为顿哈，少为架，城内为过里，巷子为隔里，街市为朝天，等等。行当不大，而秘语不少，且自为封闭系统。

治毒疮卖春药者切口 旧时以疗治毒疮卖春药于皮行中自立一行。民间素以毒疮、性病为恶病，迷信以为恶极之果，咒人亦曰“生大疮的”，至于患性病更为怕人知而自耻，行医卖药以此

①此于通语“点穴”不同。一般所说的“点穴”，相传为拳术的一种武功，即将全身之力运于指端，再点身体相关穴道，可伤人，亦可用来治疗某些疾病。

为行则专有切口。如：以治毒疮卖春药为业者为软帐，患杨梅疯者为紫纱襄，杨梅毒透顶者为开庭，杨梅毒初成者为出芽，杨梅毒大发者为根青，患白浊以及妇女白带病者为拖银枪，横肱为鲤鱼埂，患梅毒而去阳物为脱节，春药为引药，媒婆为潘绢，卖婆为力才，妇女为马客，孀妇为寡马，年轻子弟为俊俏儿郎，年老为苍通，中年为半苍生，半老妇女为苍马，奶奶为受孤通，小姐为双五百（案：是语由“千金小姐”之“千金”缩头衍化而为隐语），家主为受点，主妇为掌随，等等。是为有碍口之病，亦有治病行中隐语。

摆地摊治病卖药者切口 这是与坐堂医和坐家行医相对的江湖行医卖药行当，亦有其隐语。如：地上置药瓶（或即实物招幌）治病为占谷，摆药摊处为脚下，看病为点斤，口说卖法为打连片，下流光棍为倒影枯杨，帮闲汉或兵士为邱八，阔患者为珠履三千，衙役公差为立地，总甲为坐坊，蠢人为闻雷启蛰，呆人为木俑，乡下人为沉速为身，乡村中无赖子为毛油生，市上人为井通，鞭子为柳州通，大阿哥为卯上部，小兄弟为卯下部，靴女为稍昌，小孩子为蚌胎，等等。其中亦不乏明清江湖遗语，如井通、丘八之类。

卖吊虫丸者切口 吊虫丸即内服打虫子药，专治腹中蛔虫等病，多显示以往打下的虫子为招幌，谓为狼色，或事先设置呕虫污物假现场以招徕顾客，谓为倒毛水，是显示其药效立竿见影。其行隐语如：小孩子为小巴戏，有生意为造古，无生意为跌古，去为告潮，闲走招揽生意为皂告，小女孩为沟儿，小男孩为买儿，男主人为点儿，女主人为大沟子，病儿为现宝，妻子为老乃，有小生意为区儿，生意不佳为桂儿，等等。

治小孩痨症者切口　旧以小儿积食、呕虫、腹胀诸杂症统谓小孩痨症，以治此小儿杂症者亦有一些行中隐语。如：打虫消积食为追七节，治小儿杂症者为七节通，呕虫为泼卯水，由断乳所生疾病为请奶子，腹胀为中膛，黄病为流胆，积食症为阴积，牙疳为走马，等等。凡此，悉今之儿科病之属。

做戏法卖药人切口　旧时有一行以变戏法弄小杂耍招徕聚拢观众，表演之后推销药品，江湖切口谓之丁叉党。其行中隐语如：说药法为摊药，变戏法用道具为糊老，茶杯为覆口，帕子为手龙，药包为靠身，看病为照底，生意未成为脱钩，生意上手为上钩，等等。

卖丸药者切口　此行俗谓“卖大粒丸”的，行中亦有隐语。如：卖丸药者为跳跳粒，药丸为粒料，牛黄为爆工，包药丸纸为外跳皮，盛药丸之瓶为安跳子，纸招幌为飞幌，于布上书写药丸名目及所对之症为招巾，等等。是知亦为走江湖药商一种。

捉牙虫妇女切口　旧以为龋齿系虫蛀而成，故谓虫牙，有些妇女以捉牙虫名目赚钱为业，行中亦有切口。如：捉牙虫妇女为柴受，牙虫为白条子，银针为别条，竹筷为滚条（案：针、筷为其捉虫器具），门牙为主洞，大牙为臼子，眼虫为照条，捉虫为剔，主顾为团条子，等等。此行当属牙科之一奇形变态，非正宗牙医也。[①]

---

①据朝鲜成俔《慵斋丛话》卷十载：“朝廷拣各司各官年少婢子，属惠民署，教医书，名曰女医，以治妇人之疾。有一女来自济州，不知医术，惟去齿虫，士大夫家争相邀致。其女死，又有一女，传其业。余亦招来治齿。令人仰面开口，以银匕物出小白虫，匕不入齿，齿不出血，其容易如此。又不传其术于他人，虽朝廷治罪，而犹不告。此必幻术，而非正业也。”见台北东方文化书局 1971 年出版的《韩国汉籍民俗丛书》第 7 册，第 261—262 页。

点痣者切口　所谓点痣，即以专门药水消痣，是江湖行医美容一道，当属今皮肤科或新兴美容医学。旧时俗谓“点痦子的”，各地均有其踪迹，以都市繁华处或城乡庙会为常见。点痣者摆摊于地，编绘生有满脸痦子的人头像，言称生于五官何处主何凶吉，以迷信招徕主顾，自成一行，行中又有隐语。如：痣为星子，痣少为星漂，痣多者为星满，点痣药为浆巾，药瓶为盛浆，药为浆，以药点痣处为上浆，竹篾为浆挑，点痣图为星杜子，等等。点痣者往往兼治疣（拿猴），此行为江湖游医，至今各地里巷闹市仍时可遇见，是历史上所遗民间江湖行医不多种之一。

骑驴卖药者切口　骑驴走乡串镇卖药者于旧时江湖皮行亦略有一行，切口谓之拖鬼儿，并有隐语。如：所乘坐之驴子为鬼儿，村庄为窑屯，庙宇为冷灰窑，探询是否用药为探窑，人为窑塞子，病人为横塞子，有生意为毛伦子，无生意为光伦子，暂住为安腿子，等等，悉合其云游售药行当环境特点。

撑大伞推车卖药切口　旧有撑伞推车卖药一行，从此业者江湖切口谓之昌皮，行中亦有隐语。如：所推药车为推轮子，伞为遮阳，药箱为受笼，车垫为托股子，停车为摆轮，犬为欢仙客，快速推车为赶，至人家、村落为入屯窑，等等。

卖疮药者切口　旧专有推售疮药业者，甚为专门，江湖切口称之为“跳十字熯”，行中又专有隐语。如：疮口为不平，溃烂处为湖洞，腐脓烂肉为黄涂，血为红流，洗疮为清洞，敷药为蘸闪，开疮为透（案：俗谓使之出头），开疮刀为透片子，药线为仁子，膏药为封口，药粉为闪子，等等。

烧香朝山卖药者切口　借烧香朝山向香客卖药者，江湖切口谓之为拱党，个中亦流传隐语。如：写有朝山进香字样的布袋为拱表（案：乃其行商招幌），香为熏条，看病为行道，赠人药为结缘，药为熯工，药包与药袋为熯包子，看病之资为上道，生意好为道运高，生意不好为道运低，等等。

僧道卖药切口　僧、道两家各有养生治病用药之术，是民族传统医学一支，虽有宗教色彩，亦自有科学医理，除用于自身而外，亦向人行医施药，此当为“佛门医学”“道家医学”分支医科。作为皮行种类，各有切口。僧人卖药切口如：僧人卖药为三皮跳，卖药得钱为香工，看病为觇佛骨，兜售为寻头，药为香头，开药方为填榜子。道人卖药江湖切口谓之火头生，其切口如：药为汞术，药丸为再粒，旗子为呼灵子，戏称药袋为乾坤，市招为请风，病人为黄凉，病人家属为凉索，屋为驻云，等等。

妇女卖药切口　旧时江湖诸艺中妇女极少，皮行中尤少。入江湖妇女除女侠素为人敬者外，余皆以不经，贬若倡优之流。卖药妇女虽少，亦有切口。如：妇人卖药为拖青板柴，入人宅第卖药为闯堂，叫卖兜售为唱响，药为料子，姑娘为蒙花子，小孩为二毛子，探问是否买药为扣响，看病为淌，等等。妇女卖药尤方便旧时女性患者，尤其妇科病症而不便启齿请一般医生诊治，恰可向此行探问、倾吐并购药医治，是为立行之本。

上述各类皮行，悉为民间医药世相，多为正宗医史所不载，以为不入正统，乃江湖下流，又多含骗术。殊不知，凡此却乃中华医学文化史之重要衍生形态，不唯于社会文化史重要，亦当于民族医学史中占有相当席位。因为这是传统医学发展史上的各种客观存在进程，不可否认，只有分析、考察，承认其存在。何况，有些皮行遗制，如点痣拿猴、修足等，至今犹存。由此说明，各种民间语言文化，无不以各种民族传统文化为土壤而滋生形成。

总之，从上述对民间秘密语之于数字、民族军事、农事、传统医药等各项科学技术文化现象的考察，即可使我们看到其与民族科技文化的内在联系。民族科技文化是滋生有关民间行类的基础，也是形成相关民间秘密语的社会条件，是需要进行内部隐秘交际、维护群体或民间社会集团利益的必然产物。就民族科技文化史来讲，诸般相应的民间秘密语已成为大别于通语明言的民族科技文化特殊的“语言化石”，如年轮一样记载着民族科技文化的历史进程及各种世相、形态。凡此，别有趣味，亟待引起有关方面学者注意发掘。

第五章
民间秘密语与民族工商业职业集团

——中国民间秘密语的社会文化考察之二

中国是一个历史悠久的农业古国，从古至今，农业人口比重始终居国内人口构成比例的首位。在人类文明发达史上，中华民族的传统文化即根植于农业经济的深后土壤之中，农业经济当然地成为民族经济的基础。由于民族传统经济与传统政治文化顽固的封闭性，近代资本主义经济迟迟不能在中国的土地上落脚生根。至半殖民地半封建社会，国外列强强行推行资本主义制度，结果严重阻碍了民族经济的发展。在中国社会经济发展历史进程中，以农业经济为基础的民族手工业和民间商业，亦迟至唐宋以来才得以较大发展，其繁荣的重要标志之一，即开始出现各种工商行业这种民间经济组织，并由此进一步形成一种工商业民间组织习俗，即职业集团。在中国民族工商业经济史上，工匠行会与市商行会是两大主要民间职业集团，代表了中国民族经济史上的民间经济组织的主要类型。尽管早在《周礼·考工记》中已有各种工匠行业的细致分工，《易·系辞下》亦有关于“日中为市，致天下之民，聚天下之货，交易而退，各得其所”的市井交易记载，但由于中国经济长期处于以农业为本位的自然经济状态，职业集团的习俗只能产生于唐宋都市经济空前繁荣时期。

职业集团的形成，是以都市工商业经济的繁荣发达为基础的。随着都市经济的发展，人们的社会职业分工亦越来越细，分别在手工业生产和商业活动中充任了各自的职业角色。担当不同职业的人们出于传授、交流技艺、经验，尤其是维护各自行业集团或群体的共同利益，巩固和发展各自在社会政治、经济乃至文化生活中的既得地位，在政治、经济竞争中求生存、争发展，于是自然结合成为不同的行业职业组织。也就是说，民间行业组织作为与一般社会组织并行的经济职业集团的产生，是民族工商业经济发展到一定历史时期的必然产物，是其呈现繁荣发达势头的基本标志之一，是一种民族经济习俗。

据文献记载得知，在唐代，中国已经出现了称作“行”或“团行”的民间手工业作坊和商业店铺的行会性职业集团组织。李昉等撰《太平御览》卷一九一引《西京记》载：“东都丰都市，东西南北，居二方之地，四面各开三门，邸凡三百一十二区，资货一百行。”其“行”首领称“行首”。至宋代，分行骤增，有220行和414行两种记载。耐得翁《都城纪胜·诸行》载：“市肆谓之杭者，因官府科索而得此名，不以其物小大，但合充用者，皆置为行，虽医卜亦有职。医克择之差，占则与市肆当行同也。内亦有不当行而借名之者，如酒行、食饭行是也。又有名为团者，如城南之花团，泥路之青果团，江干之鲞团，后市街之柑子团是也。其他工伎之人，或名为作，如篦刃作、腰带作、金银渡作、钑作是也。又有异名者，如官巷之花行，所聚花朵、冠梳、钗环、领抹，极其工巧，古所无也。”是知其时已出现众多行会，不止工商两业，医、占、饮食等亦成行。此时行会首领称“行老”，先是以茶肆为行会聚会议事场所，一如是书

《茶坊》所载："又有一等（茶坊），专是诸行借工卖伎人（手工业匠人）会聚行老处，谓之市头。"后则以神庙作为行会集会活动之所。又如宋吴自牧《梦粱录·米铺》载："城内外诸铺户，每户专凭行头于米市作价，经发米到各铺出粜。"孟元老《东京梦华录·雇觅人力》亦载："凡雇觅人力，干当人、酒食、作匠之类，各有行老供雇。"宋《西湖老人繁胜录》对此间诸行市名目记载颇详，除广生药市、米行、本行、果行等近 30 种外，声称尚有 414 行，堪称繁荣一时。以后则行会、行帮组织日趋健全，元代的元贞元年（1295 年）苏州组织行业于玄妙观设立了"吴郡机业公所"，明清时以同行业和地域组合的行帮的公所、会馆更是星布全国各地繁华都市、商埠、码头。各种行会组织的行规日趋完善，成为调整、管理内部事物的习惯法，他们依靠这种机制来维护共同利益。如手工业的行规多有对于原材料分配、产品价格、雇工及学徒的义务、待遇等规定，商业的行规，多有关于同业关系、销售限制、经营管理，乃至开设铺坊地点的规定。依靠这种机制，有些行会还摊派官差，议定价格，代催税款，调解同业纠葛，成为行业垄断、管理和调解竞争的职业集团，在民族经济发达史上占有重要地位，发挥了组织工商业经济活动的纽带作用，虽然其中有颇多弊端与黑暗之处，但仍不可忽视其历史地位与作用。

历史上各种行会不仅具有一定的组织形式、首脑人物、行规行约，大都还有行话隐语这种语俗，成为维护职业集团内部利益、保证行会功能机制和组织、协调内部人际关系的重要交际工具。由此，职业集团秘密语与民间社会集团秘密语，构成了中国民间秘密语的两大基本类型。在中国经济领域的职业集团中，民间手工业、消费服务、金融、交通诸行秘密语与民族商业诸行秘密语，可以说是最具特色、应用最为普遍的也最具代表性的行业隐语。这些行业隐语与其所流行的集团的利益、活动息息相关，透过其常用基本语汇，不仅可以窥得该集团所处社会地位、公共关系、技艺或经营情况，亦可总体了解当时社会经济生活、世俗消费观念、价值观念、风俗习尚之一般概貌。诸行职业集团秘密语，为我们考察近代乃至现代民族经济发展变迁的历史提供了一批饶有趣味的特别材料，打开一扇别有洞天的社会历史窗口。

于此，我们拟就在民族经济史上比较具有代表性的手工业诸行隐语、消费服务诸行隐语、市商诸行隐语（含金融业）和交通运输诸行隐语的常用基本语汇，分行介绍、考察，以便读者概观其貌，有个总体了解，从而深入透析社会文化历史进程中各种民间秘密语与之相互联系事象，认识社会历史。

一、民间手工业诸行隐语

木匠　又谓“木工”，据《礼记·曲礼下》载，殷制官名有木工一职，为天子六工之一。《吴越春秋·勾践阴谋外传》载：“越王乃使木工千余人入山伐木。”又汉王充《论衡·量知》云：“能斲削柱梁，谓之木匠。”是知水匠作为一种手工业职事起源颇早。宋吴自牧《梦粱录》卷十三《团行》：“市肆谓之团行者，盖因官府回买而立此名，不以物之大小，皆置为团行，虽医卜工役，亦有差使，则与当行同也。……其他工役之人，或名为作分者，如碾玉作、钻卷作、篦刀作、腰带作、金银打钑作、裹贴作、铺翠作、裱褙作、装銮作、油作、木作、砖瓦作、泥水作、石作、竹作、漆作、钉铰作、箍桶作、裁缝作、修香浇烛作、打纸作、冥器作等作分。”是知木匠于宋时已为一行。木匠一行向以鲁班为祖父，每有供奉祭祀。明清季，江湖上称木匠为甲乙生、森丘；称木行叫为森朝阳，即木器店铺。清末民初，木匠行业隐语仍以“甲乙生”称木匠，不解其隐语所取义之由。当行之中，各种木工工具及做活各有隐称，如：斧为百宝斤头，锯为洒子，刨为光子，起纹线之刨为起心，起圆线之刨为削角，墨线为必正，墨斗为提炉，墨帚为打横，鲁班尺为较量，凿子为出壳，铁锤为送动，钉为钻子，敲钉为吃，造屋为顶天，做门为穿墙，做窗为开风洞，桌子为四脚撑，椅子为反背，凳子为垫身，锯一锯为洒一洒，不正、斜为飘，等等。木匠相遇，要用手指锛斧进行“盘道”，即以本行隐语交谈，行中同人，则分外融洽。

石匠　又谓“石工”。据《周礼·考工记》载，系殷制官职六工之一，周时为刮摩之工，如玉人、磬人之类；后则用指石匠，如《宋史·种世衡传》：“凿地百五十尺，始至于石，石工辞不可穿。”宋代团行已有“石作”一行，石匠当行者亦奉鲁班为祖师。明清时江湖秘语谓石匠为“斫石通”或“琢璞通”，取义显然。旧日北京有石厂，是石匠做工比较集中之所。石厂主要向社会供应建筑用石材石料，零散石匠多干些勒碑刻铭、造磨活计。石匠行中隐语基本语汇，多以工具、材料、做活为内容，如：铁锤为刘天子，铁凿为光嘴，铁杆为浑条，墨线为弹正方，傢伙篮子为提盒，石板为平方，石块为比刺，基石为登桩，墓碑为不忘，界石为明清，碑记为追远，石阶为将插，河堤为登步，石樽为外套，石栏杆为十二，石狮子为大开口，石翁仲为硬心肠，等等。外方石匠来想要入伙干活，则须以行中隐语洽谈。对方若问："哪山来的？"即答道："高山而来。"又问："来了几个？"则回："哥儿四个。"若问："都是谁？"须说："脐儿大、方圆和溜青儿。"是指磨脐、磨扇和磨盘沟。尔后说："打点食儿吃，给不给？"若对方答道："同样。"即可留下一块干活了。是其当行的一种见面规矩。

铁匠 中国冶铁技术发源甚早，而铁匠一行分工亦细。明清季江湖秘语谓打铁匠为"离丘生"，向奉老君、尉迟恭和陈辛真人为行业祖师。信奉老君，系源自老君炉炼仙丹的传说，铁匠行业锻冶全仗炉火。由于铁匠一行习惯分工，其当行隐语亦有分别。如旧时专用坊，以熔炉为天地，生铁为硬相，熟铁为软红，风箱为鼓动，头号大釜为沙陶，一般大釜为重泥，铁锅子为窝子，铁汤锅为斗子，铁杓为劈水子，煤为黑老；各种规格锅、罐悉有隐称，如申三、双顶、大广、开汤、小郇之类；又有专用当行数字隐语，一为丁、二为鞭、三为沿、四为吊、五为磨、六为汤、七为草、八为敲、九为挽、十为留等。翻砂匠又别有一种隐语，如：翻砂匠为威勇邱，熔炉为阳门，砂为乌屑，模型为签子，浇铁为洒，盖板为平天，浇铁水用杓为接口等。锻打铁匠亦有隐语，如：铁匠为扇红，熔炉为红摆，敲打用铁锤为千挝，砧头为硬汉，铁夹为钳红，煤炭为养红料，煤屑为落红，风箱为抽风，火焰为吃硬，钢为九炼头，铁为怕风火，剪刀为两开交，等等。至于铁器店，或前店铺后作坊，或单独设铺营业，也有隐语，如：刀为薄片子，小刺刀为鲶鱼，铁夹为叉儿，烧火叉为捌火杆，铁网为四通，打火刀为丙刀，窗扣为了鸟，门环为不了，铲锅刀为除泽焦，杓为劈水，铁锁为不动，钉为交木，钟为醒客梦，炉栅为承丙，铁索为长命索，窗栅为放光，钩子为乙字，等等。凡此，可见铁匠一行，从冶炼、铸造、锻打、销售，各有当行隐语，分别颇细，是其行中具体分工所致，俨若术语。

打金箔匠与打锡箔匠　一般泛称锡箔匠。《南齐书·高帝纪下》载："不得以金银为箔，乘具不得金银度。"是知将金、银、锡等打制成薄片用作器物装饰工艺，早即有之。宋时杭州团行中亦有其作。又据《清稗类钞·制金箔》载："成都城外有隙地数十亩，附近居民专以金叶锻红捶成金箔，计金二两，形成金箔，可阔如三亩之地。"明清以来江湖秘语谓打金箔匠为"扁庚通"，当行之中又有隐语，如：榔头为碰衬，铁锤为衬方，打金箔为排，金箔为叶子，破碎为漂头，切金箔人为击棋盘，切刀为斜峰，挑金箔竹签为横挑，等等。锡箔匠与金箔匠同行，当行隐语略有不同，如：锡箔匠为打尺六，锡为定支，打锡为挨老，铁片为大卜，铁锤为天打锤，铁砧为地平，衬锡纸为清水纸，浇锡器为阴络，等等。

铜匠与锡匠　明清季江湖秘语谓铜匠为"响黄丘""金线通"，以手工制造各式铜器为事。[①] 明清季江湖秘语称锡匠为"蜡丘""易丘"，以手工制造各式锡器为事。两种行当因用料常相交叉，故为邻近行业。两行产品常一处销售，谓铜锡店。然而，毕竟不是一行，各有各的当行隐语。铜匠常用隐语如：铜匠担为响担（案：此为走街做活者，另有定点加工或摆摊者，沈阳于民国时旧有铜行胡同，是加工与销售合一的定点门市），鎯头为道长，锉刀为挞平，作凳为坐山，剪刀为叉儿，函药刀锉挽老，铁凳为

①清梁章钜《称谓录》卷二十八《百工·钉铰》："《池北偶谈·茶谱》记明胡生以钉铰为业。"案：钉铰或今之铜匠也。又《梦粱录·团行》中有"钉铰作"一行，可参。

方印，画尺为起纹，刮刀为亮片子，风箱为抽手，风炉为火瘤，熔铜锅为摊斗，炭为乌骨，等等。又如锡行常用隐语：锡匠为易邱，铁架为象鼻，锄头为虎头，地平板为蝴蝶板，叉刀为老鼠尾，火炉为狮子头，镬子为笠帽，剪刀为仙鹤嘴，烛台为耀台，壶佶子为摇的，拭头碗为香缸，泡花碗为仰天，茶壶为骈嘴，酒壶为踏瘪，锡盘为手照，锡瓶为大肚，锅子为蒸万，烛台总称同钉，茶壶总称双环，等等。至于铜锡行，又另有一番隐语：优质锡为点铜，稍次点铜者为笔管，又次者为露屑，再次者为炉饷，最次者为低身，铜片为青方，铜块为寸块，紫铜为紫薄，等。

漆匠　又谓“漆工”。《后汉书》载：“申屠蟠家贫，佣为漆工。”是此行早已形成。明清季江湖秘语谓漆匠为“挞墨通”，奉吴道子或鲁班之妻为行业祖师，行中传有隐语。如：拭帚为挞平，漆骨为搥光，白铅粉胶水为料水，瓦灰为坯子，猪血为红坯，油为滑水，油漆门面为光脸子，油漆杂物为另件，市招为招风，横市招为横搁，生意为生活，等等。制漆、用漆技术古已有之，宋时杭州团行之中专有“漆作”一行。①

泥水匠　宋代杭州团行有“泥水作”一行，明清时江湖切口谓泥水匠为“土伦”（偷?）或“壬戊通”等。行中常用隐语如：荡泥刀为拖平，切砖刀为齐头，拭泥帚为拭漂，石灰桶为聚宝盆，梯为步步高，砌墙头为实拆，盖瓦房为出山，做檐溜为理瓦头，粉刷墙头为使白，开窗为做龙门，开天窗为通天光，瓦片为翘饼，砖头为土著，石灰为白石，黄泥为十一，方砖为地平，等

①民初又有所谓“髹漆业”，行中亦有隐语，如：白漆为白染，白蜡为漂占，亮油为光滑，生漆为隐光，绿油为天青，广扇为生亮，黄扇为佛面，等等。亦当属漆匠一行。

等。旧时北方都市中有身背工具袋走街串巷为饭庄、住户修理炉灶、火炕者，亦属此行。

皮匠　以兽皮为衣物装饰，是原始初民最先创制，而皮匠供奉的行业祖师是白头佛。皮匠当行隐语如：皮匠为双线通，切皮刀为快口，切皮砧板为月亮，皮为老七，钉子为尖钻，榔头为送客，麻线为吃老，钻子为凿洞，钳子为虎口，皮匠担为八宝，猪鬃为引子。又因旧时皮匠多以修鞋为常见做活，故多有鞋子方面隐语：鞋为踢土子，鞋面为蔽尘，鞋底为托土，修理旧鞋为重圆，包鞭头为承前，补鞋跟为继后，配鞋底为上衬，等等。但清季以前皮匠乃缝皮衣，如清梁章钜《称谓录》卷二十八《百工·皮匠》："《荆湖近事》，徐博世为皮匠，能为一缝裘。"而民初皮裘业当行则另有隐语，如：长毛羊皮为萝卜丝，珠皮为嫩珠，狐皮为拖抢，貂皮为天德，獭皮为短丛，灰鼠皮为钻天，银鼠皮为银锋，紫羔皮为卷耳，虎皮为一斑，等等。至于皮箱业隐语又不相同，如：牛皮为勒子，寻常牛皮箱为市方，扁者为市扁，大牛皮箱为官方，小皮箱为抄背，蓝布箱衬为蓝杜子，等等。说明同行有别，即或邻行，其当行隐语亦有不同。

染匠　《周礼》天官之属有"染人"一职，掌染丝帛，可见当时已有此行，后亦用此名目谓染匠，如白居易《醉后狂言酬赠萧殷二协律诗》："因命染人与针女，先制两裘赠二君。"明清季江湖秘语谓染匠为"查青丘"或"赚趾"，世奉传说中的梅、葛二仙为行业祖师，行中传有各种隐语。如：专染绸绫的染匠为场头，印花布的染匠为搭药，染大布匠人为大行邱，染小布匠人为小行邱，染洋颜料匠人为洋色邱，染布地灶为地龙，理布凳子为瘦马，绞布杆为长箫，浸布缸为酸口红，香糟为香头，石灰为白盐，水为三点头，火为二点头，熨染缸之榍柮为炕料，印花样板为花身，刷帚为洒子，过印之杆为棍头，布为硬披，绸为软披，裙为遮脚，马褂为外套，袍为套子，马夹为脱臂，女袄为阴套，裤子为摆开，裤套为脱裆，帽子为瞒天，盛颜料蹲为猪缸，色浅为亮，色深为暗，油渍为晕头，晒为斗光，等等。

装裱匠 又谓“装潢匠”或“裱褙匠”。宋代杭州团行为“裱褙作”一行；清梁章钜《称谓录》卷二十八《百工·装潢匠》云：“《唐志·百官志》注，装潢匠二人。案：潢者，音晧，染纸也。《齐民要术》有装潢纸法，《升庵外集》《唐六典》有装潢匠。潢音光，上声，谓装成而以蜡潢纸也。案：即今之装裱匠。”装潢裱褙是乃雅事，亦有匠人当行隐语。如：大幅画为中堂，一般堂画为中条，狭长画为琴条，大堂对为堂翼，琸瑯笺对为虎皮，洒金笺对为上青，白纸对为素挽，轴字为轴金，裱得好者为市市衬，次者为行衬，绫边裱为云衬，绢边裱为纹衬，纸边裱为本衬，小轴为房条，册页为平方，对为翼，等等。[1]

箍桶匠 即制木桶手工匠人，宋代杭州团行已有“箍桶作”一行，明清季江湖切口称之为“斗落踢瓜”。《称谓录》卷二十八《百工·箍桶》：“《谈数》二程入蜀至大慈寺，有箍桶者口吟易数，就揖之，挽归质所疑，酬答如响，间其姓名，不答而去。”当行之中隐语如：剖竹为劈地龙，箍桶担为合瓜瓣，斧头为劈开，凿子为买路，锯为百口，棍刨为浑削子，刨为削子，大盘为托手，木桶为圆件头，水桶为手汲，马子为老三老四，脚盘为万里流，锅盖为平锅，粪桶为昆仲，粪斗为摇头，等等。

---

①本书第三章引录有明杂剧中裱褙匠市语段落，可参看。

机匠　又谓“织机匠”。明清季江湖切口谓之“查线通”，以黄道婆为行业祖师。行中隐语如：机为扣子，梭为快龙，织机为大敲棚，直丝为经头，横丝为纤头，坐处为牛头，踏板为仙人跳，等等。与此相近的是手工织补一行，行中隐语不同，如：抽丝为拔条，破洞大为大化，小为小化，针为引条，纱衣为灵风，羊裘为件半，缎衣为亮壳子，绸衣为软壳子，布衣为粗壳子，呢绒衣服为西布，等等。一为机织，一为手工，隐语亦有分别。

成衣匠　又谓“裁缝匠”等。《称谓录·百工》所考甚详：“缝人，掌缝事。《周礼·天官》，掌缝浣官曰缝人，又管裁造者曰掌缝事。杨慎《外集》，匠人言督线，缝人言督缝，医家言督脉，皆训中也。《齐民要术》，蚕事未起，命缝人浣冬衣彻复为袷。”又：“成衣，《淮南子》，先针而后缕，可以成帷；先缕而后针，不可以成衣。”又：“女工，《周礼·女工》疏，女工谓女奴巧者，晓裁缝者也。”又：“衣工，郭泰基《寒女诗》，衣工秉刀尺。”云云，是知成衣一行久已形成，宋时杭州团行又有“裁缝作”专行，明清时江湖切口谓成衣匠为“单线通”“甲札”，谓缝衣匠为“双线通”，以轩辕黄帝为行业祖师，行中隐语又因手工裁缝、机器缝制或中西分别而有不同名目。一般传统手工成衣匠隐语如：剪刀为前刀落，尺为草石，粉袋（如木匠墨斗之用）为福根道来，洋线团为遥箭道乱，马褂为挂号，长衫为廷依烧哉，短衫为刀乱烧哉，背心为角盒，斜条为饶记烧，结头为前饶，袍子为包身；偷一只鞋面料为拖一，二只为拖二，余可类推；偷一尺衣料为一榜，二尺为二榜，余可类推。以机器缝纫，又有一些隐语：门帘为遮风，窗帘为蔽影，帐沿为床额，枕头为托头，椅套为交背衣，短裤为牛头，裤子为单叉，短衫为扭胸等，是近代缝纫机传入中国服装行业于当行隐语中得出的迅速反映。近代中国门户开放后，西方服饰随之来往亦传入国内，外国成衣匠即成衣行中之行，俗谓“洋服匠”“西服匠”者，其中亦有隐语流行，如：外国成衣匠为红帮，专做男服者为男红手，专做女服者为女红手，缝纫机为龙头，试穿半成品衣服为套壳，线为绕连，洋线为月精，浆糊为拖流，衣架为空装，剪刀为雪钳，挖花为偷空，等等。三种成衣匠当行隐语，反映了民族服装行业与服装时尚的历史变迁。

造船匠与画船匠　中国早在秦汉时期即已与朝鲜、日本有了海上往来，至隋唐五代又与阿拉伯诸国进行海上贸易活动，可知是世界上造船技术发达较早的国家之一。唐宋时，中国官办与民办船厂一时空前发展，至明代船厂已有木、舱、箬篷、橹、铁、索、漆等各种造船工匠分工。明清季江湖切口中，关于舟船内容隐语颇有一些，如：舟为瓢儿、飘子，橹为平六，舵为瓢后灵，墙为顶天快，篷为卷风，篙为挺，平艖为平瓢，替舱为同六，掉桨为司老，芦席为顶公，龙舟为神瓢，等等。至清末民初的近代船厂，又专有其当行隐语流行，如：船舵为鸡胎，桅杆为象门，船舷为水障，船头为护水，船帮为边青，船缆木为羊角，桅杆镇为马面，桅杆顶为象鼻，船缆为猪头索，帆绳套子为猴头，等等。至于画船工匠，亦有隐语，如：画船匠为描锦手，画大号船为描钿庄，画中号船为描砂飞，画小号船为描踏脚，画船头为清笼头，画人物为开盘子，画花鸟为打小样，写字为漂记认，画船梢为跳龙门，等等。

银匠　又谓“金银匠”，是旧日首饰匠中一主要行当。《称谓录》卷二十八《百工·银工》：“唐尉迟枢南楚新闻薛昭纬遇一旧识银工，邀昭纬饮食甚丰，作诗谢之曰：一榼臛羹数十根，破盘中更有红鳞，早知文字多辛苦，悔不当初学冶银。宋时宰相之子为银工，是可耻矣；银工之子为宰相，又何忌哉!”又《百工·银匠》：“白居易《银榼》诗‘重用盐梅试细看’注：银匠洗银多以盐花梅浆也。”宋时杭州诸行已有“金银镀作”“金银打钑作”之行。宋张仲文之《白獭髓》中就“掀也”“火里”诸语有自注云：“此银匠谚语。”是知银匠当行隐语出现甚早。明清季江湖切口中谓银匠为“七九通”“火琴丘”“逼皂”；谓打银匠为“刊琴丘”“流琴丘”“艮丘通”“火身”等；明行院又谓之“草把”，是知名目颇多。金银匠与小炉匠共奉欧岐佛为行业祖师，行中自有隐语，如：锄头为珑璁，剪刀为时双，扇子为摇，风炉为相公，熔银锅为熟底，铁杆为雀尾，木锄头为哑锤，函药为送彩，等等。

烧盐匠　明清时江湖切口谓烧盐匠人为“丙主”，后又谓“煮海丘”，奉葛洪或詹王为行业祖师，各有传由。《清稗类钞·制盐》载：“盐以卤成，无论为煎为晒，不能自由制造，灶户持有舍帖，版户持有版照，以为制盐之凭证。”是盐业直接关系国什民生，自古即由官府督管甚厉。行中隐语如：烧盐灶为篷头，盐卤为汤料，烧盐锅为熬盘，盐箩为平头，柴为火食，柴叉为双尖，铲盐刀为肯盘子，扫帚为担子，灶门为青龙口，成品盐为砂子，贩盐者为孝子，等等，悉与盐相关。

烧锅　即造酒作坊。中国制酒技术起源甚早，距今 4300 多年前的大汶口文化遗址中，已出土有高柄杯、双耳杯、盉等陶制酒器。相传“古者仪狄作酒醪，禹尝之而美，遂疏仪狄”，而以“杜康造酒”传说最广，至今仍被奉为行业祖师。宋时杭州诸行之中即有“酒行”。历代江湖市语切口之中，多有酒的隐称，如宋代《圆社锦语》以酒为水脉，醉为足脉；明代《六院汇选江湖方语》以酒为浪同或山，吃酒为扰山；行院声嗽又谓酒为海老，醉为海透；江湖上又谓酒为山、山香、酝绿、山老、喧老、水山，好酒为金山，喝酒为搬山，等等。而造酒工匠自有当行隐语，如：造酒人为山通，造酒缸为门里大，曲麦为虫屑，糯米为软腰，酒药为搏头，绸袋为洒浆，榨床为上逼落，榨石为千斤，蒸饭为汽大，煎酒为措老，酒滓为烧糟，酒为乐水，酒杯为倒作，酒好为望高，等等。及至酒店，当行隐语则又为一套，如：酒总称为三酉儿，高粱烧为硬货，老酒为软货，酒之上品为孝贞，中品为市庄、本色，下品为拆庄，酒吊为倒柄铜锤，漏斗为大口，酒坛子为大肚子，酒碗为沾唇，下酒菜为伴客，酒壶为空心，筷子为撑口棒，酒杯为在手，等等。虽制酒、卖酒同是酒，却行中隐语分别颇清，亦属“隔行如隔山”之理。

油坊　宋代杭州团行有“油作”一行，今俗称“油坊”。明清时江湖切口谓油为“丙浆”“素滑哥”“麻郎”，行中自有隐语。如：榨油匠为车把老，釜为大笠帽，油篓为笼子，油缸为大口，油杓为油兜子，榨油床为逼照，熬油灶为土地老相，石磨为大轮子，黄牛为摆老，豆饼为薄板，油渣为干浆，黄豆为笼口，菜籽为末老，柏子为白梅，芝麻为尖口，棉子为丝头，豆油为浑老，菜籽油为清老，柏油为白膏，麻油为滑老，花油为耗老，等等。凡此，可见传统榨油方法、用料及常见油品之一斑。

刻字匠　刻字匠一般泛指刻制印刷石板字和图章者，今市上多为后者，刻制铅字工人已成为印刷行业专门工艺。至于《挥尘三录》所记“碑工李仲宁刻字甚工”，不属此行。明清季江湖切口谓刻字匠为“梓生”“断轮”，行中奉梓潼帝君为祖师，自有当行隐语。如：刻字刀为斜剔，大刻刀为大脚，敲刻刀之棍为镇棍，招牌为叶象，图章为图书，印泥为印色，印泥缸为座子，等等。

民间手工业诸行，大都有当行隐语流行，成为其职业集团主要语俗。除上述考察所及，其他如琢玉、扎花、打线、造酱、制醋、竹匠、制帽、淘砂、磨镜、砌街、成佛、烧窑、籐器、缫丝、弹棉、剪刀、制伞、制扇、秤戥、编席、灯笼等等，各业悉有其专行切口，是民族手工业当行一大特色。于此，则不尽一一罗列分析了。

二、消费服务行业诸行隐语

消费服务行业是当代所谓“第三产业”的主体，社会经济文化愈发达，此行亦愈兴盛繁荣。其关系千家万户日常生活，又与国民经济发展息息相关。考察以往此行语俗，可窥之当时经济生活概貌。为此，试择若干当行隐语罗列考察，以助了解、透析之用。

锔缸补锅钉碗匠　是行属民间日用修补行业，向以女娲、太上老君及饿佛为行业祖师，各有传由。明清季江湖切口谓之为“丙日子”，后改为“五霸手”，《江湖切要》注云：“谓补塞其罅漏也。”行中隐语如：锤子为小郎，锄头为小笃锤、捉拍，铁沙为黑粉，铜子为刚骨，凿子为鳝子，钻为硬尖，钻弓为马，铜锡子为搭连，火炉为玉团儿，风箱为双燕，小凳为抬身，熔铜锅为铧锹，镬子为朝天子，茶壶为五夜转，罐子为将军令，补缸为掉角，凿洞为穿响子，缸为大口，坛为大腰，钵为无边，大碗为大汉，小碗为小汉，盖碗为满汉，碎纹多为穿，碎纹少为新，所挑担子为道子，等等。是行为小手工匠人，挑担走街串巷，逢活住脚便做。担子一头为木柜，柜上不仅置有钻弓，尚有一支架以铁链悬挂有小铜盘，两边各拴一只小铜碗，随担子摇动丁当作响，是为招幌；另一头是个小木凳，即隐语所谓“抬身”者，做活时坐在上面。而今都市中此行已渐稀少，是日常生活水平增长之故，铝锅尤不易坏，而补一只小碗的工钱儿近购置新碗了，不值一补耳。

理发匠 旧时江湖切口谓理发为“扫苗”。俗语云：剃头担子，一头热。剃头匠的担子一头是火炉或火盆，上置铜盆盛有热水；一头为带抽屉的长方凳，既可供顾客坐下理发，又盛放工具。清季民间艺人画稿《北京民间生活彩图·剃头图》云：“其人挑担游于街市之间，手执‘唤头’，串走胡同，每到大街，将挑放地，等来往之人刮脸、打辫子、剃头，方便之至。”① 此外，再一种即设固定门面定点的理发店，为今所多见。旧时江湖诸行中剃头的为一大行，奉罗真人为行业祖师，行中常用隐语亦多。如：剃发为邱山，修面为光盘子，修眉为排八字，修胡须为沙赖子，梳发为通丝头，打辫子为抽条子，扒耳朵为扳井，修额角为开光，敲背为洒点子，提痧筋为拔龙筋，提膀子为扯断藕，耳为井，鼻为烟卣，剃头担为平子，剃刀为青子，磨剃刀布为起锋，面盆为月亮，手巾为来子，肥皂为发滑，开水为温津，凳子为摆身子，靠背椅为高梁子，水为津子，火为三光，煤炭为乌金子，

①今题《北京民间风俗百图》，书目文献出版社 1984 年版，第 1 页。

冰瓢为津吊，篦子为土扒，大木梳为通勤，镜子为过相，磨刀石为起快，辫绳为茄线，火筷子为三光千子，扒耳朵家伙为小青家伙，扁担为天平秤，假发为冒头丝，掠干为光丝，主客（老主顾）为老交，生活清爽为净，快为千些，慢为漂些，吃饭为见山，吃肉为老天，吃酒席为对火，等等。是知传统理发有刮脸、扒耳、剃发、熨发、修眉、敲背、提膀、提痧等各种主、辅项目，其中提膀、提痧等项今已不见，有睡“落枕”者，唯去中医外科或骨科请医生了。

修脚　《北京民间生活彩图·修脚图》云：“每日间手持竹板，名曰‘对君作’，长街游走。竹板一响，便知修脚的来。如遇修脚之人，二人对坐，将脚搁在膝盖上，用小小刀割取脚上鸡眼，取其行路平稳。庙场必有。”同时浴池亦多有搓背兼修脚工匠服务，为其传统服务项目。旧时修脚匠一行奉达摩老祖为行业祖师，亦略有当行隐语，如：修脚为画皮，剔足刀为批子，磨刀皮为抱批子，烛为蜡条，灯为借光，凳为托股，手巾为交儿，擦趾缝为掰板缝，剔脚掌皮为画山水，剔脚指为画五圣，等等，可见当行一般情景。

浴池　旧谓“混堂”。明郎瑛《七修类稿》卷十六载：“吴俗，甃大石为池，穹幕以砖，后为巨釜，令与池通，辘轳引水，穴壁而储焉。人专执爨，池水相吞，遂成沸汤，名曰混堂。”而且明季二十四衙门的“四司”之中专设有“混堂司。”[①] 据《明史·职官志三》载：“混堂司，掌印太监一员，佥书、监工无定员，掌沐浴之事。”而中国的浴池乃起自佛寺与宫廷，据北魏杨

①其余三司为惜薪司、钟鼓司、宝钞司。

衒之《洛阳伽蓝记·城西光宝寺》载："指园中一处，曰，此是浴堂。"又唐王建《宫词》第五十五："浴堂门外抄名入，公主家人谢面脂。"民间于都市设浴池行业，则起于宋代，如《都城纪胜·诸行》所记："浴堂谓之香水行。"《梦粱录·团行》亦云："开浴堂者名香水行。"至于《明史》所载混堂司，则属管理宫廷浴池的内务机关。明清季江湖切口谓浴池为"卷窑""裸阳朝阳"(露阳物、裸体之所)、"温泉朝阳"等，行中自有隐语。如：浴池为打黄子，池堂为大汤，池岸为横塘，盆池为小汤，面盆为满月，手巾为缆子，肥皂为起泡，床为横身，枕为并头，茶为苦水。茶壶为苦兜子，茶杯为苦罄子，筹子为卖路，剔脚匠为打皮码子，理发匠为扫青码子，擦背匠为打龙身，服务员为跑横汤，温水为平汤，沸水为漂汤，冲开水为埭一埭，等等，传统服务内容尽入当行隐语。

旅馆 旧谓"店"。隋代的店舍宿客兼售货，唐宋以来的店则多宿客兼供酒食，为旅馆、饭店合一经营。乡镇小店兼驻车马，谓大车店。明清时民间谓旅店为"歇店"，江湖切口谓之"琴头""息足朝阳"，车马店奉水草马明王为行业祖师。旅店人来人往，四面八方杂处流动，江湖诸行无不接触，亦自有本行隐语。如：床为尺八，棉被为天牌，褥子为地牌，枕头为头架，帐子为四柱套，桌子为朝天，椅子为戤身，溺器为陪夜，洗脸水为光盘汤，吃饭为打尖山，客人为江湖，惯走江湖客人为老相，初出江湖为卯生，官员为纱帽生，商人为通生，演员为吼生，娼妓为马上诉，窃贼为小老鼠，和尚为廿三，道士为廿一，尼姑为水廿四，道姑为水廿三，等等，尽为常见店中住宿日用物品及店客内容。

茶馆　茶为中国特产之一，饮茶习俗久已形成，乡镇都市设茶馆，居中品茗消遣或洽谈商务，亦久成市井风俗。《续传灯录》卷十二《广慧冲云禅师》载：“诸佛出兴，随缘设教，或茶坊酒肆徇器投械，或柳巷花街，优游自在。”《都城纪胜·茶坊》载：“大茶坊张挂名人书画，在京师只熟食店挂画，所以消遣久待也。今茶坊皆然。冬天兼卖擂茶，或卖盐鼓汤，暑天兼卖梅花酒。绍兴间，用鼓乐吹梅花酒曲，用旋杓如酒肆间，正是论角，如京师量卖。茶楼多有都人子弟占此会聚，习学乐器，或唱叫之类，谓之挂牌儿。人情茶坊，本非以茶汤为正，但将此为由，多下茶钱也。又有一等专是娼妓弟兄打聚处；又有一等专是诸行借工卖伎人会聚行老处，谓之市头。水茶坊，乃娼家聊设桌凳，以茶为由，后生辈甘于费钱，谓之乾茶钱。提茶瓶，即是趁赴充茶酒人，寻常月且望，每日与人传语往还，或讲集人情分子。又有一等，是街司人兵，以此为名，乞见钱物，谓之龊茶。”宋吴自牧《梦粱录》卷十六《茶肆》记述更为详切，均足见一代茶馆诸事。清季北京又有卖大碗茶者，肩挑一副担子，一头为以棉套保温的铜壶，一头是盛茶碗的个筐，沿街叫卖；此外，尚有茶摊摆在街头巷尾，支棚设座供行人解渴，均为茶馆业同行。开茶馆者供奉茶神陆羽为行业祖师，并影响及陶业，如唐阙名《大唐传载》云：“巩县陶者多为瓷偶人，号陆鸿渐，买数十茶器得一鸿渐，市人沽茗不利，辄灌注之。”明季行院隐语以茶为渲老，明清江湖切口谓茶为青、青老、清喉、木鬼、碧水、牙净、枝叶、木癸、扰棂子，茶盘为荷叶，茶壶为青壳子、闷子，吃茶为闵青，茶钱为青巴，三合会、哥老会、天地会等又有诸色茶阵，清末民初，茶馆当行亦专有隐语。如：茶为黄连汤，盛开水冲茶的铜壶为提令，茶壶为摆子，茶杯为青子，手巾为缆子，桌子为四脚子，椅子为曲身，水烟袋为长颈，炉子为老相，煤为乌金子，水为津，水杓为津兜子，火为三光，衣架为叉起，穿衣镜为劈面见，灯为高明，茶叶为苦口子，水烟为燻口子，冲开水为转湾，小帐为小头，楼上为抬头，楼梯为步步高，等等。至于与茶馆邻行的老虎灶，虽亦以水为生计，当行隐语却又有一套，烧水之灶为老虎头，水为天青，煤为黑砂子，锅为大水兜，大镬为坦口，水缸为青，水桶为提子，水杓为筒兜，锅盖为兜盖，水沸为起势，水不沸为罢势，等等。凡此，不仅可见茶馆业语俗，并可显见市井社会风俗，及茶文化之一斑。

饭店、面馆、点心铺、粥摊 饭店又谓菜馆，以经营各色酒菜、包办筵席为主，而面馆、点心铺、粥摊之类，均属以主食为主要经营内容的小吃行当。大家虽属同行，却各有当行隐语，颇有分别。饭店隐语如：炒青鱼为烤龙头，咸肉切块装盆为干切，淡肉切块装盆为白切，鸡肉切块装盆为白斩，生虾以酱油活醉为清抢，炒蛋为滩黄胞，猪肠为圈子，肉丝和豆粉炒胶菜为烂糊，油煎糟青鱼为煎糟，炒青鱼翅为豁水，炒青鱼肚为肚档，鸡鸭肾肝为事件，炒鱼肠肺为秃卷，小蹄子为风髈，蹄髈为拆燉，糟烧青鱼为滲糟，豆腐汤为红汤，豆腐皮包肉为黄浆，青鱼头尾肠肺为汤卷，猪肠烧汤为上汤，筷子为篙子，酱油为黑水，匙为卤瓢，头碗饭为阳春，二碗饭为添头，第三碗饭为分头，等等。面馆隐语如：鱼头面为取水，甩水面为下接，头尾面为名件，头片脚爪合成之面为甲鱼，青鱼肚胐面为全肚，鳝丝肚胐面为拖泥，蛋炒饭为荒荣，辣油为红油，辣椒末为辣灰，桌子为桥头，筷子为千子，炮鱼面为本色，醋鱼面为酸浏，瘦肉面为托瘦、去皮，鸡鱼面为鲜鱼，鸡肉面为高叫，鳝鱼面为金丝，加头不在面二而另用盘盛为过桥，光面为阳春，加头双料者为双交，加头多面少为重交，凳子为桥梁，手巾为净面，等。点心铺隐语：糖粥为封口，酒酿为酗头，汤包为球子，烧麦为紧口，糕为上升，饺子为对合，饼为月亮，面为千条，馒头为气块，小圆子为粒子，汤团为满口，馄饨为皱皮，京团为松黄，米粉为白索，等。粥摊、粥铺隐语：白粥为稀老，红小豆粥为赤老粥，绿豆粥为绿老稀，豆腐干为香平，菜为青头，蛋为两头光，海蜇为海蛆，腐乳为霉方，黄豆芽为斧头，盐白菜为大尾鲞，草头为田食，筷子为横篙，等等。诸此菜肴、饭食名目，悉可窥其奢俭及经营规模、特色。

烟土行、大烟馆　自鸦片传入中国，虽屡经销禁，仍流行一时，误国害民匪浅，虽人皆明知其弊，仍贩运、消费不止，成为特别一行，行中亦有隐语。如烟土行隐语：烟土为乌贼，贩烟土为开乌贼行，红土为紫目枣，大土为大球子，小土为小球子，川土为川庄，云土为云庄，掺假土为运一运，新陈掺装为大共和，制烟料子为刮碑，内含劣品者为挖瓢，以烟土屑搓成约 8 两烟团充作小土为滚汤圆，掺制劣品大土为捏面包，以大小上掺假红土熬膏为东臬公，桂皮膏为天香，枣膏为枣汤，猪皮膏为亥相，牛皮膏为丑相。大烟馆隐语如：鸦片烟馆为燕子窝，烟鬼间相称芙同（即阿芙蓉同志），女烟鬼为爿芙子，男烟鬼为片芙子，年轻吸烟者为毛色，年轻女烟鬼为爿毛色，年轻男烟鬼为片毛色，老年烟鬼为老杆子，吸而未成瘾者为飘仙芝，不吸烟者为远白滑，烟具为靠推子，烟灯为长明，烟签为尖篙子，烟枪为火龙，烟兜为龙头，烟钳为长狭通，用签钻烟泡为凿道，未煎的烟土为发磨特，已煎就之烟膏为水电石，烟泡为干电，吸烟为装电，犯烟瘾为停阿磨，瘾已足为磨足，烟土皮为副客，笼头水为杨枝，笼头灰为副糟，烟铺为引雅达，完净为脱传线，购买为开同眼，煎烟为造兆法，等等。个中龌龊丑态，由此可见大概。20 世纪 20 年代北京私贩大烟者自行熬制烟泡，多掺假，20 枚铜板 1 个泡。又有设女招待为客烧烟者，谓“花烟馆”，色毒俱全。

三、市商金融诸行隐语

市商金融诸行，名目繁多，仅宋吴自牧《梦粱录》卷十三《团行》《铺席》《天晓诸人出市》《夜市》《诸色杂货》所载，即多达数百种，至于各种走街串巷的行商小贩，更不胜数。明清季江湖切口中，诸行几乎都有隐称，如：凡店铺门市悉总称朝阳，典当为兴朝阳，盐店为信朝阳，衣店为皮子朝阳，布店为稀朝阳、乔公帐生，药店为熯火朝阳，南货店为回生朝阳，杂货店为推恳朝阳、垄断朝阳、乱朝阳，蜡烛店为红耀朝阳，鞋店为踢土朝阳，染坊店为浸润朝阳、悲丝朝阳，袜店为签筒朝阳，靴铺为鱼皮朝阳，肉店为流官朝阳、鲜帐、线钹，面店为千条朝阳，烟店为薰通朝阳，香店为纂朝阳、清远朝阳、闻朝阳、韩偷（伦）朝阳，米店为碾朝阳、木公帐、生熯朝阳，伞店为隔津朝阳，豆腐店为水剉朝阳，书店为册子朝阳，扇店为半月朝阳、清来朝阳，线店为方皮朝阳、代策朝阳，帽店为顶公朝阳，线店为缝朝阳、引针朝阳，木行为森朝阳，砖瓦店为火土朝阳，木履店为衬足朝阳，点心店为充熯朝阳，篮店为提朝阳，秤店为把朝阳，绸缎店为光亮朝阳，皮箱店为革囊朝阳，笔店为毛锥朝阳、颖朝阳、中书朝阳，墨店为玄壤朝阳，砚店为受墨朝阳，带店为束朝阳，行商为乍山，水客（水上贩运客商）为萍儿，山客为鹿儿，等等，是见分行有巨细并且应有尽有。同时，除各行又有各自当行隐语之外，至清末民初又形成若干商人通用切口。如例：店东为老板，店东的儿子为小开，经理为阿大，协理为阿二，好买主为糯米户头，坏买主为馊饭户头，主人为点王，账房为龙头，交易的中间介绍人为掮客，伙计为猢狲，店员倚柜台而立为石狮子，学徒为三壶，学徒遭辞退又经调停留用为还汤，洋行买办为康白大，洋行收账者为式老夫，店中杂役为出店，店主为伙计加薪为串头，店主不满伙计欲辞之为待帮，账房作弊为挂龙，账外作弊为飞过海，店员优惠熟人亲友为卖小蛇，不收钱与货为丢飞包，托人檐下交易为廊檐五圣，代人交易而无牙帖的商家为白拉，硬索回扣为除帽子，盘账为点元宝，等等。凡此，使用当行隐语，成为一种颇具民族民间文化特征的商业习俗。至于诸行隐语分别，大都互不相通，具有显著的当行文化个性。

丝经行　自唐代起，中国浙江湖州即以盛产蚕丝为著称，至明初，南得附近的辑里镇已成湖丝的著名集散地。据清汪日桢《湖蚕述·卖丝》载："列肆购丝，谓之丝行……有招接广东商人及载往上海与夷商交易者，曰广行，亦曰客行；专卖乡丝者，曰乡丝行；买经、造经者，曰经行。别有小行，买之以饷大行，曰划庄；更有招乡丝为之代售，稍抽微利，曰小领头，俗呼曰拉主人。"是见丝经商行之盛。从明清至民初，丝经行业隐语亦略有变异，如明清时一至九的数字隐码为岳、卓、南、长、人、龙、青、豁、底，至民初则为汪提、宝儿、纳儿、箫字、马儿、木儿、才儿、古儿、成儿。而且当行隐语颇为系统严密，是该行作为近代民族经济的要项，繁荣而竞争激烈之故。如：丝为为为，细丝为为上好儿，粗丝为为肥者，买主为为板阁儿，信为人言儿，放账为大办，扎丝绳为郎头，丝上无绳为枯罗，接乡丝为跳船头，来路货为原途，丝中扎有暗绳为挑，无为漫失，知道为倏较，好为丁括，不好为撇点，客人为盖各，伙计为二点儿，学徒为护法韦，烧饭为起课脑，薪水为人奉儿，多为迷，少为岂，好为尖，歹为乔，善为脚高，恶为凶平，穷为黄连，富为麦边，吃为卡，说为中山，骂为马途，笑为迷花，哭为着水笑，空虚为有子，殷实为足子，有又为灼儿斗，无又为近却，增添为三十三，减少为一一，房屋为顶宫，店中之柜为木裙，秤为横儿，轻为上浮，重为下沉，银洋为磨口，小银元为磨芯，铜钱为内空，丝包袋为祖宗，缚丝绳为伏软。甚至诸姓氏亦有隐称：姓丁为攒脚子，姓汪为狗叫青，姓潘为三反儿，姓孟为困青，姓施为好儿青，姓许为言午，姓朱为拱头子，郑、程、陈三姓为丁的儿，姓王为焦青，姓冯为角马，姓杨为木易，姓沈为挂牌，姓蒋为划消青，姓赵为走小儿，姓钱为向青，姓孙为子丝儿，姓张为凿壁，姓方为测规，姓陶为猿偷，姓金为却大，姓宋为冠木，姓戴为十八儿，姓吴为搭青，姓周为圈吉儿，姓李为木儿，等等。这种情况一如黑社会，如东北胡子黑话中即以姓为蔓，报姓名为报蔓，姓丁为尖子蔓，姓于为顶水蔓，姓马为压脚蔓，姓王为虎头蔓，姓刘为顺水蔓，姓石为山根蔓，姓白为雪花蔓，姓冯为补丁蔓，姓孙为龙子蔓，姓朱为二龙戏蔓，姓冷为西北风蔓，姓李为一脚门蔓，姓杨为犀角灵蔓，姓何为九江八蔓，等等。尽管构词方式略有不同，却功能一致，即严密内部秘密语交际以维护本集团或群体切身利益，谨防不测。

米行　俗语云：民以食为天。买米为籴，卖米为粜；一籴一粜，米之贸易。中国传统食俗，向以米面为主食，尤其在我们这个以农耕为本的国度，米价跌涨升降直接关系国计民生。商鞅曾提出："欲富其国者，境内之食必贵。食贵则田者利，田者利则事者众。"（《商君书·外内》）西汉政治家晁错亦提出："欲民务农，在于贵粟。贵粟之道，在于使民以粟为赏罚。"（《汉书·食货志上》）他们均主张"贵粟富农"，"谷贱伤农"。清太宗天聪元年（1627年）关东闹饥荒，斗米银价为八两，出现了人相食、地荒芜惨象，银子贬值，物价大涨。又《清稗类钞·嘉兴周簹谷卖米》载："嘉兴周簹谷布衣贫，贾而儒者也。丁时乱，弃举子业，受廛卖米。有括故家遗书鬻于市者，买得一船，每日中交易，筐筥斗斛权衡堆满肆，读之穅籺称中。"米行为民族商业主干商行，于国民经济之中举足轻重，行中交易亦颇多诡秘，隐语即为其一。宋代的《圆社锦语》谓米为"糧头"；《绮谈市语》谓米为下妆、漂老，麦为来牟，面为玉屑、麦尘。明代《行院声嗽》谓米为擦老，面为鲍老，饭为气老。明清时江湖切口谓米为希老、软珠、擦老、碾希，糙米为研希，白米为雪希，糯米为粉希，船米为花希，粞为小希，谷为连壳希，稻为青焦，大麦为粗花，垒麦为人花，小麦为细花、地花，荞麦为和花，豆为粒儿圆、沙子、为兵，晚豆为结老，蚕豆为毯老，绿豆为和垒，等等。至清末民初，米行切口已名目繁多，悉与当行利益密切关联。如：早稻米为稔籼，晚稻米为白野，米粒细长而白为箭子，米粒大而芒红皮赤为六旬天，百日后即熟之籼为拖梨归，粒长而色斑者为胜红莲，糯米为稔秫，米粒细为占城，粒尖色红而米性梗硬为金城，粒大色白而杆软有芒为雪里栋，粒白无芒而杆矮为师姑杭，八月稔而粒赤者为早白，粒略小而与早白稔同时者为小白，粒略细者为细白，九月成熟者为芦花白，三月下种六月熟者为麦争场，再莳而晚熟者为乌口，色黑而耐寒者为冷水结，四月种八月熟而粒白者为中秋，三月下种八月成熟者为闪西风，粒白而壳紫者为紫芒，其秀最易者为下马看、三朝齐，七月熟而粒小清柔有红、白两种芒者为香粳，粒小色斑者为香稀，湖州产穗有三百粒者为三穗子；因大小色形及成熟期等，糯米又分别有金钗、羊脂、胭指、虎皮、赶陈、矮儿、青杆、芦黄、秋风、瞒宫、小娘、乌珠、铁粳、赤马洁等诸色名目。此外尚有：以客盘九分为贺路仙子，议定米价而又欲毁约为懊票，在秤上作手脚为贴杆子，斛内作弊为放大口，伙计暗中作弊以收取回扣为代藏，在票据上开大价而作弊为隐价，客人为仙子，等等。中国米行历史悠久，遍布各地，因时空关系，而当行隐语或有变异、区别。如明清时其行中一至十的数字隐码是：子，力，削，类，香，竹，才，发，丁，足；而清末民初则为：席，林木，各，甲，为时，文，眼上，言尖，贺路，丑；后来又为：旦底，断工（挖工），眠川，横目，缺丑（曲尺），断大，皂底，分头，九空（丸壳），田心。在江苏省东台县米行，则另有一套隐语：大麦为呛儿，小麦为肚儿，元麦为怀儿，玉米为石榴，黄豆为泡儿，蛋豆为蛤蟆，豆饼为月子，稻子为壳儿，糯米为呆子，芝麻为屑子；一至十的数字隐码为：舟，关，市，镇，乡，街，桥，井，店，舟。作为全国四大米市之一的无锡市，米行中流行的隐语，则多为以“唐反”“燕子反”或“鸭子反”构成的反切式秘密语。①

①陈祺生：《旧时代无锡粮食业的常用切口》，载《语文知识》1957年第12期。

中华人民共和国成立后，即对粮食实行统购统销政策，随着各种私家米行的消失，米行隐语随之亦失去了功利性作用，成为民族粮食行业的一种历史遗迹——当行隐语化石。

典当　中国典当业起源较早，就文字注，“典当”二字连用，或起于《后汉书·刘虞传》：“虞所赉赏，典当胡夷。”据考，最早的典当是南朝时寺庙兴办的；《金史》亦载“闻民开质典，利息重至五七分”，说的是宋代情景；明人邝露（湛若）撰有《前当票序》《后当票序》各一篇。《清稗类钞·典质业》载：“典质业者，以物质钱之所也。最大者曰典，次曰质，又次曰押。典质之性质略相等，赎期较长，取息较少，押则反是，所收大抵为盗贼之赃物也。”据清陈盛韶《问俗录》卷五记载其道光十二年至次年任职邵军厅所见：“军流犯贫者成群，至僻乡小村需索无厌。小民惮其强梁无赖，不敢与较。或腰有积金，即开小押为生，其息四分，其期三月。重利短票，专事车剥，摸窃赃物，藉为渊薮，而贼风亦炽。”云云，[①] 是知《清稗类钞》所言确是。当票是典当业签发的抵押放款的有价证券，上面文字大都变形为秘密形体（见本书前述）。[②] 旧日当铺常见有两种铺幌，一为在一黑漆木管中间横一龙头，龙头系着一串铜钱，下缀红布，立于大门左侧；另一种较为常见，即于门前挑挂两面均书有“當”字的木牌。明清时江湖切口谓典当铺为“兴朝阳”，行中隐语以口、仁、

---

①据刘卓英标点本。此为书目文献出版社《文津书海》丛书之一种，与《蠡测汇钞》合订为一册。

②《红楼梦》第五十七回描写史湘云拿岫烟的当票给林黛玉瞧，黛玉不识其物，以为是什么账单子，盖不识其当票上秘密形体文字耳。又第八十一回载：“有一所房子，卖给斜对过当铺里。”是知清时已有“当铺”之谓。

工、比、才、回、寸、本、巾作一至九之隐码；后来，又以由、中、人、工、大、王、夫、井、羊、非作为一至十之隐码。典当行业多诡秘勾当，故不止通行变体了的“当字”，亦兼用行中秘语，可谓行规严密。其当行隐语如：袍子为挡风，马褂为对耦，马夹为穿心，裤子为叉开，狐皮、貂皮为大毛，羊皮为小毛，长衫为幌子，簪为压发，耳挖为扒泥，戒指为圈指，耳环为垂耳，烛台为浮图，香炉为中供，桌子为四平，椅子为安身，金钢钻为耀光，珠子为圆子，手镯为金钢箍，银子为软货龙，金子为硬货龙，鞋为踢土，帽子为遮头，古画为彩牌子，古书为黑牌子，宝石为云根，灯为高照，等等，是知当时常见典当物品种类。然而，其中又不乏一些明清时江湖切口中通用秘语，如“踢土”“四、平”之类。可知典当隐语与江湖通用隐语的相互联系，该行亦是江湖引人注目的一行，于当时商业金融及市民经济之中颇有一定地位。

钱庄、金银业　钱庄又谓“银号”，是清末新体式银行兴起之前中国民间的金融信用机构，分布于各大小都市、商埠，以上海钱庄历史最久。据上海邑庙附近《内园钱业总公所重修记》载：“盖自乾隆至今，垂二百年，斯园阅世沧桑，而隶属钱业如故。”是知钱庄产生于清乾隆年间，至1952年歇业，已有两个多世纪的历史了。《清稗类钞·京师钱市之沿革》载：“银钱二票，为票号、钱店、香蜡铺所发行，其数多寡无定，而势之所趋，咸以多发纸票为扩充营业之张本。”据光绪二年（1876年）调查，当时上海的汇钞钱庄即有105家之多。[①] 钱庄（银号）作为近代

①王孝通：《中国商业史》，商务印书馆1936年版，第222页。

金融商业中的一行，行中亦有隐语。如：银圆为花边，双毫角子为四开，小角子为八开，挖贴水为括洋水，钞票为软边，铜洋钿为硬黄货，铅洋钿为硬青货，铜圆为直儿，铜钱为内方，洋钿带哑或成色次而要贴水为叉边铛，等等，悉言各色银钱币钞，不愧为钱庄，而核心机密亦全在于此。与此为近行者除“票号”[①] 而外是金银业，行中隐语亦围绕金钱内容，与其性质相似，如：赤金为赤标、生银为大条、买空卖空为标金之类。

南货业　旧时贩卖南货自为一行，且为商贾之中一大行业，经营品类，多入当行隐语。如：黄元粉（即粉丝，以山东黄县所产为佳品）为锣把，瓜子为扁口（以胶州所产为佳，明语又谓胶丁），豆腐皮为白衣，白糖为满口，白糖之上品为木间，洋长生果为大炮，小洋长生果为小京，国产长生果为长龙，泽生仁为大红袍，砂糖为泉水，红糖为台青（以产自台湾得名）[②]，冰糖为满块，碎冰糖为满屑，旗糖为方胜，黑枣为黑皴支，红枣为红皴皮，桂圆总称龙睛，荔枝总称绛纱丸，桂圆上品为三结、中品为正二全、下品为福三全，荔枝上品为丁香、中品为状元红、下品为有支，南瓜子为小相公，葵花子为水火生，茴香为莽草，花椒为如桐子，胡桃为硬壳，香芹为盖子，木耳为云头，金针菜为黄引子，蜜枣为琥珀，桐子为么儿，榛子为小铁丸，栗子为民战，梅干为穷秀才，青豆为绿珠，松子为仙食，芡实为珍珠，白扁豆为晶丸，水笋为羊角，乌笋干为绣鞋尖，毛竹笋干为毛尾，淡竹笋干为淡尾，红色淡竹笋干为红尾，白果为银杏，等等。尚有行

①亦产生于乾、嘉时代，专以存储汇兑为业。

②又有产于吕宋者，稍逊于台湾所产，谓“吕青”。

中数目隐码，已见前述。几此，南货业经营内容基本可知。

《梦粱录·团行》云：“大抵杭城是行都之处，万物所聚，诸行百市，自和宁门杈子外至观桥下，无一家不买卖者，行分最多。”实际上，一如民族手工业，市商诸行分工颇细，悉以民需方便为本，故各行隐语虽纷杂不一，大都以本行经营内容为其当行秘密语的基本语汇，各自反映了当行特点。兹再大略分述如下：

地货业　其当行常用秘语如：崇明胶莱为里心，藕为地龙，西瓜为球子，玉米为宝塔，山芋为泥块，芥菜为花边，冬瓜为团头，辣茄为钻头，白菜为常青，茄子为紫条（案：南方多产紫色茄子，北方多绿色，知此为南方行中隐语），萝卜为白条，卷心菜为闭翼，芹菜为水浸花，沙壳菱为触角，等等。

山货业　行中隐语如，马鞭笋为地蛇，竹笋为钻天，细笋为龙须，笋干为蛇干，冬笋为泥尖，竹杆为青龙，竹梢为虎啸，杂木为倭子，茶叶为青果子，桃子为双合，樱桃为引鸟含，青梅为秀才，李子为天青子，大�为大兜，小筻筐为小兜，山货行主为六头子，贩山里货客人为鹿儿，枇杷为黄袍加身，刀为扁豆，竹杠为天平秤，绳索为软蛇，等等。

古董业　当行隐语如：鼎、爵为三分，花瓶为长颈，围屏为蔽风，碗为亲口，床为暮登，水晶为傲客，笼为约住，占铜镜为双圆，灯为聚蚖膏，香炉为宝鸭，脚炉为见藻，茶壶为吞口，红缨为红披，顶子为钻天，朝珠为悬胸，翎子为松毛，补缀为方绣，墨画山水为青描，花卉画为彩描，字对或轴为耀壁，盘、盆为洒开，唾壶为仰承，瓦佛、玉佛为清福，玉器为山根，笔洗为大口，砚为食墨，等等。

海味业　当行隐语如：淡菜为毛石子，大虾仁为金钩，小虾仁为开洋，最小虾仁为淘米，石花草为牛毛，麒麟菜为西珊瑚，海粉为蛙粪，海沿为桂花，海带为裙带，刺参为毛虫，串红旗参为连红毛，散红旗参为散红毛，肉参为玉锁，鳖裙为凉帽，鲟骨为玉斑，鲸唇肚为片帆，鱼翅为玉吉，干贝为瑶柱，紫菜为招菜，鱿鱼为招风，等等。

香烛业　当行隐语如：安息香为辟邪，沉香为沉水，沉香置水中半浮半沉者为鸡骨，檀香为牛头，速香为赤骨，降香为降神，芸香为石叶，神龛前的大盘香为罗囊，2 斤重蜡烛为通宵，1 斤重的蜡烛为斤通，12 两重的蜡烛为夜半光，半斤重粗短蜡烛为状元红，4 两重蜡烛为大四支，2 两重蜡烛为开花，小烛为三拜（三拜即尽），花烛为龙凤，大烛为斗光，蜡烛质次为还魂，线香为丝炷，棒香为清幽，等等。

竹器业　当行隐语如：竹篮为提子，竹椅为戤身，竹榻为横身，士人用考篮为龙门，淘米箩为斗子，薄竹小篮为描子，捕虾竹器为湾箩，捕鱼竹罩为合地，饭架[①]为蒸汉，竹箱为合子，竹畚为扒土，晒谷帘为满地，竹帘为隔阳，竹筒为圈子，竹笠为隔青，箩为平头，笼筛为出白，簸箕为起手，晒箕为受阳，大筐为白篮，线帚为千条，等等。

此外，银楼、绸缎庄、金线、衣庄、丝线、陆陈、豆麦、茶食、蜜饯、火腿、食盐、玉器、珠宝、磁器、广货、杂货、花粉、嫁妆、颜料、笔墨、纸头、封套、账簿、皮箱、顾绣、布匹、鞋帽、乐器、干茧、煤炭、饴糖、茶叶、水果、炒货、耕牛、猪仔、鲜鱼、蔬菜、缸坛等诸行，亦无不有当行隐语流传，

---

①北方俗谓蒸簾儿。

于此则不尽叙述了。总之，市商金融行业集团隐语，是各类社会职业集团隐语中占有量最大、可分种类最多的一种，具有相当的代表性。从中不仅可考知语俗，亦可略窥其反映的社会商业经济盛衰、艰辛。

四、交通运输及通讯诸行隐语

交通运输及通讯诸行，直接关系国民经济的荣衰，是先行行业，也是经济命脉。各地之间商业贸易往来，生产、日用物资调运，均依靠水陆运输，故历来水陆码头交通便利之地皆为商埠，经济繁荣。中国交通、通讯事业的发展，以清末民初开始得以较大发展，虽与当代远不可比，但已非清季以前历代所能比拟。然而，清末民初的舟夫、轿夫、脚夫、人力车夫、马夫、驴夫及信局诸行，仍是当时水陆交通及通讯行业的主要行当，代表了一代交通、通讯事业的面貌；而诸行又多有当行隐语，从中亦可窥其大概。

船夫 即船工。唐代始，中外海上贸易已有“市舶”专事海外贸易，有“市舶司”进行管理。宋代装运粮物船只专有漕船，明代有供海运的遮洋船和供河运的浅船两种，至清季漕船已达一万余只。此外，一般运货载人小型船只尚有舢板、筏子、牛皮船等。赵翼《陔余丛考》卷三十三载：“西番一带，山峦陡险，溪流湍悍，舟工不得施，土人有用牛皮为船者。”凡行舟，不论江海河流还是大船小舟，悉靠船夫为之，船夫早成为社会一行职事，并有当行隐语流行。如：船为瓢，橹为平六，楫为逐波，舵为瓢后灵，墙为顶天快，帆为卷风，篙为挺，平艎为平瓢，替舱为同六，棹为司老，铁锚为当家，芦席为顶公，船栏为遮水，凉篷为遮阳，后舱门为龙门，船头为鹢头，船尾为龙尾，舟子为老大，龙舟为神瓢，牵绳为连连，牵板为横胸，牵杠为连翘，背牵为上升，摇船为推升，划船为推波，踏桨为拨波，手扳桨为掠波，逆风为蛇皮抖，顺风为蛇皮送，等等。这是一般船家行中隐语，而江河上谋生，颇多风险，除当行诸事之外，尚须应酬江湖各路相扰，否则将不得安生。如清雍正，乾隆年间，青帮粮船兴盛而运力不足，则往往召用其他民间航船相助。由此，后来江河上以营运为业的船只多与青帮打交道，进而又多入青帮拜老头子，故其当行隐语又掺入许多青帮粮船隐语。如：航船为太平底子，埠船为红底子，夜航船为黑底子，帮规为通草、安清，在船上掉包窃取船客钱物为放生意，扒手为春点，以纸牌骗赌为软叶生意，以骨牌骗赌为硬叶生意，用药迷人为吃仙丹，无阅历乘客为点，惯于出门者为相夫，落魄为打水仗，吃官司为抄股子，钱袋为蟹洞，小刀为白丝鱼，银钱为水，一元为一分，十元为一寸，等等。这是民间秘密社会组织与民间职业组织隐语的自然融合，以需求为契机条件，以共同交往为媒介，使两个分属不同秘密语言语交际集团的双方通过隐语交际组织成特定的社会文化群体，社会行为的密切联系，促成了双方隐语的一定程度融合现象。旧以车（夫）、船（夫）、店（员）、脚（夫）、牙（商）、统谓闯荡江湖者，是因其职业之缘，多与三教九流乃至秘密社会组织中人频繁交往。此即可以为证耳。

轿夫　轿车本为古代一种畜力客车，而后来以人抬行之"轿"，即肩舆，如明张自烈《正字通》云："桥即轿也，盖今之肩舆，谓其平如桥也。"是乃一声之转。而其制起源又可追溯为

“辇”，《宋书·礼志》云：“辇车，《周礼》王后五路之卑者也。后宫中从容所乘，非王车也。汉制乘舆御之，或使人挽，或驾果下马，汉成帝欲与班婕妤同辇是也。后汉阴就外戚骄贵，亦辇。井丹讥之曰：‘昔桀乘人车，岂此邪？’然则辇夏后氏末代所造也。井丹讥阴就乘人而不云僭上，岂贵臣亦得乘之乎？未知何代去其轮？傅玄子曰：‘夏曰余车，殷曰胡弩，周曰辎车，辎车即辇也。魏晋御小出常乘马，亦多乘舆车。舆车，今之小舆。’”杨荫深《事物掌故丛谈》认为，此“与后来的轿无异”。[①] 唐宋以后，轿子已成为城乡常见人力交通工具，如民国时北京等地专有轿子铺，设有铺头为管事的。故此轿夫自成一行，行中自有隐语。如：轿夫为兜力，轿子为兜子，山舆为山兜，轿杠为二条龙。[②] 轿板为搭肩，轿横搁手板为挡驾，轿顶为满天，轿帘为遮盖，轿后窗为宏幅，轿灯为透光，抬女人所坐之轿为抬观音，谓坐轿人肥胖体重为抬石头，谓坐轿人瘦小为杠柴头，谓抬男人所坐之轿为抬财神，等等。

马夫 马夫是旧时对赶马车人的俗称。马车起源较早，殷代的“乘马”即马车。作为近代城乡交通工具的马车，有篷厢者载客，又谓轿车，载货物者无篷厢。马夫当行隐语如：马夫为边杖，马为四脚子，马车为盘子，马鞭为幺二三，马缰绳为提令，马络为头经，马勒为横嘴，马鞍为横山，为马洗澡为光身子，柩车为辅子，等等。

驴夫 驴夫即赶驴车拉货或载客者的旧时俗称。其当行隐语

①上海书店 1986 年版（据世界书局 1945 年版影印），第 372 页。

②一般小轿多为二人抬之，置二轿杠。

如：驴夫为鬼子，驴子为鬼叫儿，驴车为鬼斗儿，装行李为搬色儿，载客为搬皮儿，装煤为搬乌金，小驴为小叫子，吃草为放食，驴车行为斗行，贩驴子为清鬼客，卖驴肉为卖茄南肉，等等。驴车虽不能载重货，却以灵便见长，今北方乡镇称小驴车为"驴吉普"，亦可见其轻便灵活。

人力车夫　近代都市人力车作为短程交通工具颇盛行一时，俗谓"洋车"，故人力车夫俗又称"拉洋车"的，是由日本传入的一种交通方式。旧时人力车夫分拉散座和拉包月的两种。拉散座的即到市场、娱乐场所及沿途揽客，视路途远近收费。拉包月的是给固定雇主拉车，送其家人外出，并干杂务，按月付钱，有的还管饭。还有一种专门拉外国人的，北京谓拉牌车的，是因其除持有中国当局所发号牌，还持有东交民巷外国驻京机关所发磁牌，凭此可以出入东交民巷拉客。拉牌车的人力车夫大都年轻力壮，穿戴亦显干净利落，扎着腿带，穿双脸靸鞋，甚至能以简单英语会话，可为外国人作旅游向导，并讲述名胜古迹，是人力车夫一行收入稍多者。人力车夫当行隐语如：人力车夫为代四脚，告班为点销，接班拉车为挨诸葛，车主为本身，领班为头子，如顾客付车费为小洋即以铜质者易之而要求更换为掉元宝，雇主为苦身，巡士为街狗，外国巡士为洋猢狲，生意为歪伦，小生意为小歪伦，揽生意为寻身子，照会[1]为通行，号衣为行褂子，车身为兜子，车杠子为拉手，车帘为挡风，钢丝为掌轮子，垫子为托身，磁牌为硬牌，车轮外胎为外圈，里胎为里心圈，打气为撑圈，巡士拦住看车为看相，被巡士缴去照会为丢通，修车为捉

①即执照、牌号。

正，烛为蜡条，灯为照路，半路转售生意为换财神，灯笼为撑亮，谎称雇主坐车不付钱而以号泣博路人施舍者为诉哀党，强索车价为打头盆，收学徒为传后，随人认路为拜老，等等。旧时大都市多有私人经营的人力车行，置办多台人力车，雇佣车夫，亦有车夫自己有车者。至中华人民共和国成立，此行即为三轮车所完全取代，至今三轮车亦不多见，而其行中隐语已随之失传。

脚夫　俗谓“扛脚的”，即搬运工人。古谓“脚步”，如《梁书·武帝纪下大同七年》载：“又复多遣游军，称为边防，奸盗不止，暴掠繁多，或求供设，或责脚步。”唐又谓“脚力”，兼事传递文书，如段成式《酉阳杂俎》前集五《怪术》载：“元和末，盐城脚力张俨，递牒入京。”宋代已有“脚夫”之谓，如《梦粱录》卷十九载：“或官员士夫等人欲出路、还乡、上官、赴任、游学，亦有出陆行老，顾倩脚夫、脚从，承揽在途服役，无有失节。”是知此行早已有之。而 20 年代北京又有“赶脚的”，系以毛驴供人骑用、为人载物，驴主人随之步行，则属又一种脚夫，又有拉骆驼者，亦当属此行。脚夫于市中有脚行，亦有单干者。行中隐语如：脚夫为摩肩，扁担为双甩头，麻绳为络底，箱子为方笼，铺盖为荷包，篮子为挽兜，携篋为提笼，客人为盖各子，女客人为阴身，初入江湖者为匏老，惯走江湖者为相老，留心防贼为方耳朵，等等。至今虽仍有搬运行业，却已少闻有行中隐语，是时代变迁之故。

信局　信局即邮政局，是中国近代的邮递通讯行业。古虽有“邮置”“邮亭”，但远不如近代方便。据《清稗类钞·信局》载：“自同治初粤寇乱平，而信局之业乃大盛。其主其伙大都皆宁波人，东西南北，无不设立。水路以舟，陆路以车，以急足。

南北交通最早，故设局尤夥。大而都会，小而镇市，皆有其足迹焉。书函之外，银物亦可寄递，遗失者偿之。至于资费，则每一函少则钱十文，多则钱五六百文，盖视途之远近通塞以定其多寡也。”信局当行，亦有其隐语，可略见早期邮政概貌。如：信班船为快飞漂，送信人为相见欢，所带货色为包封，信中有银洋者为重头，遇死亡病革等紧急情况时以火烧焦一角以示火速急信为烧角，鸡毛信为飘风，未付邮资为下找，已付邮资为上找，商号信函为长头，近途信件为短路，远途信为长路，信不投递者为没过票子，并自有一套当行数字隐码（已见前述），等等。凡此，足可了解早期邮政传递水平、程式等之人概。

综上，举凡民族手工业、消费、市商金融及交通等诸行隐语，是可考察中国民族经济发展历史之大概。对于社会经济学界，恐为别有洞天的又一视野，不可忽略。因为这是民族经济发展史的一个有机组成方面，虽显鄙陋，却不可放弃，是客观存在，是辅证正史之野史。

第六章
民间秘密语与市井变态文化
——中国民间秘密语的社会文化考察之三

随着都市的发展繁荣，形成了一种以地域处所为空间特征的文化现象，即都市文化。都市文化是以市民为本位的一种相对乡村文化而言的文化类型。

中世纪，欧洲因商品交换的迅速发展以及城市的产生而形成了以手工业者和商人为主体的城市居民，即所谓市民。在汉语文化中，商品交易是“市”的最基本的语义层次。如《易·系辞下》：“日中为市”；《论语·乡党》：“沽酒市脯”；《晋书·祖逖传》：“（石勒）与逖书，求通使交市，逖不报书，而听互市，收利十倍”；《战国策·秦一》：“臣闻争名者于朝，争利者于市”；《诗经·陈风·东门》：“不绩其麻，市也婆娑”，等等。早于周代即已出现了管理市场的官吏，如《周礼·地官》叙官“司市，下大夫二人”注：“司市，市官之长。”又《汉书·王莽传》：“又令市官收贱卖贵，赊贷予民，收息百月三。”《说文解字》“市”字条云：“买卖所之也。”约斋《字源》云：“市是做买卖的场所，故字从兮，兮是商人叫卖的声音，之是说货物有出路。”凡此可知。中国商业的繁荣，也是城市发展繁荣的一个根本要素。《管子·小匡》：“处商必就市井。”尹知章注云：立市必四方，若造井之制，故曰市井。”市井之盛，是为都市繁荣之本。《史记·聂政传》：“政乃市井之人。”《正义》云：“古者相聚汲水，有物便卖，因成市，故云市井。”“市井之人”即为早期市民。都市发展，又必然形成其特定文化，如风俗习尚，早有分别，一如汉荀悦《申鉴·时事》所云：“山民朴，市民玩，处也。”在《民俗语言学的乡村语言与都市语言》这篇论文中，笔者提出：“都市社会的人口以及工业、商业、金融信贷等经济活动比较集中，生产、消费活动非常活跃，生活方式多样化，文化娱乐很丰富。这些不仅使社会习俗惯制在乡村固有习俗的基础上，形成都市社会里的具有个性化的形态和特点，也使其语言习俗和民俗语言发生了明显变化，形成都市社会的特点。例如诸行市语，就是都市社会特有的语言习俗现象。……市中这类行话、隐语，大部分是都市社会经济、文化活动的产物，一种特别的语言习俗。此俗直至近代仍可见于各都市、商埠。而在人稀地广的简单纯朴的乡村田园经济和文化活动中，是无须搞出这么烦琐复杂的语言名堂的。”① 透过这些特定的行话、隐语，当然又可以考知历代市民文化。历代诸行隐语，可谓都市市民风俗文化的特别语言化石系列层次。

文化是一种多品类、多层次的集合体，其中美丑、善恶、真假杂糅，精华与糟粕并存，一如英国人类学家泰勒在《原始文化》一书中所说：“文化是一个复杂的总体，包括知识、信仰、艺术、道德、法律、风俗，以及人类在社会里所得一切的能力与

①载上海《民间文艺季刊》1987 年第 3 期。

习惯。”[①] 正由于城市是政治、经济、文化以及交通、军事的中心与枢纽，各种优秀文化于此得以汇集、交流、融合并高浓度积淀，同时各种社会文化的糟粕亦混杂其中，相对集中并借以发展。在商品经济繁荣的同时，往往亦伴随着腐朽意识与低劣精神文化的滋生和膨胀。在现存的各种社会制度条件下，无疑都是不可避免的，这已为历史与现实所雄辩地证实了。而且，在职业、文化信仰与经济地位结构成分复杂的市民社会文化中，更为集中地汇聚了商品社会的文化糟粕，如巫卜、娼妓、赌博、乞丐、帮党、盗贼等社会文化形态便是。这些变态文化，直接渗透、影响（确切说，应是腐蚀）着社会的政治、文化艺术，污染着社会空气，在政权机构、文艺生活乃至经济交往、人际关系中，无不留下痕迹，成为以市民文化为本位的都市文化的一个基本的显著特征，构成了都市社会文化的一个纷杂、污秽的变态系统。凡此，悉可从其当行隐语中得到印证。于此，我们即从民间秘密语这个特定的视点，侧重考察一下市民文化中的变态文化形态，看一看“市民玩”的文化变态史略与主要形态。这对于我们了解、认知社会，从而改造、促进社会进步，可以提供一定鉴戒。

一、巫卜星相隐语

英国人类学家马林诺夫斯基认为：“无论怎样原始的民族，都有宗教与巫术。”[②] 所言已为科学所证实。而且，各个民族的巫

---

①转引自《中国文化史三百题》，上海古籍出版社 1987 年版，第 2 页。

②《巫术科学宗教与神话》，商务印书馆 1936 年版。

术作为一种精神信仰民俗与原始宗教形态，都有着不同的源流、形式、内容和特点。这是因为，不同民族的文化土壤定将产生具有民族个性的完整的信仰习俗，而其共同点则都是以虚拟的超自然力量来寻求心理上的解脱与平衡，祈求实现某种本身所一时难以达到的愿望。中国巫术从其产生不久，即从民间文化被采入上层文化，成为“齐家治国平天下”的主要精神统治工具之一。如《周礼·春官·司巫》规定，“凡丧事掌巫降之礼”。殷商及西周时不仅有宫廷巫师参预军政决策，而且还有大量江湖巫医活动于民间社会，足见巫卜参预中国社会极深、极普遍。后来巫卜渐为上层社会所疏淡，遭到许多有识者的抨击，如从汉代的王充《论衡》至清代熊伯龙的《无何集》，即相续 1000 多年。然而在民间社会，巫卜星相信仰至今未绝，足见其影响之深远广泛；即或现代科学技术比较发达的国度，仍可见流行，成为变态的“现代迷信”。从殷墟骨卜、《易》卜到各种方术，形成了一整套中华民族的巫卜系统，和延续几千年的巫卜职业群体的习俗惯制历史。中国的巫卜星相行业群体，在巫卜星相操作和内部言语交际中，有着两套本的隐语体系，是为中国巫术的一个重要的基本特点。

巫卜星相活动中的咒语、符（字符）、谶语等语言崇拜形式，全然是“诡为隐语，预决吉凶”一类的预言式操作手段，是巫术的主要内容之一。如《清稗类钞·道光宇宙之谶》：“陈莲史应嘉庆庚辰科会状时，其廷试策首颂扬处，有‘道光宇宙’字，逾年而宣宗登极，纪元曰道光。”又载：“唐司天监袁天罡、李淳风撰《推背图》，凡六十象，以卦分系之。其论本朝者为第三十三象为丙申，䷛（巽下兑上）大过。谶曰：‘黄河水清，气顺则治。主客不分，地支无子。’颂曰：‘天长白瀑来，胡人气不衰。藩篱多撤去，稚子半可哀。’此言世祖入关之征，中有‘顺治’二字。”凡此，即“诡为隐语，预决吉凶”之类，而作为内部言语交际语俗的当行隐语，才是我们于本书所说的“中国民间秘密语”之属。

远在宋代《绮谈市语》中，已有关于巫卜星相内容的各种称谓，如算命术士为星翁、参照，卜士为占人、日者，阴阳家为地仙、拨准。明代的《六院汇选江湖方语》中亦有之，如以纂经为算命的，撇过为打卦的，仙书为相人。《行院声嗽》谓神道为尊子，相士为睃照。明清时江湖切口关于星相方面隐语颇多，如相面为斩盘、审因，不语相为嘿斩、哑党，算命为梳牙，抄命为剪牙，以雀算命为枭梳、禽推，弹琴算命曰柳牙，推流年为挤丙子，瞎算命为念梳，龟算命为袱包子、蔡梳，灼龟为烧青烟，量手指为骨梳，看三世图为番梳，起数为暈老，丢铜皮为元片，各色起数为牵丝，起课为烹玄，打君知为闯友，堪舆人为斩葫芦、穿山甲，等等。清季江湖上总称算命、相面、拆字诸事行当为巾行，文王课为圆头，六壬课为六黑，批张算命为八黑，测字总称小黑，隔夜算命为代子巾，衔鸟算命为追子巾、雀巾，量手算命以草量者为草巾，以绳量者为量巾，敲铁板算命为湾巾，弹弦子算命为柳条巾，拉和琴算命为夹丝巾，在庙里或赁屋相命为挂张，庙内挂张为阴地，赁屋挂张为阳地，不开口相面曰哑巾，站在墙边门首相面为抢巾，用副相者为寻风，用活络句、借用字、名十几条捆仙绳为扑板，在地上测字为砚地，在桌上测字为桥梁，走茶馆测字为踏青，写蛤蜊测字为蜊黑，板上墨画测字为混板，板上蓝画测字为蓝板，祝由科画符为于头子，画符而用火炉烧铁条曰三光鞭，画符治病能知病缘者为叉李子，走乡送符取义为劈斧头，等等。

清末民初，江湖上巫卜星相诸行、诸式仍流行多种，而且各有具有本行、本式特色的当行隐语流行，作为其宗教迷信职业群体的特定语俗。于此，略捡一些作为记述考察材料。

巫婆 又谓“巫女”“巫妪”，即女巫师，《荀子·正论》“出户而巫觋有事”注云：“女曰巫，男曰觋。有事，袚除不祥。”又《汉书·郊祀志》亦云：“在男曰现，在女曰巫。”历代巫觋，以女巫为众，一如《说文解字》云：“巫，祝也，女能事无形，以舞降神者。”巫婆常用当行隐语如：巫婆为师娘，生意为糊头，鬼为亡人，事主人家已故之人为阴人，外方鬼为野货，香为火头，蜡烛为亮条，须请羽客或和尚遣关亡人为响送，在门前祭以菜饭为骑门，纸舆为扁人担，包办超荐亡人的法事道场为软品，不包办者为硬品，富室为高门槛，中饱人家为低门槛，贫苦人家为门槛，等等。

文王课 相传周文王就伏羲作的八卦而推演为六十四卦，每卦为六爻，因卦起课，以制钱或铜元为卜具占课。占时，由占者焚香祷祝，将三枚钱币放进有盖的竹筒或龟壳之中，烟熏之后连摇数次再将钱币倒出，视钱之倒出后的正、反卦象附会人事，推断吉凶。正者为面，反则为背，两背一面为拆（八），一背两面为单（丶），三背为重（○），三面为交（乂），是为一爻；反复六次，即为六爻之卦。六爻之旁附有子、寅、辰、午、申、戌等诸字，中间的六爻为卦，旁边的六字即为课。文王课当行隐语如：文王课为圆头，租为拨，租房为拔阳地，多为彭彭太式，少为触哇，死为川，病死为大限川，溺死为龙川，胜为泥，负为笃，卦为更王，爻为甲底，动为答底，不动为圭空，冲克为日目，不相冲克为舍，命运之通者为奈亨，一分为流去，一钱为流宝，一两为流西，十两为流千，百两为流千宝，千两为流文，等等。

六壬课　是一种以五行占卜吉凶的术数。水、火、木、金、土五行之中以水为首，十天干中，壬、癸分别为阳水、阴水，舍阴取阳，而六十甲子之中又有壬申、壬午、壬辰、壬寅、壬子、壬戌六壬。六壬共分七百二十课，总括为六十四课体，以刻有干支的天盘、地盘相迭置，转动天盘得出所值干支、时辰部位，用以占卜吉凶祸福，故称为“六壬课”。六壬课的当行隐语如：卜六壬课者为六黑，大六壬课为大六，小六壬课为小六，好为坚通，不好为神古，套人口气为拔，学生意为太摩，有生意为得措，无生意为念捌，合做生意为搽才，合伙或合股为八米柴，做生意归家为倘扳转，做生意处为碾地，说话为吐调，说笑话为调皮，天为高明君，地为博厚君，太阳为西坠，月亮为兔窟，星星为好风，风为和薰，云为隔窗，雷为天鼓，雨为子望，雾为天迷，露为甘霖，霜为冰瑞，雪为集先，火为燎原，吵闹为犯搽，相骂为目西，贪食为吹毛，欠债为抵金，有钱为热子，无财产为流通，刁蛮为鄙貊，等等。

测字　隋代称“破字”，宋代称“相字”，亦称“拆字”，即以加减汉字笔画、拆合偏旁字体结构的文字游戏、附会人事、推断吉凶祸福的一种迷信活动。《后汉书·蔡茂传》载：“（茂）梦坐大殿，极上有三穗禾，茂跳取之，得其中穗，辄复失之，以问主簿郭贺，郭贺离席庆曰：‘大殿者，宫府之形象也。极而有禾，人臣之上，禄也。取中穗，是中台之位也。于字禾失为为秩，虽曰失之，乃所以得禄秩也。’”是知此术起源甚早。旧时于茶馆或街巷摆摊测字者比比可见，又有以蛤蜊壳测字者，虽然其当行隐语略有分别，并亦有测字者通用隐语，如：总称测字者为小黑，桌上测字为桥梁，测字写字用板为黑板，测流年为问太岁，测诉讼为问托孤，测坟墓为问土龛，测家宅为问窑堂，测蚕桑事为问错片，测六甲为问含欠，测疾病为问延年，测脱货为问放手，测进货为问上手，测运货为问搬手，测建屋为问造窑，测谋官为问求禄，测寻人为问漂底，测合合为问相逢，测筑灶为问相公，测开门为问开扇，测畜牧为问毛生，测栽种为问泥坼，测安床为问摆昏老，测出行为间流，测谋职业为问钻曲，等等。凡此，多有江湖诸行通用隐语。席地摆摊测字者隐语如：铺地之布为遮尘，字卷纸盒为宝笼，坐处为本山，写字的板为平桥，纸卷为残叶，价目纸为代口，灯为借光，揩擦平桥的粗纸为去迹，招揽生意的言语为卖法，铺席、布于街头巷尾为摊露天牌九，墙阴为向壁，屋角为檐底，街头为市杪，巷口为长口，阶石为厂下，以一字作三种折合附会为九宫，以八卦合年月日五行生克视卦爻断吉凶为八卦，以字之象形断吉凶为观枚，观人神色以定字之臧否为班色，套人口气以定吉凶为扳脚，骗人为将康，胡言乱语为宪，天为司覆公，地为司载公，太阳为出扶桑，月为离毕，星为拱北，风为透骨，云为想裳，雷为布鼓，雨为沛生，雾为杏花雨，起雾为排烟帐，露为未未晞，霜为葛履，雪为天盐，火为焰老，等等。在茶馆测字者隐语如：茶楼为青山，登楼为步云，抖生意为泡锚，走为游墩，生意做成为昌，生意不成为付，好为响坚，不好为古坚，看为板识，流年为太岁，财气为问水，财气旺为烘隆，财气不旺为悉率，打官司为匾官舟，赢为十五，输为十六，事成为合，事败为破碎，人将归为便面，人不归为搁浅，有为见，无为暗，等等。又有以蛤蜊壳测字者隐语，如：在蛤蜊壳中写字以测休咎者为蜊星，蛤蜊壳为对合，抛风为卖咽，说话为吐冈，说好话为降冈，说坏话为苦冈，说中为端，说不着（未说中）为不端，取钱为奎把，分钱为劈琴片，讨钱为呕风，多要为不将，放对为犯查头，油嘴为太咒，说本事为将气签，天为并包，日为常圆，月为东升，星星为列晷，风为入微，云为瞒天，雷为震公，落雨为洒润，雾为隔面，露为秋白，霜为露销，雪为疑絮，落雪为排六，天晴为空青，火为少阳，等等。

星家　即以星命之术为迷信职业者。星命之术认为人间的行为、命运往往与星宿所处宇宙间的位置、运行相关，因而每人均有其“星命”，时日亦有吉凶之别。旧时星家多以出生年月日及时辰，配合日、月及水、火、木、金、土五星的位置与运行来推测人的气数、命运。星家当行隐语如：天为乾宫，地为坤宫，父为日宫，母为月宫，兄为上，弟为下，子为欠，女为缺，夫为官生，妻为才字头，妇人为才大兴，少女为多花子，老妇为苍才，无为谷念，有为海，无父为念日，无母为念月，无兄为念上，无弟为念下，无子为念欠，无女为念缺，无夫为念官生，无妻为念才字，有父为海日，有母为海月，有兄为海上，有弟为海下，有子为海欠，有女为海缺，批张算命为八黑，花言巧语勾拢主顾为抛风，所说抛风言语为风头，生意好为烘炛，生意清淡为湖水，住客寓为杜琴头，人家为窑堂，房钱为窑巴，白天为热太阳，夜间为昏太阳，日为阳光，月为阴光，洋钿为琴工，角子为琴片子，铜钱为洋子，铜圆为黄片子，十为足，百为配，千为粳，万为草，忌为快，梦为混老，虎为巴山子，龙为海柳子，蛇为柳子，牙为瑞条，桥为张飞子，伞为开花子，塔为钻天子，[①] 伙食为堂食，谈锋为番头，同行隐语谓曲本，同行间相互问答切口为开曲本，拍马屁为托泡，吃牛屁为吃西皮，在本地谋生为守土，外出谋生为开码头，以巾、皮、李、瓜四行为业都统谓相夫，其四行为当相，旧时四行相夫搭船不论远近皆付钱十二文谓全通，付一半为半通，凡上船居头舱或入中舱亦须居头舱一边、不得过三块平基地步为锁利（否则须付全价），专留四行相夫的客店为相夫琴头，因当相者颇多禁忌而互不搭话为满摊犯大忌为开大快，有犯大忌者赔偿相夫当日费用为开堂食，所吃伙食为吃昏，犯清晨向人乞火之忌为犯吉个，称人行当为贵道，遇同行相互寒暄为通相，先生为元良，徒弟为徒恳，等等。

相家 即以“相面之术”为业者。相家根据人的面貌、五官、骨骼、气色、体态、手纹等情状附会人事，妄言可推知吉凶祸福、寿夭及贫富贵贱等。如“揣骨”（又名“摸骨相”）之术，即施术者妄言可根据揣摸人的骨骼高低、长短、广狭等来推断人的气数、命运。《汉书·艺文志》著录有《相人》二十四卷，《明史·艺文志》著录有鲍栗之著《麻衣相法》七卷。相家当行隐语如：相面为审囚，头为顶元，面孔为盘老，眼睛为照子，耳朵为采官，鼻子为闻官，口为海门，牙为磨子，舌为信心，眉为及第，发为皂飘线，胡须为草绿，喉为素儿，身为四大，腹为容老，手为上元，足为下元，拳为托起，大脚为太式，乳为缠手，

①梦、虎、龙、蛇、牙、桥、伞、塔八种，为星家八种大忌，行中隐语称，“八大快”是当行禁忌，直呼恐为不吉，或早饭和未营业之先禁直呼之。

妇人乳房为尖山，骨为枯枝，阳物为缩头生，阴物为盼公，交媾为拿蚌，男风为邓生，眼为马口，眇一眼者为单念照，双目失明为双念照，盲人为念照，哑子为念诀，聋子为老采，驼背为入公门，跷子为地不平，高个子为凿天，矮子为如射，胡子为老图，肥为花草，瘦为青条，麻面为雨沙，标致为坚立，丑为配酉，大便为撇条，小便为洒水，壮大为千叱，怯懦为肥妖，面白为草飘，面黄为金草，面黑为土宫，饥为枵，睡觉为昏斗，相之威猛者为尊严，相之薄弱者为飘，相之古怪者为岩棱，相之俗浊者为昏头，相之清秀者为高丽，相之顽恶者为粗杆子，相之厚重者为王道，相之孤寒者为峭削，面部十二宫为栏杆，两眉之间、山根之上的命宫为中峰，财帛宫（即鼻子）为峰底，兄弟宫（即双眉）为分八，田宅宫（即两眼）为亮子，男女宫（位于二目之下）为承泪，奴仆宫（位于地阁间）为西方客，妻妾宫（位居鱼尾）为重阴，疾厄宫（位居山根）为峰腰，迁移宫（位居眉角）为天苍，官禄宫（位居中正）为无梁，福德宫（位居天苍，牵连地阁）为天涯，相面处为站桥，招牌为杜子，贴招牌为飞杜子，于星、相、卜、测之中只专做一行为清，全能为浑，主客之乡村为狗庄，跑乡村为抄狗庄，等等。

相面当行又有不开口相面（即“哑巾”）、站立墙壁相面（即“抢巾”）等细致分别，其流行隐语亦略有行中特点分别，相对自成体系。如不开口相面隐语：相面为嘿斩，桌子为方面，椅子为撑子，凳子为曲身，桌布为白票子，写为描，笔为朝天，墨为元老，砚为方池，水盂为财地，墨盒为元老合子，纸为披子，批好命纸为川披，头为魁儿，耳为招风，鼻为土星，口为风门，心为柔苗，眉为探老，发为云线，须为龙图子，喉为司谏，腹为西方，手为脱瓜，足为踢土，乳为吞子，阳物为金星，阴物为北风，睡觉为并足，瘦为柴，肥为濯濯，丑为古寒，麻面为刊通，哑口为忘言，耳聋为目听，驼背为但结，矮为脞身，瘸为定半，等等；又如站立墙壁相面者隐语：布招牌为吸壁帘，相之长寿者为苍老，相之不寿者（30岁左右）为半苍，相之夭殇者（弱冠以内）为拆穿，相之大富者为必大，相之温饱者为天平，相之贵者为串头。相之贱者为线色，相之贫者为绝色，相之无后嗣者为无烟，相之克子女者为煞深，相之凶残者为叉心，相之慈善者为良厚，相之贞节者为清，相之不贞者为浑，相之清逸者为流，相之孤寒者为漂，呆人为洋盘，乡下人为千张生，读书人为子日通，开店者为朝阳子，癞皮为伯牛有疾，学生为丁七，工匠为斤邱，犯官司为匾孤，有是非口舌为咬手，得财为有皂，破财为失皂，好嫖为花皂，好赌为者皂，等等。凡此，可见其当行特点分明，自为一家之语。

算命　算命是把人的出生年、月、日、时按天干、地支依次排列成八个字，再以本干支所属五行生克来推断气数、命运的一种迷信方式，俗谓“批八字”。旧时订婚时所交换的双方庚帖即“八字帖”，听凭算命先生首先批算，无克无忌方可成婚。相传始于战国时代的鬼谷子，故历代算命业者皆奉其为行业祖师。一说始于唐代李虚中，而鬼谷子是其托名。民间算命活动，实际上是以“八字”为基本操作形式，同时又多兼用星相之术，并因侧重的形式而略有分别。如隔夜算命（代子巾）隐语：此行多拔阳地（拔阴不便作弊）而该处为拔地，招牌为近仙客，算命纸为代言，抽屉为海底，椅子为安身，桌子为面天，墙壁为隔帐，间命客为狗子，乡下或土气的问命客为土狗，年轻的为抱，年老的为瘸，来了为入步，问命客人自我陈述为招供，从抽屉取命纸为捞海底，识得为观亮，虚说为王六，聪明人为慧老，巧人为占生，知晓行中之事和识弊者为元梁，抛风为卖咧，能说会道令人信从者为咧亮，反之谓咧砂，打招呼不让识弊者说破为漂梁，等等。

量手算命（量巾）的隐语如：招牌为式头，营业处为三尺，量手之尺为星琴，量手之绳为软尺，看为斜手，抛风为板客，命书为注定，骗人为将康，有眼力者为宪照，知事能人为端亮、反之不知事为不端亮，说出来为吐咧，趁钱为浪肘，好为坚，不好为念，他为渠，你为伊，我为念儿悉，洋钿为芹片，生意为赞曲，收摊为卷帘，等等。

拉胡琴算命（夹丝巾）的隐语如：胡琴为扯老，琴弦为细柳条，琴马为架柳条，琴弓为弓，生子为脱欠，生女为脱斗，坐喜为含欠，生孙为巴欠，无子为念欠，无女为念斗，子多为兼欠，遗腹子为飞肉，孪生子为双欠，死为川，病死为年川，溺死为冷川，溺井而死为穴川，击死为杀川，烧死为丙丁川，杀死为侵川，勒死为抵川，吊死为绵川，死于牢中为闷川，服卤水而死为信川，虎伤为寅川，犬咬致死为戌川，蛇咬致死为巳川，产亡为红川，死于痨病为火川，雷轰死为乾川，夫亡为官川，妻亡为才川，子腐为川欠，女夭亡为斗川，公亡为东川，婆亡为西川，解星宿为熒获，镇太岁为穰本年，祖茔不安为枢凶，宅门不吉为洞凶，等等。

弹弦子（三弦）算命（柳条巾）的隐语：算命为梳牙，三弦为柳子，弦为柳条，盲人探路棒为问路，盲人为念子，盲人算命为念梳，排流年为挤丙子，排算生辰为黑虎道，八字为捌黑，合婚为合寸，请坐为登壁，春为木季天，夏为火季天，秋为金季天，冬为水季天，今年为本太岁，去年为旧太岁，早晨为拔本，晚上为兜昏，半夜为孩交，属鼠为光嘴通，属牛为摆子通，属虎为爬山通，属龙为海条通，属兔为钻坎通，属蛇为柳子通，属马为横行通，属羊为长髯通，属猴为根斗通，属鸡为啼明通，属狗为守笆通，属猪为垂耳通，元旦为聚众，元宵为光节，立春为回阳，雨水为天泉，惊蛰为发蒙，春分为解木，清明为雨朝，谷雨为济贫，立夏为火头，小满为中康，芒种为勾甲，夏至为改火，小暑为避雷大暑为乘阴，立秋为迎金，处暑为絺居，白露为阳絺，秋分为剖金，寒露为蛩浆，霜降为木落，立冬为水头，小雪为露白，大雪为重裘，冬至为水中，小寒为挟纩，大寒为拥炉，等等。其岁时节令悉照用明清江湖通用切口无异，可见江湖诸行隐语之相通及相对稳定传承的特点。

敲铁板算命（湾巾）的隐语：铁板为湾子，敲铁板为鸣湾，算命为抄命，东为仰盂，朝东走为工仰盂，南为中虚，朝南走为工中虚，西为上缺，朝西走为工上缺，北为中满，朝北走为工中满，向左为工青，向右为工白，向前为工朱，向后为工玄，村落为狗庄，大路为洒苏，小路为不由径，近路为明，远路为暗，小胡同为狭侧，高为仰攀，低为俯就，子时为了一，丑时为刃一，寅时为盖头，卯时为傍儿，辰时为盘头，巳时为未巳，午时为干角，未时为一木，申时为串心，酉时为西营，戌时为守边，亥时为末时，春为甲通，夏为丙通，秋为庚通，冬为壬通，今年为今太岁，去年为过令大阳（岁?），天晓为办明，上午为不将，午后为将了，晚上为扯线，半夜为太，生为添，死为川，正月初一为元晨，立春为木头，惊蛰为警愦，清明为良牧，芒种为力田，夏至为添线，立秋为肃风节，年纪为丈头，等等。此外，当行隐语又有赞、攀、叹三谓，是其算命三要术。凡遇年幼者施以赞术，云其命大必得富贵寿考，以悦其父母。凡遇中年间命之客，如其今年流年不佳，则云明年必大佳，如明年又不佳，则云后年必大佳，逐年推衍无穷，使之总怀幸运期望，是为攀术。凡遇老年问命客人，即施叹术，叹惜其年老而前运不佳。由此可知，“三术”乃依人境遇心理油嘴滑舌欺人之道。

鸟衔算命（追子巾）是以黄雀啄牌签的骗人之术，其隐语如：算命为剪牙，衔牌鸟为梳枭，鸟衔为禽推，纸牌为叶子，配妻为已才，娶妻为挂才，成婚为披红，起身欲行为结坐，买丫头为挨手，买小厮为挨子，靠人家或充人佣为挨通，说亲做媒为炉老好，谈往事为日料，天为云表，日为阳乌，月为阴宗，星为在东，风为骤吼，云为蔽日，雨为天线，雾为如烟，露为湛斯，火为分炎，好村庄为良棋局，生意好为响亮，有才干的能人为柳党，等等。

以龟算命（袱包子；蔡梳）的隐语如：龟为剋蛇，好村庄为良棋盘，生意好为响帐，教书先生为传醢，读书人为灵儿，学生为丁七，幕宾为生唏，甜言蜜语骗人为忽板，管公事人为牵生，写状人为抄孤子，画家为搠彩，光棍为滑生，大光棍为擀面杖，闲汉为班史，帮闲者为偕消白昼，赌客为浑是胆，皂隶为反竹，捕快为手身，主客为苍生，等等。

二、娼妓隐语

娼妓是世界共有的一种社会变态现象。30 年代，郭箴一在讨论中国妇女问题时认为：“我国实业不发达，劳动妇女较之欧美为少，但连年的天灾人祸，加之列强的经济侵略，使整个的经济组织破产，因之许多贫困人家乃将其妻女出卖或抵押给鸨母为娼。这种新闻，我们在任何报纸上每天都可以看见的。娼妓的产生，最主要的就是经济的原因。此外都市中性比例的不平衡，经济能力不能结婚或迟婚者的众多，男女地位不平等，教育的不平等，女子知识技能的缺乏，以及恶环境的影响等等，都不过是产生娼妓的次要的副因而已。"① 日本当代文化人类学奠基人祖父江孝男在讨论文化和人格时，认为卡特纳所断言"男人多才使女人成为娼妓这样的结论"是"滑稽可笑的"，他说："确实那里的女人带有娼妓性特点，其他的调查者也提到了这样的现象，可是，形成这些现象的原因，被一些学者解释为，显然是由于这个岛特殊的分工形式造成的。马克萨斯的女人所承担的经济责任非常轻，其结果，因为她们没有其他像样的工作，就把全部时间和精力，都用在讨男人喜欢的事情上。本来波利尼西亚这个地方，就以全体居民具有乐天性的性自由、性享乐的风俗，受到广泛的赏识。"② 所论各有所据。对此，鲁迅亦曾有过精辟而深刻的议论："奢侈和淫靡只是一种社会崩溃腐化的现象，决不是原因。私有制度的社会，本来把女人也当作私产，当做商品。一切国家，一切宗教都有许多稀奇古怪的规条，把女人看作一种不吉利的动物，威吓她，使她奴隶般的服从；同时又要她做高等阶级的动物。……自然，各种各式的卖淫总有女人的份。然而买卖是双方的。没有买淫的嫖男，哪里会有卖淫的娼女。所以问题还在买淫

①郭箴一：《中国妇女问题》，商务印书馆 1937 年版，第 120 页。

②［日］祖父江孝男：《简明文化人类学》，季红真译，作家出版社 1987 年版，第 104—105 页。

的社会根源。这根源存在一天，也就是主动的买者存在一天，那所谓女人的淫靡和奢侈就一天不会消灭。男人是私有主的时候，女人自身也不过是男人的所有品。”[①] 这是从社会制度来考察娼妓产生的根源。总之，社会政治经济制度及与之相适应的社会文化，是产生娼妓等社会变态现象的根源。娼妓现象直接反映着变态化了的价值观念和人格观念。

春秋时，管仲设女闾三百，燕赵王公多娶娼妓为姬，越王勾践输淫佚过犯的寡妇于山上，令士中思忧者游山以喜其意，可知当时已有娼妓一行雏形。至秦代，因提倡贞节，则官娼稍少而私娼却渐增多。至汉代，即出现了营妓、乐妓，形成了早期娼妓制度。据说隋唐时娼妓比前代均甚，隋炀帝南下亦至江都淫狎娼妓，以扬州娼妓最为著称，繁盛一时，一如于邺《扬州梦记》所载：“扬州，胜地也。每重城向夕，娼楼之上、街上，珠翠填茵，邈若仙境。”唐代以官妓为最盛，改设教坊，天宝之乱以后教坊散处民间，即出现了“平康里”。至宋元，由于程、朱理学等当时社会文化观念的影响，娼妓业渐衰，“几至全灭”。而明季以来又见兴盛，以所谓六朝金粉之地的南京最为盛。明初即发布了关于发良为娼的律例，仍存在营妓之制，官妓、私妓并存。明侯甸《西樵野记》载：“国初于京师尝建妓馆六楼：来宾、重译、轻烟、淡粉、梅妍、柳翠；下四名主女侍言。”刘玉《已疟编》亦载：“江东门外，洪武间建轻烟、淡粉、梅妍、翠柳四楼，令官妓居其上。”明“风月友”辑《金陵六院市语》以及《六院汇选江湖方语》《行院声嗽》等，即当朝娼妓行业兴盛的产物，是为

①《鲁迅全集》第4卷，人民文学出版社1981年版，第516页。

娼妓语俗。然而，江湖隐语中关于娼妓的内容，宋元时已有之，如《绮谈市语·人物门》所载："娼妇：妓者，水表，妲老。"对此，明清时江湖切口不乏其例，又如《江湖切要·娼优类》载："妓女：青马，青细，客细，众才；私窠子亦称客细。"

至民国初年，虽多次明令禁娼，如宁波市政府内政会议曾有《取缔公娼严禁私娼》的提案，然而，在南北繁华都市、商埠，娼妓行业仍未绝，尤以上海、北京等为全国之最著。据 1920 年工部局禁娼前的统计，不算租界地，上海时有娼妓 60141 名，分为长三、么二、野鸡、花烟间钉棚四等；又按其出身家乡分为苏杭、扬州、宁波、广东四帮。据调查，从 1912 年至 1929 年十余年间，北京娼妓业最盛为 1917 年，当时在警方登记的妓院即有 460 家，从业者 3887 人。此十余年间，警察厅有时可月收花捐 10967 元。据 1926 年广州社会局的调查，当时当地有上等妓院 70 家，761 人；中等妓院 42 家，486 人；下等院 16 家，115 人；总计 128 家，1362 人。此外，未登记的私娼尚有大约 2600 余人，占大多数。据公安局于 1929 年 10 月的调查，汉口当时有妓户 749 家，2533 人，其中幼妓 388 人，此外又有约 8000 人的私妓。据 1926 年的一份调查反映，上海的娼妓与全市人口比例为 1∶137，牛庄是 1∶113，哈尔滨是 1∶82，北京是 1∶258。[①] 故当时有人惊呼，"中国淫业的发达，在世界各国首推第一"[②]。足见近代娼妓行业之盛，虚伪繁华掩饰着末世景象。此时，中国娼妓业作为一行职

---

①上述统计均未包括外国籍的在华娼妓。

②郭箴一：《中国妇女问题》，商务印书馆 1937 年版，第 134 页。

业，不仅有行业祖师[①]，亦早有当行隐语，从明至民初，已构成了一个相当完备可观的系统。由其诸般隐语行话，不难考察一代娼妓职业群体的内部言语差别、行中行事、行规及各种活动状况、情态，借此更知世俗之腐败、污浊。

八大胡同妓院　旧北京以妓院所在地命名的胡同颇有一些，如本司胡同、勾栏胡同（今内务部街）、演乐胡同、西院勾栏胡同（大院胡同）、宋姑娘胡同（东、西颂年胡同）、粉子胡同等。末二胡同为私妓、暗娼之地，宋姑娘为明代名妓，余者皆官妓、营妓之地。而“八大胡同”则是陕西巷、韩家潭、石头胡同、胭脂胡同、皮条营、百顺胡同、王广福斜街、大李纱帽胡同的总称，是珠市口北、前门到和平门之间妓院最集中之地，有的以独院“书寓”“书馆”为格局，有的是两合、三合、四合乃至楼房小院为格局。日伪时，“八大胡同”曾有各种妓院 117 家，有妓女 750 多人，足见其盛一时。此地妓院当行隐语名目颇多，亦是其繁盛一时语俗之证。如：妓院总称窑子，上等妓院为大地方[②]，二等妓院为中地方，二三等妓院又谓茶室，妓女总称窑姐儿，未破瓜雏妓为清倌、桌面，已破瓜之妓为浑倌、炕面儿，谓最卑贱妓女为下三烂，妓院主人为掌班的，收买幼女先教唆淫术再卖入妓院者为领家的，妓女无领家的庇护而所依赖的地痞为扛叉的，以扛叉为业者为耍叉，依靠淫业为生计为捞毛的，掌班的、领家的又总称王八，掌班的手下喽啰为爪子，妓院中雇来周旋、调停

①其供奉女狐仙。又据《清稗类钞·娼家魔术》载：“北方娼家必供白眉神，又名袄神，朝夕祷之。至朔望，则用手帕蒙神首，刺神面。”

②又谓“清吟小班”。北妓组合的小班为“北班”，有燕、晋之分；南妓组合的小班为南班，有苏、扬之别。

客人的女佣为大了，男佣为跑厅的，去妓院为逛窑子，有客至妓院门房喊看厅，客选妓女为挑人儿，妓女为客选中为挂上客，勾搭客人为挂客，客人请人代为介绍妓女为布客，挑中妓女的居室为本屋子，不名一钱的嫖客为窑皮，随人逛窑子为喝边，数客同识一妓或数妓同识一客互称靴子，挑友人所识之妓为割靴子，同靴之人谓靴兄靴弟，互相会面为会靴子，妓所钟情之客为热客，客所钟情之妓为热人儿，预约留髡之客为定客，一度留髡后又复返之客为回头客，游客的寿头码子为冤桶，借住妓院而无留髡之实为借干铺，喝边者当所跟来友人被留髡时借干铺为睡腿，当日被挑中或布上[①]即留髡为走马上任，留髡两日以上为打连台，为雏妓破瓜为打头客，为已破瓜之妓破瓜的冤桶为打二客，继打头客之后享留髡者为挨城门，继寻常靴子之后被留髡为刷锅，因故不能赴之以夜而绝早来赴阳台之会为赶早儿、倒赶城或赶热被池，来月经为来垫子，来月经或生病期间有热客作陪而无留髡之实为守垫子、守病（又谓守阴天，则未必无留髡之实）。妓女与客人彼此亲热为上劲儿，妓女被召至饭庄或客人家为上买卖，妓女与客不期而遇由客人补写局票为补条子，吃花酒为摆饭局，妓院开市时由客人点鼓书并赏钱为听打鼓，每节一次由客人摆饭局、打牌、听打鼓为开市，每逢节前数日妓女各回其家为上车，节后回班为下车，下车后由客人给赏为捧下车，节日不回家为连市，妓女献媚为上劲，已至留髡程度为到班儿，妓女于正常收入外另向客人索要为开方子，妓女越班接客为过班儿，新出接客为新出手，游客弃此妓而挑彼妓为跳槽，妓女冷脸对客为冰桶，游

①“布上”为隐语，指由人介绍嫖客，介绍成了。

客于妓院中互相排挤为顶客，妓女从良为高飞，客人与妓绝交为裂锅，绝交而后经调停和好为锢锅，眉目传情为吊膀，客人索请客红笺为拿纸片，妓与乌师私通为弦子套，妓陪掌班或男领家的过夜为陪柜，美少年为小白脸儿，貌丑的客人为印度，以言语轻薄为损，捉狭为缺德，轻薄过甚为改透了，情欲为色，情欲过盛者为色迷，色迷欲达到的愿望为放色，接吻为咬乖乖，妓女应酬不到客人挑剔为挑眼儿，言行衣着土气为斜，言行衣着不俗为飘，愚蠢为傻，小气为贫，等等。凡此，尽可了解当时行中情景。当时北京妓院，除私妓外，均有营业执照，并要缴纳各种名目捐税。由妓院缴的名为乐户捐，还有由妓女本人缴纳的执照费、牌纸费、月捐等捐税。

长三书寓　这是上海的头等妓院，妓女多出自苏、杭二州和广东。其行中隐语亦自成系统，如：鸨母为本家，龟奴为相帮，鸨母之女（含养女）为小本家，随人逛妓院者为镶边大臣，乌师为先生，新收进妓院的妓女为原生货，包帐为包身体，妓女所倚仗的有势者为撑门口，有钱而不中礼受妓鸨愚弄为改羊哥，客人花钱俭而中礼为括精码子，客人不懂嫖妓花钱不当为瘟生，钱不多而喜狎游为极生，已破瓜之妓为大先生，未破瓜之妓为小先生，已破瓜幼妓冒充未破瓜为尖生生，召妓女为叫局，出局为堂唱，贸然召不识之妓为打样局，要同院姊妹代行接客为代轿，席间妓转至别客处为转局，不会歌曲之妓为哑局，妓家出香烟瓜子由妓与熟客茶叙为打茶围，非热客打茶围而以妓出局为由逐客为赶狗走，客人于妓院宴客为摆花酒，客人在妓家玩牌为碰和，鸨母花钱买妓为讨人，时髦之妓为红倌人（案：明代南京妓院谓妓来月经为红倌人），无名之妓为冷灶，开包梳拢为点大蜡烛，客宿妓院给房侍的赏钱为下脚，妓女嫁人为除牌子，客人赎妓而赏赠房侍为送银盆，妓院男女仆佣向赎妓客人道喜为献春桃，乌师赠物祝贺为送红衫，妓女经期为封江，于妓院玩牌、吃酒、过夜为三响头，寿头（呆人）为拜单、瓦老爷，妓女打抽风为吃司菜，嫖客欠账溜走为漂匪，嫖客与妓院女佣勾搭为搭脚，客不豪爽为牵丝，身体粗壮为大阿福，身体瘦小为油猢狲，年老妓女或阴毒鸨母为老百脚，不苟言笑为铁板板，骂人是鬼为徐大老爷，等等。凡此可知，上海上等妓院与北京八大胡同妓院情景及隐语行话又多有不同，原因在于当地社会风情、方言亦全然迥异。1920 年，上海上等妓院中从业妓女大约有 1200 多人。

雉妓 上海三等妓院为雉妓，俗为“野鸡”，据调查，1920 年当地大约有 24850 余雉妓活动在公共租界，有 12310 多出入于英、法租界。其作为当地较低等次的娼妓群落，隐语行话与别等，次又略有差别，自为系统。如：白日行淫为打炮，夜间行淫为做局，客人过夜为夜厢，起码价钱为抛盘数，打茶围为坐房间，鸨母买进妓女为套人，妓女典押于妓院为包帐，借妓院接客与鸨收入分成为自家身体，在家接客为住家，在街头招客为坐山，于街头招得客人同归为行香，客不给钱或钱给得少而走后妓烧纸钱咒之为摊房间，卖淫为做生意，烧汤为相帮，妓待客人酣睡后暗焚纸钱并熏客鞋祈其常来为攀冷头，妓所倚仗的恶棍于闲时过夜而不付钱为长白，妓初接客破瓜为点大蜡烛，包妓仍接客为披蓑衣，等等。

花烟间与钉棚 这是上海当时的末等妓院，而钉棚又较花烟间为次，是最低等的，作为又一娼妓群落，不唯条件、地位更低下，隐语亦略有不同。如花烟间：鸨母新买妓为套货（案：已不称“套人”而谓之“货”，是民间隐语行话虽多粗鄙俚俗，遣词造语亦如通语，颇有其修辞分寸），于门前招客为接财神，生意不景气为失锋，生意好为上锋，来客嫖事不精而用钱不当为充头子，生梅毒为中状元，吃鸨母责打为吃条子，新做花烟间妓女为落山，开包为挂红，院主撑为头，过夜资费为香头，销魂为关房门，等等。又如钉棚中隐语行话：即刻销魂为跑马，过夜为通宵，客人为老鲍，向客人额外索钱为打闷棍，过夜资费为钉子，拉客为捞死尸，淫业不景气为倒作，新作妓女为新山货，等等。凡此，显然又一番情境，与长三书寓相差悬殊。

上海于1920年还出现一种低级妓院，叫韩庄或台基，俗谓咸肉庄，院中妓女谓庄花或咸肉。韩庄中人多半为彪悍凶暴老妪或风骚徐娘，有的原是大公馆的姨太太，有的是舞女、影星或小家碧玉，沦落庄口为妓。庄口中人大约有四种情况，一是终生卖身为妓，不能赎出，谓杜绝的；二是有期卖身，典押式的，谓包帐的；三是不卖身给庄口而与之收入分成，谓拆帐的；四即来去自由的。同时又依其面貌风韵分为三等，其中末等的只能到外面拉生意。韩庄隐语行话与其他同行亦略有分别，如：台基为咸肉庄，鸨母为庄主，所雇妓女为坐庄，住家野鸡为跑庄，韩庄依靠的地痞或鸨母配偶为闩头，韩庄中人自谓庄口为碰和桌子，野合为露天牌九，介绍狎客与妓结识为拉皮条，钱少而喜狎者为荷花大少，米商为米蛀虫，棉商为花虫，良家女子与人作片刻之欢为跑风，狎客请代物色勾引女人为定货，吃亏而不自知为瘟孙，有须使人生厌为老苏菜，饮酒过多当即呕吐为还席，拇战为打擂台，等等。由此亦即可知当行情景与上述诸种的区别。

茶室　妓与客茶叙于院中，在江南旧时逛妓院不过夜即茶叙，收费较少。其隐语行话如：院中男佣为大茶壶，偶尔寻春者为走客，过夜为开铺，妓女别树艳帜为调屋子，所雇专事调解客妓关系的女佣为招说，冷遇不喜欢的狎客为登了，托病拒客为请螃蟹，反目为炸刺，妓女献媚之言为米汤，开玩笑为吹喽，熟客为直门儿，讨嫖钱为追账头，白日合欢为拉铺，私妓为台子，旅馆为行窝，淫业景气为两屋坐，不景气为看屋子，月经为大水贼，醉为寒端，等等。

江山船 旧时徽江、兰溪、金华、富阳等地妓院有设于船中的，广州的珠娘、无锡的灯船即如此，悉谓“江山船”或“交白船”。其行中隐语如：鸨母为底板，嫖妓为削交白，妓能唱曲为响口，不会唱曲为堵口，摆花酒为开畅，玩牌为做头木，嫖客为盖身，从良为冲天，打茶围为掀闷碗，等等。与其他用语皆不同。

粤妓 旧时粤地妓院隐语行话别为自己体系，例如广州妓寮为老举寨。共分三等，上乘寨有大局、小局之分，余二等各有日局、夜局之别，收费多寡均有分别。粤妓隐语行话如：妓为老举，未破瓜者为琵琶仔，年轻之妓为青马，雏妓为青细，王八为客盖，过夜为嫖舍，暗挑友人所识之妓为挖墙角或石敢当搬家，情欲冲动为发豪，与妓交欢为打炮，鸨母为市头婆，乌龟为半塘皇帝，从良为上街，所得缠头为百水，姘夫为契家老，偷看女人为勾脂粉、腊狗利，相公为契弟，男妓为男老举，店东为市头，外遇为偷老，勾引客人为勾老，姘老妇为掏枯井，妇女入韩庄与人野合为出车，情话为倾解，男子互相鸡奸为烂棉胎换烂布，吹牛为吹螺，捉狭为阴功，蹩脚为坠落鸡，阳物为昂勾、笨斥，坍台为丢驾，乞丐为四大叩，侥幸为无米粥，快活舒服为叹，好运气为好彩，吃亏为失底，等等。

相公堂子　“相公”古指宰相，如顾炎武《日知录》卷二十四：“前代拜相必封公，故称之曰相公。”后则用作对上层社会年轻男子的敬称，如《通俗编·仕进》：“今凡衣冠中人，皆僭称相公，或亦缀以行次，曰大相公、二相公。”旧时上海等大都市间有男妓，亦谓“相公”，男妓院谓“相公堂子”，专供当时达宦贵妇家、姨太太等寻欢，或好男风者发泄情欲，成为又一种变态行业。至今国外仍不乏此行。旧时相公堂子亦有其隐语行话，是其职事群落基本习俗之一。如：男妓为像姑，阔公子为酥桃子，富有却不知世故者为琴头，男妓老者为老相，嫖帐为酒码，以口含酒哺与客嘴为进皮酒，相公堂子为后庭窑，相互鸡奸为翻烧饼，寻嫖客为找户头，相公堂主为老肯，老相将男教化成女性为改江山，变糙黑皮肤相貌成润美为盘相，放屁为放炮，痢疾为身上来，油臀为倒垂莲蓬，教以应酬话为拌樱桃，习媚术为练功夫，行骗术为放手段，歌唱为开口白，不能歌唱为哑巴，等等。

中国社会历史进程中，娼妓史作为一种市民变态文化形态，已有1000多年历史，上述当行隐语行话，就是其腐烂污秽历史在语言史上留下的“隐语化石”痕迹。由此种种，考察历代市井风俗文化，分别良俗、陋俗，了解、透析民族文化史上各种市民心态、社会制度、都市历史等等，均不失为一些特定的口碑材料。对于探寻其赖以产生的社会根源，寻求根除如此病态之术，亦不失其独特作用。

三、赌博隐语

博戏本为民间游艺，而一当其与赌结合在一起，即成为一种社会陋俗，一种公害。赌博是世界各国文化的一种共有现象，在中国亦起源颇早，至今未绝。《论语·阳货》云："饱食终日，无所用心，难矣哉！不有博弈者乎?"宋邢昺疏云："《说文》作簙，局戏也，六箸十二棋也。"《孟子正义》云："后人不行棋而专掷采，遂称掷采为博（案：即赌博），博与弈益远矣。"是知赌博滥觞于游艺竞技，是游艺竞技的恶性变态。一如《三国志·吴书·韦曜传·博弈论》云："今世之人多不务经术，好玩博弈，……至或赌及衣服，徙棋易行，廉耻之意驰，而忿戾之色发。"《史记·魏公子传》亦载："公子闻赵有处士毛公藏于博徒，薛公藏于卖浆家。"后世赌博益发泛滥，名目迭出。如宋苏轼《乞降度牒修定州禁军营房状》云："城中有开柜坊人百余户，明出牌榜，召军民赌博。"(《东坡集·奏议十四》)据《宋书·羊玄保传》载，又有以郡官为赌注者："善弈棋，棋品第三，太祖与赌郡戏，胜，以补宣城太守。"是王臣之间以职官政事为赌博之戏，可知其恶。中国历代赌博形式、名目颇多，如汉代的弹碁、格五、意钱、樗蒲，南北朝时的双陆、握槊，唐宋时的长行、彩选、叶子戏、五木、扑卖、骨牌，明清季的马吊牌、麻将牌、押宝，等等。此外，尚有斗鸡、斗鸭、斗蟋蟀、斗鹌鹑等赌博方式，五花八门。至清末民初，赌博业于城乡各地更为泛滥，大都市、商埠尤剧，是衰败之象。如《清稗类钞》载："上海商业各帮，皆有总会之设，名为总会，实则博场也。惟欲设总会，须向租界之自治局领取执照。”又：“紥局弄赌者，设陷阱以倾人之博也，京师、天津皆有之，上海尤甚。若辈以此为生，终岁衣食，恒取给焉。大抵为楚产也，口捷给，衣华服，能取悦于人，易坠其术，沪人称之曰翻戏党。常以茗楼烟馆为巢穴，党羽众多，见有外来多金之伧父，群起而诱之，诱之以饵。饵为何？狎妓也，饮宴也，观剧也，游园也，务以投其所好，常得聚处为宗旨。既审，乃强使同博，则以三人愚伧父矣。而博之术至多，博之具不一，辄因其人而施之。”凡此，是为近代此业一个缩影。在中国社会历史进程中，赌博由游艺竞技演化为一种陋习，并于宋元以来进一步发展成为一种行业，是其悲剧式的三步社会变态历史。此间，伴随民间秘密语的繁衍流行，亦逐渐盛于赌业，化为当行内部交际语俗和基本职事特征。一部赌业隐语行话语汇集，几乎浓缩了中国赌博陋俗及其职事群落活动的全部内容和形式，是社会文化变态历史上的一块疮痕。

宋代以蹴鞠游艺为赌事，历史已多见文献记载，而《蹴鞠谱》中所载《圆社锦语》，已非单纯游艺竞技集团的隐话行语，而更是其作为赌博的当行秘密语。可以说，《圆社锦语》是今可见到的、中国历史上最早自成体系的、封闭式的赌业隐语行话。如例：相争为夹气，靴鞋为拐搭，来为入步，失礼为穿场，死为踢脱，脚为刀马，行动为折皮，好为圆，性起为出恶，娼妓为水表，有钱为夹胞，上前为搭，不好为歪，军人为攒老，老妇为苍老，少女为嵯表，村妇人为五角表，使女为用表，等等，可见一般行事及用语。《绮谈市语》中亦不乏赌行隐语，如赌者为作或惨，输为败，走为窜飘或逃，等等。

明代妓院中隐语称赌为“拽条”；明清江湖切口谓赌客为跳

生、浑是胆或珠履三千，输为伤手，赢为上手，等等。至清末民初，赌业昌盛一时，花样翻新，名目颇多，亦悉可于更多发达了的各种赌业当行隐语行话中考知其行事方式、内容、赌徒诡技以及当行的各种心态。

麻雀牌赌　又谓“麻将牌”，俗略称“麻将”，玩牌北方谓“打麻将”，南方称“叉麻雀”。此戏源自“马吊牌”。据考，“麻雀”即“马吊”之音转。宋代名儒杨大年曾著有《马吊经》一书，久佚。是知“马吊牌”出自宋代，盛于明代，明冯梦龙又著有《马吊牌经》。明清虽亦谓马吊牌为“叶子戏”，如明潘之恒《叶子谱》，然与古代“叶子戏”乃名同实异。麻雀牌之行，始于清代宁波，继而传遍大江南北。《清稗类钞》载：“光、宣间，麻雀盛行，达乎诸侯大夫及士庶人，名之曰看竹，其意若曰何可一日无此君也。”又载：“孝钦后尝名集诸王福晋、格格博，打麻雀也。庆王两女恒入侍。每发牌，必有宫人立于身后作势，则孝钦辄有中发白（案：牌张名）诸对，侍赌者辄出以足成之。既成，必出席庆贺，输若干，亦必叩头来孝钦赏收。至累负博进，不可得偿，则跪求司道美缺，所获乃十倍于所负矣。牌以上等象牙制之，阔一寸，长二寸，雕镂精细，见者疑为鬼爷神工也。”云云，是知其源始及时行。麻雀牌赌当行隐语行话名目颇有一些，如：麻雀牌为叶子，骰子为球，别人的钱为把儿，问人有多少钱为长短，赌时固坐位为九宫格，所坐位置为扳位，麻雀郎中为文场先生，认牌为认叶子，以油膏暗藏指甲间于牌角作暗记为点睛，已有大牌而将骰子掷中作弊的同伙为捉球子，以牌拍桌再以香烟头及火柴置于出牌处向作弊的同伙示意为手令，所置出牌之处为牌池，堆牌（案：北方叫码牌）为砌阶沿，藏牌为五雷诀，诈和为黄和，偷换吃牌为过搭，先以小输诱人以成倍获胜为放鸡子，以头钱赌资为滚头，招揽赌客为拉牌头，侍赌者讨赏为打抽丰，每日向赌中取钱花为吃小，二人共合伙作弊为锯板、抬轿子，东风牌为打张，西风牌为摭张，南风牌为拍张，北风牌为摸张，饼子为等张，条子为和张，万子为听张，中风牌为顺牌，发风牌为涩牌，白风牌为稳牌，别人的现成大牌为无打，将打出的牌收为己用为捞浮尸；又有当行数字隐码，如：一为项张，二为子张，三为吃张，四为出牌，五为对煞，六为成功，七为清一式，八为砌牌，九为抓牌，等等。

押宝赌　源于古代“意钱”博戏，《后汉书·梁冀传》“意钱之戏”李贤注引何承天《纂文》云：“诡亿，一曰射意，一曰射数，即摊钱也。”清全学诗《牧猪闲话》：“随手取钱数十枚，纳于器中。俟众压华，乃取计之，统计凡为四者若干，余零或一或二或三或成数。分为四门，以压得者为胜。俗谓之摊钱。”又云：“压宝者，以一制钱闭置于盒，分青龙、白虎、前、后四方之位，以钱压得‘宝’字者为胜。”是“押（压）宝”之名由来，而花样颇有，以之统称。又有以小木片刻一至四点4个“宝子”，幺、四红色，二、三黑色，任置一片于盒中，让赌客依点数或大小红黑格分别押注，中者为赢。摇摊与之相同，而以骰子取代刻有宝点的木片，亦称押宝。据《清稗类钞》载，又有“压扠”与“压宝”同为一技，“压扠者，掉两钱使擞摝，伺其将定，以手捺之。亦分四门，两阴也，两阳也，若一阴一阳，则名曰扠，内一钱色稍赤，赤者得阳，曰前扠，得阴，曰后扠，压得者为胜。诸戏皆推一人为桩，所挟赀必信莅于人，方可与众对敌，谓之开当（去声），主胜负出纳之数。压者不限人数，可容数十人。游手之徒，啸引恶少，喧哗叫呶，驯致斗殴攘窃，悉由于此，竞财启衅，风斯下矣。光绪中叶，士大夫多好之”。这种赌行旧俗又谓“宝局”“摊馆”，各处均有，名目方式亦五花八门，而当行并有隐语行话。如：写赌账人为先生，向东立者为白虎门，向东坐为骑口，掌金库者为培，掌行赌等费用者为瑞，赌场监督为大只华，掌赌者为成（上述培、瑞、大只华、成为四大天王），司宝人为上手，有限制之局为满头，无限制之局为门头，得财多为进水旺，计算并唱说赢额者为睇碟，场中掌检验、估算金银、首饰及银钱价值者为银台，场中负责报信、听遣、弹压诸事的仆役为快手，掌管现金人为活库房，精于伪赌以欺人者为老迁，有势力的流氓为大好老，所赢余利为红水，屡输而再次添本为放闸，押宝局主为上风，入局赌客为下风，赌技精良的赌客为象家，药骰（内装铁屑，可以磁铁作弊）为大傢生，以白发或茧壳丝，隐系作弊为小傢生、缆子，四只骰为四君子汤，无弊为滚钉板，等等。

抽签 即以抽牌签为赌，亦为押宝的一种。其隐语行话如抽签牌为问卜，伪作有钱呆人引诱别人下注者为引把，货担子为面子（中置食物少许，以使人相信为小本经纪人，是引把的伪装），路中邀人入局为抖水，局外人入赌注之股为帮庄，局外人为牌头，洞察其中作弊的局外人为流牌，不识其弊者为烂牌，生意好为吞，生意不好为流，等等。又有所谓“押六门赌”，亦属押宝一类，以似骰而大若童拳的“材头”为赌具，六面各点数与骰同，亦有隐语行话。如，押六门头为破狗阵，一点为地门，二点为进门，三点为我门，四点为人门，五点为出门，六点为天门，以钱下注于纵或横的二门为串，等等。另有所谓抽夜糖赌与之亦类似，可由其隐语行话见知：牌签为君子，云锣为呼孩童，签筒为君子套，糖为甜头，糖撸为挽桥，糖为旗块，小唱卖糖调为背门风，买主为小天，抽签为问卜，等等；这是一种以小赌卖糖的方式，见于小商贩。笔者童年（20世纪50年代初）于沈阳街巷见有一种“抠彩”的赌卖方式，一如抽糖赌。是将一分有许多小方格的木盘外糊一彩纸，格中各放一两种东西，糖块、小玩物之类，有的附有字纸。几分钱不等可抠彩一次，即任意抠破一格彩纸而获格中之物，若有字纸尚可按上面指示继续再抠而不另付钱。以赌售货之制宋元即已有之，如“扑卖”即是，以钱币为赌具，以字幕定输赢，赢则可折价买物。如《西湖老人繁胜录》所载：“牛郎织女①，扑卖盈市。”

掷骰子赌　此赌以骰子为赌具。骰子又名投子、色子，五代时冯鉴《续事始》以为三国时魏曹植所制，取投掷之义而名投子，时仅有投子2枚。宋程大昌《演繁露》认为，“骰子之制，即祖袭五木”。《清稗类钞·骰子之博》云：“今以骨或象牙为之，成正方形，六面分别一二三四五六之数，掷之，有四数者为红色，余皆黑，掷之于盆，视其转止，以所见之色为胜负，故亦称色子。”此与押宝的“摇摊”不同，“摇摊”是“以骰置器中摇之，盖即唐时之意钱。以四数之，谓之摊钱，又曰摊蒲，亦可随手取数十钱，纳于器而计之。每四枚为盈数，统计余零，或一或二或三或成数，分为四门，以压得者为胜。”掷骰子赌当行隐语行话如：骰子为号令，骰盆为号盆，将骰子夹于指缝以调换伪品为盗令，掷骰子可随心所欲为捉令子，掷下的骰子滚旋不已为翻

①当时的一种儿童玩具。

头，掷出的骰子倾斜而不能确定为蹻，于骰内充以水银作弊为黄，无弊之骰为穿火龙，等等。

放三四赌　《清稗类钞》载："上海之赌，有所谓放三四者，俗名倒棺材，皆下等游民所为。游民有领袖四人，分蓄赌器十二具，永不增减，苟有私设者，必集人毁之。四人者各以器三具，分授于其党，每具有二三十人司之，携至租界、非租界之接壤处所，以及乡镇，设摊于通衢，出器诱人，乡愚趋之若鹜。器为木牌一块，长约寸半，如长立方形，两面各刻长三人牌，非三即四，骤视之，一若得之甚便者。别有一匣笼罩其上，大小吻合。愚者见之，以为照三必三，罩四必四，决无遁饰。不知罩内之方洞，孔方而外圆，两端有钉系之，如轮轴然，可旋转自如。方其迎三而罩下时，以指一捺，则牌已斜立，吃紧于摊板之湿布（如无此布则法不行），外推则三，内移则四，此固理之至明显者。其时摊旁复有十数人，互相撬霸（假作轮赢谓之撬霸），押三得三，押四得四，观者眼热，亦必随之而押。岂知注三变四，注四变三，变化不可测矣。然亦有偶得者，是之谓钓鱼，饵之也。盖人多贪心，小注易得，大注亦必随之而下。亦安知其一去不返耶？"是为又一种赌事，而当行亦有隐语流行。如：做三四者为放钩，伪作赌客者为昌公司，在外望风者为把直头，勾引别人赌押下注为请财神，所赢的钱为靶儿，分赢钱为劈靶，乡下人为土老，妇女为大士，大孩子为小主，老年人为猴爷，等等。凡此可知，此赌并无技巧可竞，纯系骗钱之术。

做花会　《清稗类钞》载："花会为赌博之一种，不知何自始。极其流毒，能令士失其行，农失其时，工商失其艺。广东、福建、上海俱有之，博时多在荒僻人迹不到之处，而以广东为最盛。道光间，浙江之黄岩盛行花会，书三十四古人名，任取一名，纳筒中，悬之梁间。人于三十四名中，自认一名，各注钱数，投入柜中。如所认适合筒中之名，则主者如所注钱数，加三十倍酬之，其下则以次递减，至百金数十金不等，往往有以数十金而得数百金者。其后流入广东，而其法异矣。”各地花会赌形式各异，如上海：“以三十六门（内有两门不开），任人猜买，自封缄。由筒主开一门，启包检之，得中者，一赢二十八文。自钱二三十文至银数十百圆，均可购买。有代收处，曰听筒。其上门招徕者曰航船。以故贫家妇孺胥受其害。”此“听筒”“航船”即其当行隐语行活。又如：做花会为做筒了，做花会事破败或无力酬还赢资为倒筒，奔走花会处抽得余利者为吃小鸟，做花会者为老相，有人来捕捉为转向，官兵或警察为向子，做花会处为窃里，等等。

牌九赌　即以骨牌戏为赌一种打法，又谓“天九”俗称“斗牌”“抹牌”“宣和牌”。相传为宋徽宗宣和二年创制，高宗时下诏颁行天下。初为象牙制成，称“牙牌”，后为骨制，名骨牌。一具骨牌共 32 张，计 227 点，象征星辰布列方法。《清稗类钞》载：“骨牌之大者，不及寸许，截牛骨镶竹或木为之，精者间用象牙，故又名牙牌。正面镂窍，如骰子式。每页用骰子两面所镂而错综之，凡三十二页为一具。页各有耦，唯八点以二六与三五为耦，七点以二五与三四为耦，六点以二四与三点之么二为耦，谓之武牌，余皆文牌，自为耦。”骨牌由骰子演化而来，是戏亦叶子戏之遗制变异而成。玩法多种，赌中亦颇多技巧与诡鄙行事，由其当行隐语行话可略见一二。如：赌场为摇堂，天牌为无外，地牌为重浊，人牌为错八，鹅牌为白公，长二牌为四方，梅花牌为春先，长三牌为乍旋，幺六牌为送木，四六牌为明门，五六牌为丑相公，幺五牌为圆言，幺二牌为玉易子，二四牌为枕耳，三二牌为交壬，二五牌为水师佛，三四牌为鲜得子，二六牌为糖壳子，三五牌为笋丁，五四牌为迷麻，三六牌为鼎足，骰子为将军，牌中无弊为崭奔，牌中有弊为马刚，只赔不吃为桃花，只吃不赔为转统，玩牌手段高明灵活会作弊者为活手，善以眼识牌者为郎中，郎中搂上风霸为拷下风，以牌背竹筋纹络识牌为乱筋，以微点于牌横头污记作弊为云头，以牌背知点为活提，偷牌藏于袖中备用为袖箭，偷换牌为擢跳、跳龙稍，出牌后又偷取回为拍准，于其他牌角换牌为挖角（凡此作弊之术悉称乱把），以药骰充真作弊为根子，以灌注了水银的骰子作弊为掼杀，锉成方角不易滚动的骰子为羊方，活手、郎中以作弊骗赌为搂霸，等等。骨牌赌于赌博业中历史较久而比较普遍，其隐语行话亦与其它赌法的全然不同，是隔行之故耳。

综上可见，赌博业隐语行业系统的封闭性是比较强的，根本原因在于其多于赌中作弊骗钱财，一旦泄露个中之秘，则骗术大白无利可图。同时，各式赌法、赌具形制、规则等亦很专门，同一赌具与不同赌行其隐语行话名目即明显有其区别，可谓严密。赌行隐语如此丰富，考察赌博史及其社会根源、寻求根治之法，实为一些难得材料与必要的一个视点。

四、流氓隐语与乞丐隐语

流氓，即不务正业、撒泼放刁、蛮横无理之徒，或称“无赖”。“地痞”“恶少”等。汉扬雄《方言》十载：“央、亡、嚜尿，婟猔也。江、湘之间或谓之无赖……凡小儿多诈而猔谓之央、亡，或之谓㘈尿。”《世说新语·自新》所记“周处年少时，凶强侠气，为乡里所患”，被乡人与蛟、虎之患合谓“三横”，可谓少年无赖子。又如《新五代史·前蜀世家》载：“王建……少无赖，以屠牛盗驴贩私盐为事。”亦然。明清时江湖切口称赖皮为毛油生、伯牛有疾、出水虾蟆，光棍为油滑生、井桐摇落，大光棍为顺子、柳生、擀面杖，下流光棍为谷山、倒影枯肠等。历代城乡社会皆有流氓无赖之患，成为社会公害。而民初都市之中，又多成帮结伙，形成许多地缘或罪恶行事团伙，奸淫、抢劫、偷盗、伤害、诈骗、赌博等，无所不为，为人所不齿。乞丐、匪盗等社会群体之中，多有这种人物掺杂其中。作为一种社会群体，流氓无赖亦多有隐语，各地不一，从中亦可考见其团伙恶行与社会时尚。于此，略述民初上海流氓一般切口及拆白党、小瘪三切口，以为考察。

流氓一般切口　拳头为皮锄头，借由敲诈为讲斤头，无由硬诈为装准头，分赃为劈霸，吃讲茶为闩人头，硬借为摆丹老，向人取银钱为挨霸，钱为把，带枪抢掠为硬爬，专骗有钱男女为拔人，食为划，讲斤头的讨价还价为画花，手梏为金钏，打架为放炮，纠集团伙械斗为摆华容道，典当为高风子，带手梏为带钏边，吃官司为铁馋牢，在牢中为里入落，过犯为臭盘，敲诈或抢掠时被捉为任上失风，茶会为蟠桃，得钱仍还人为呕把，打招呼为接头，看人为照相，看为扦，入伙为家门，出事人为勃头，寻仇为上腔，外出为开码头，走开为出松，放走为脱梢，看风色为拔苗头，照应为札绷，寻觅主顾为拉排头，巡查搜捕得紧为风头紧，做圈套要人上为放生意，衣裳为皮子，撕衣为撕皮子，衣破为桃园，短衫为贴血，裤子为叉儿，帽子为顶功，鞋子为铁头，脚为袜心子，入内为叉进去，熟悉团伙内情者为老勃，说坏话为声音邱，说好话为帮腔，较量为犯，口齿伶俐为樱桃尖，不善言谈为樱桃钝，不必讲为免摊或樱桃割短，讲理为摊樱桃，斗嘴为斗樱桃，吃茶为尝孟婆，寓所为窑，旅馆为客窑，住旅馆为盘藏客窑，野鸡（雏妓）为跳窑，吃饭为赏枪，吃酒为红红面孔，门生为底老，不是本团伙的（外团伙人）为孔子（案：犹若东北土匪隐语“控子”），本钱为底勃，银洋为阿朗，角子为小马立师，铜元为黄粱子，铜钱为鹅眼，当衣服为吃官司，押当为跷脚，下雨为摆清，有求于人而行贿为垫台脚，奸情败露为踏脱镬盖，调和奸情为修镬盖，面貌为照会，设赌骗人钱财为吃引水，等等。

上海小瘪三切口　流氓群落亦有不等阶层，衣饰入时而混迹于中上层社会者与流窜街头巷尾而混迹于下层社会者，是其群落的两大层次。前者往往为商贾、资本家或某些政治集团所操纵利用，后者经济收入不稳定，无外援，则往往直接扰犯社会治安。上海的小瘪三即属于后者，其团伙隐语切口名目亦颇为不少。如：头目为爷叔，谓吃光、用光、当光为三光码子，庙为冷窑，寄宿屋檐之下为安檐，在门洞安身为摆头庄，宿于街亭、车站为流寓，留宿于老虎灶为吃夜茶，吃物为搭摸，饭店的残汤剩汁为汤面，烧饼为明月，残羹为零露，余饭为冷堆，油条为油杆子，茶为孟婆汤，脱衣服为卸甲，严冬在暖堂取暖为孵豆芽，身上无衣为掮钢叉，搜身上所藏钱财为抄把子，铜钱为梢板，进谗言为拆壁脚，收旧货为跑老虎，拾烟头为捉蟋蟀，兜售秘戏图为卖春，代人讨债为包做，人力车爬坡上桥时小瘪三帮助挽车乞钱为拉轮子，劫得东西疾逃为硬生意，为办喜、丧家打杂为红白，剃头匠为扫青码子，讨没趣为吃排头，贪小利者为刮精码子，无钱为憨皮，揩油为剪边，说出为摊，讲人丑事为摊臭缸，熟手、在行为烂饭，暗中送讯为放风，含混话为老举三，投靠山为搭山头，情况不妙为走油，生梅毒疮为四果客人，梅毒透顶为开天窗，以空话搪塞为掉花枪，赌光了本钱为赤脚，奴仆为三壶客人，吸鸦片烟为吹横箫，剃头为砍黑草，缝工为试短枪，叫花子为摇旱橹，做揖赔礼为早拜年，偷鸡为挑菜，等等。从这些常用隐语名目的内容，可见当时上海小瘪三们的行事、生活境遇与社会地位，与那些有政治、经济靠山的流氓显然不一样。

男女拆白党曹语　民初上海有专以诈骗钱财为业的流氓集团，上海话叫“拆白党”。这种流氓集团多男女混杂，亦有女性团伙，以各种手段流窜于街头巷尾伺机寻找敲诈行骗对象。团伙中亦有隐语，谓之“曹语”，从中尽可了解其日常活动方式和内容。如：年老妇女为老蟹，娇艳女人为崭盘子，丑陋女人为倒盘子，跟踪为钉碇，四处引诱妇女为兜圈子，以微词试探女人口气为摆香，引诱人为背阿大，屎为单老，相助为抱腰，得到钱为擒把，家中富有的丑老女人为玉蟹，成年女郎为枫蟹，女人被勾引到手为吊上，不为勾引挑逗所动为吊不着，男女为幽会而租赁的秘密住所为小房子，卷用女子金钱为捞横塘，向外埠拐骗妇女为出货，吃官司为反攻，等等。又如女拆白党中的隐语行话：拜老头子[①]为同参姊妹，拜罢老头子后又互相结拜为湾脚馒头，以色情引诱男人至下处鬼混时由事先埋伏的同伙诈掠钱财为仙人跳，专以假作丧亲骗人为白衣部，向女友诈骗为拆栏干，以美女作诱

①即黑社会中的靠山。

饵为打乖儿，男同伙为帮闹，女同伙为连手，勾引青年男人结为夫妇而以淫欲致死图得人寿保险费为做黑手，以姿色诱赌为搂软把，搂软把所获报酬为引水，等等。

历来乞丐这一社会群体都是人员情况最复杂的，是一种复杂的社会现象。然而，在人们的常识性印象中，只有穷困才求乞，事实却并非完全如此。贫困是产生乞丐的一个基本原因，但绝非唯一的或全部原因。作为举世瞩目的人类古文明主要发源地之一的埃及首都开罗，25000 多名各式各样的职业乞丐，在延续八公里的公共墓区形成了一个特别王国。闻名世界的巴黎地铁也是一个乞丐密集、犯罪案屡屡发生的恐怖世界。中国不仅古代有乞丐，当代亦存在一个遍布各地的“乞丐群落”。据了解，1983 年广州即有乞丐 10858 人，而两年后，即增加了 1000 人。这个神秘的当代中国乞丐群落中，有无人赡养的老人，有失足坠落的青年，有卖淫为生的妇女，有弃家出走的迷途少年，有伪装行乞的越狱犯人，有家庭弃儿，也有以行乞为业的巨富和政治运动的受害者；有单身的，也有携儿带女的家庭；有好人，也有流氓无赖……真是个颜色混杂的世界，这是一块孕育和滋生犯罪的领地。在这个群落中，也有着其独特的文化圈，如流行于山东乞丐中的自娱歌谣：“有家要出家，没家要找家，哥们姐们抱一团，天下拣饭的是一家。”又如流行于冀中、鲁北的：“八仙东游我西游，一世荡悠为快活。要上二年三年饭，给个县长也不换。”[①] 各种乞丐集团或群体的隐语语俗，也无疑属于其语言文化形态之一。

清末民初，在中国这块土地上即有了玩蛇行乞、耍猴行乞、

①刘汉太：《中国的乞丐群落》，江苏文艺出版社 1987 年版，第 119 页。

顶物行乞、戴孝行乞、哭诉行乞、改相求乞、唱春求乞、送字求乞、作揖求乞、托神求乞等等求乞方式，而且各多有其当行隐语。这些花样，早在明末清初的江湖隐语中得到反映，如：讨饭为挂熯、碎山，瘫叫化为披街，伪作落难求乞为搽相、沐猴，书写情节求乞为磨街党，带妇人求乞为观音党，手本讨钱为古相，带孝求乞为丧门党，作揖求乞为丢圈党，哭诉求乞为诉冤党，托神求乞为童子党，弄蛇求乞为扯溜，耍猴求乞为耍老子，等等。是知各种求乞方式并非一代形成，乃至这些花样于当代中国乞丐中仍屡见不鲜，并花样翻新，可见乞丐文化亦在传承扩播地进行时空运动。

透析乞丐隐语行话，不仅可了解其文化，尚可窥其行事多与犯罪相关，知其当中虽有令人怜惜的纯朴落难好人，亦不乏流氓坏蛋。请看清末民初流行于乞丐群落的常见隐语：讨钱为钉把，不识好歹为小蜡灯，美人为擦白，此人为格档码子，挖眼为借照子，以劣质东西充好物骗取高价为卖野人头，要戏人取乐为打棚欠钱赖账不还为到手凶，假称夫亡或妻丧为打单子，伪称访亲不遇为脱轴头，伪称逃难遇灾为寻伴子，假作生病为描黄，假充哑巴为画指，等等。至当代，以玩女人为挂马子，掏腰包为拨栓，掏人内衣口袋为翻板子，掏人上衣口袋为开天窗，等等，这类流氓隐语早已流行于各种乞丐集团之中，说明这一社会群落中含有这类人物、这类犯罪活动。这些特殊用语，正是其活动的语言事实。

凡此，以及各种帮会、匪盗团伙、人贩子、讼棍、恶吏等的隐语行话，都是市井语言文化的组成部分，是市民变态文化的直接产物和印证。社会在发展，市井变态文化也在发展，而这些下层社会的隐语也在变化。有的随着使用集团和群体的消失而消失，有的则在变化中延续着、发展着，成为又一时代的市井变态文化的产物和写照，反映了不同阶层、不同群体的社会文化心态与历史时代背景，以及都市社会生活中复杂的人际关系和形形色色的活世相。

第七章
中国民间秘密语要籍解题及史论

民间秘密语是社会中下层文化的一种语俗，源于民间，用于民间，加之又有各种民间社会组织和职业组织内部的种种戒规制约，以及其语言形态和内容多粗俗鄙俚，因而历代极少有专书流传；至于在正统的目录学专著这个神圣的殿堂之中，则更无其一隅席位。唐宋以来朝廷采风之事渐少，已莫如周秦时那样兴盛乃至有扬雄的《方言》问世。即或文人士宦感兴趣于民俗语言文化者，亦极少着意于民间秘密语。中国“仕文化”虽不例外地以民间文化为底座，却因以正统自居而离之甚远，二者之间形成了人为的表层沟壑。由于如此的文化传统与偏颇的世俗观念，结果在历代文献中保存下来的民间秘密语材料真可谓片鳞只爪，弥足珍贵。发掘、整理这些文献，对于考察、研究宋以后的民间社会、社会心理及政治、经济、文化，都具有重要意义。尤其是宋元以来，颇有一些隐语行话陆续为通语吸收，一些古代、近代文学作品的语言中亦有采用，这样对于研究中国语言文化史和文学艺术史，有着当然的价值。

全部可见到的民间秘密语文献，是我们考察秘密语这一特别品类的语言文化的基本依据。仅仅以这些可见文献代表其全部本来面貌和历史，未免武断和不公允，但这只能是历史的遗憾了。尽管专家们极力运用多种视点、多种相关材料力求去恢复其本貌，接续上断裂的历史，但实难如愿。为此，也只能将我所见到的历史文献中有关秘密语的专辑、专书，或相对集中的一些篇章、片段，分别作一记述、评论。

一、《圆社锦语》

见于宋汪云程所著《蹴鞠谱》。《说郛》中有《蹴鞠谱》的节录本，题为《蹴鞠图谱》，署“鄣郡汪云程”。又有影印旧抄本，见于《玄览堂丛书》第三集。《玄览堂丛书》影印旧抄本《圆社锦语》皆以隐语行话为词目，下注通语，如：“打鞾，添物。添气，吃食。宿气，中酒。夹气，相争。单脬，无钱。听拐，耳。夹脬，有钱。拐搭，靴鞋。葱管，阳物。字口，阴物。入气，吃饭。脬声，言语。达气，声气。膜串，不中。朝天，巾帽。侵云，长高。表，妇人。用脬，如使。喷噀，下雨。喝啰，叫唤。……”首录两种一至十数字隐语，次另书有“坐蹬十三解未写”字样，[①] 总共计录凡 130 余条。《说郛》本仅节录 45 条，而其中“健色，气球。足目，饱。下网，里衣。下马，舆”4 条却为《玄览堂丛书》影抄本所缺，知其亦非全本。《说郛》本标题只署《锦语》，而无“圆社”二字。“圆社”系当时蹴鞠团体，

①据钱南扬《汉上宧文存》考：“蹬，亦是踢法之一，见《诸踢法》条，共十三解。其实一切踢法均未写上，何止蹬之一类？不但此也，试将全书考查一下，未收之市语尚不少。如：开臁、圆会、哨水、齐云、野圆、出汗、不出汗、部署、校尉、茶头等。可见本篇并不完备。”

即“球社”。《通俗编·识余》云：“宋汪云程《蹴鞠谱》有所谓锦语者，亦与市语不殊，盖此风之兴已久。”（卷三十八）

《圆社锦语》是今所见之最早的一种比较完整的隐语行话专辑，是宋代即以流行民间秘密语的一大显证。蹴鞠之行已有如此自为体系的隐语行话，其余工商及江湖诸行亦当然无例外，但未见如此完整系统的文献。不过，翟灏《通俗编》“盖此风之兴已久”的断言仍属客观，唐李义山《杂纂》、敦煌写本杂抄俗语文献等所散见零星隐语，足以为证。中国民间秘密之兴，至迟可以唐代为上限。

辑《蹴鞠谱》者汪云程，鄣郡（湖州）人，生平事迹未详。

二、《绮谈市语》

见于宋陈元靓《事林广记续集》卷八。邵懿辰《增订四库简明目录标注》卷七邵章续录云：“《百川书志》有元靓所撰《事林广记》十二卷，六集五十七类，集事一千四百有奇，前、后、续、别、新、外六集，脉望馆目有八册，又有《书林广集》二册。”今有中华书局影印元至顺间（1330—1334 年）建安（今福建建瓯）椿庄书院刻本。

《绮谈市语》凡分 19 门：天地门，君臣门，亲属门，人物门，身体门，宫殿门，文房门，器用门，服饰门，玉帛门，饮食门，果菜门，花木门，走兽门，飞禽门，水族门（虫附），举动门，拾遗门，数目门。皆首列通语词目，次注市语。如《人物门》例：“道士，黄冠；羽士。和尚，缁流；光老。道姑，郑七。师姑，染七。行者，衍都。算命，星翁；参照。卜士，占人；日者。医人，方士；脬字。画者，画工；影客。阴阳，地仙；拨准。师人，巫者；岛八。女师尼者；岛七。媒人，伐者；执柯。牙人，侩者；牙郎。客人，商徒；仙子。公人，胥徒；贡八。村人，和老，牛子。娼妇，妓者；水表；姐老。”又如《举动门》例：“唱曲，善讴；谚作。声，遏云；绕梁。舞，回雪；柘枝。笑，晒。耍，羔□[1]。步，金莲。行，徒口；踏莎。坐，□垛。吃，食；兖□。醉，酕醄；酲透。老，桑榆；耄；苍。少，雏；笱；娃。病，违和；便作。泻，河鱼；破腹。瘦，□；削。睡，打口。饥，饿。饱，饫。哭，恸；□作。泪，睭泉；眼汪。死，物故；怨作。葬，襄事；襄奉。服，忧服；服制。墓，佳城。”等等，共计364条。

“绮谈”，即绮语，指纤婉言情词语，如陈廷焯《白雨斋词话》卷五云：“近人为词，习绮语者，托言温（庭筠）、韦（庄）。”在佛门，绮谈之语则指涉及情爱或女人的艳丽辞藻与理杂秽语，为佛教四口业之一。如《四十二章经善恶并明》载：“众生以十事为善，亦以十事为恶。何等为十？身三，口四，意三。……口四者，两舌、恶口、妄言、绮语。”又《法苑珠林》卷一百零五《五戒·戒相》载：“又《成实论》云：虽是实语，以非时故，即名绮语。或是时以随顺衰恼无利益故，故虽利益以言无本，义理不次，恼心说故，皆名绮语。”宋人以“绮谈市语”谓当时民间隐语行话，可知当时境遇地位，是一时正统之见。

这一部《绮谈市语》，虽间有当时通用俗语掺杂其中，如小杖为笞、上茅为如厕、老为耄之类，然为数较少，大都是当时常

---

①原文已佚，下同。

见的各行通用隐语条分缕析，依内容划分门类辑列，上涉君臣、宫殿，下及饮食起居等日常琐事，堪称迄今所见的一部最为完备也是最早的民间秘密语专著，弥足珍贵。由此，亦足见宋时民间社会应用隐语行话已成其特别语俗；并亦辅证除上述《圆社锦语》而外，社会诸行亦当有其封闭式的隐语系统，至于民间秘密社会组织，更不待言。同时，也可以说，《绮谈市语》已具宋代民间秘密语类义辞书的雏形，是当时其发达的一个显证，在中国民间秘密语文化史上首树一帜。

陈元靓，《事林广记》前集署“西颖陈元靓编”，而其所著《岁时广记》又署“广寒仙裔陈元靓”。据陆心源考知，陈元靓为福建崇安人。据《崇安志》载，广寒先生姓陈，不知其名，崇安人，为五季、宋初陈希夷弟子，后获罪尸解，墓在建阳县三桂里水东原。广寒先生有子逊，绍圣四年（1097 年）进士，官至侍郎，元靓当为陈逊之后。据刘纯为《岁时广记》所撰引文称：“龟峰之麓，梅谿之湾，有隐君子，广寒之孙，涕唾功名，金玉篇籍。”可知其无功名仕历。据考，陈元靓当为宋季宁宗、理宗时人，其三部传世著作，《博闻录》当成书于宝庆（1225—1227 年）以前；《岁时广记》当成书于宝庆、绍定（1228—1233 年）之间；《事林广记》则成书于绍定之后。[①] 后两种著作皆以民间见闻、日用为内容，而《绮谈市语》辑入《事林广记》续集，则亦属自然。但是历代这类书籍颇多，像陈氏这样收录这方面内容却不多见，可知其当有自己见解。

---

①详见胡道静《农书 · 农史论集》，农业出版社 1985 年版。

三、《金陵六院市语》

《金陵六院市语》今所见附载于清光绪十年（1884年）吟杏山馆《新刻江湖切要》书后，署“明风月友著”，显系托名。是篇杂录无秩，略致分类；首称：“六院风景不同，一番议论更别。既难当时分晓，可不预先推详？”末又云：“千言万语，变态无穷；乍听乍闻，朦胧两耳。致使村夫孺子，张目熟视，不解所言，徒为彼笑。故略序以告同人，须把他这场看破。”通篇凡八十四事，皆以隐语释通语，不分条目，漫延连缀成文，如：“自身而言：撒楼者，头也；凶骨者，鼻也；睁老者，眼也；爪老者，手也；齿老者，牙也，听聆者，耳也；撇道者，脚也；嘻嚠者，笑也；攘抢者，恼也；枪者，脸也；啜者，嘴也；摸枪者，搽粉也；高广者，肉香也；洒酥者，出恭也；杂嗽者，骂也；怀五者，丑也。自称呼言：老妈儿为波么，粉头为课头，乐人为来果，保儿为抱老，小娃子为顶老，酒客为列丈，老者为采发系，少者为剪列血，夹为瞎眼，骂玉郎为麻面，绳儿为蛮子，歹该为呆子，矮而壮者为门墩，长而大者为困水。自饮食言：称讪老知其用茶，称馨知其用饭，称海知其用酒，称直线知其用肉，称咬翅知其用鸡，称河戏知其用鱼，称碾知其吃食。自用物而言：衣服则曰袍杖，帽子则曰张顶，簪子则曰插老，银子则曰杏树，铜钱则为匾儿，汗巾则曰模攘。至若埋梦即没有之意，扯淡则胡说之辞；弄把戏以喻乎偷，郎兜以明手大。方列趣，与房里去声音粗近；设宴剪与讨房钱声实相同。哥道是，则曰马回子拜节；问是谁，则曰葛五妈害眼。滥嫖呼为高二，烘人比之刘洪。行经号为红官人，用绢呼作陈妈妈。有客妨占，号曰顶土，粉头攒龟，名为打弦。赚人以娘称己，自道小名柳青；令客连念三汪，诱此声为犬吠。”凡此可见一斑。

据钱南扬《汉上宧文存》考：“本篇犹称金陵六院，当出明初人手无疑。”托名“风月友”者，即非亦伪称“明”了。又案：“如宋戏文《张协状元》第二出《望江南》：‘使拍超烘非乐事。’超烘，犹云打哄。以超为打，是宋人语。又如董解元《西厢记》卷一《香风合缠令》：‘那鹘鸰渌老儿难道不清雅？’渌老即眐老。以眼为渌老，是金人语。宜其田汝成称之为‘宋时梨园市语之遗’。”是知本篇虽为明代金陵六院中娼妓行的隐语行话，亦为宋元江湖隐语遗制，又沿用有“宋时梨园市语”，亦是民间秘密语传承性质一证。宋季都市繁荣可谓空前，而明季社会则是一个浮丽、堕落、淫逸成风的。“何以性欲小说盛于明代？这也是有他的社会的背景。明自成化后，朝野竞谈‘房术’，恬不为耻。方士献房中术而骤贵，为世人所欣慕。嘉靖间，陶仲文进红铅得幸，官至特进光禄大夫柱国少师少傅少保礼部尚书恭诚伯。甚至以进士起家的盛端明及顾可学也皆借‘春方’——秋石方——才得做了大官，既然有靠房术与春方而得富贵的，自然便成了社会的好尚；社会上既有这种风气，文学里自然会反映出来。”[①] 当然，明季的这种风气并非仅此原因。然而，明季如此风气亦更为赤裸裸地反映到娼妓行业的当行隐语之中，《金陵六院市语》及《六院汇选江湖方语》《行院声嗽》的出现，绝非偶然，恰是一代社会风气的缩影。

---

①沈雁冰：《中国文学内的性欲描写》，载《小说月报》第11卷号外《中国文学研究》，上海商务印书馆1927年版。

四、《六院汇选江湖方语》

见于明代闽建书林所刊教坊掌教司、扶遥程万里选《鼎锲徽池雅调南北官腔乐府点板曲响大明春》卷一中层。全篇共 159 条，不分门类，隐语为词目冠前，次为通语注释，即以通语释隐语。首谓："但凡在于方情，而在江湖上走动者，称——"。如例："坚居，谓好与标致也。古老，谓丑而不美、苦而不好。土老，不知方情。杨孙，乃不识货之好歹。染孙儿，谓其不晓方情之事。华佗，乃行医的。驴唇，善骂人者。仙书，乃相人者。衍孙，谓村人也。终入孙，乃忘八也。古孙，谓蠢人也。吼孙，子弟们也。杨花孙，唱曲的人。牵孙，说人要理闲事。滔天孙，乃乞丐也。斗花，乃闺女也。细子，乃妇人也。雄西，乃婧子也。三六，乃劫贼也。七七，乃小贼也。酸子，乃秀才弄耍老子者。扯溜子，乃弄蛇的。调吼，叫人唱曲。"等等。

未署撰人，虽选入程氏书中，尚不敢定认即为其所辑。程万里生平事迹未详。

五、《行院声嗽》

见于无名氏《墨娥小录》卷十四，有明隆庆五年（1571 年）吴氏聚好堂刊本，和北京中国书店 1958 年据此影印本；又见于锄兰忍人编《新镌绣像评点玄雪谱》，有明崇祯刻本。是卷体例类如《绮谈市语》，按内容分为天文、地理、时令、花木、鸟兽、宫室、器用、衣服、饮食、人物、人事、身体、伎艺、珍宝、文史、声色、数目、通用，计 18 类，共 375 条。悉首列通语词目，次注以隐语。如例：“天文：天，苍子。风，彪子。雨，洒溲。日月，耀光。日，听光。月，卯光。冰，冬凌。雪，光花溲。地理：水，漱老。白地，慢坡。时令：冷，冰答。热，炎光。晚，昏兜。早，拔白。阴，布暗。暗，卜亮。十二年，一轮转。花木：枝柯，吃鬉。蕊，榍柮。鸟兽：马，鹊郎。驴，果老。虎，猛子。牛，驮；多丑生。狗，戍儿。羊，羶郎。鹅，羲子。鸭，咬翅。鸡，鸣老。蛇，缠老。鱼，河戏。猪，亥儿。蟹，钳公。皮，监儿。壳，呵坡儿。骨，柯枝。血，光子。杀，青。肉，线。骑马，挨梯。宫室：房屋，方下。勾栏，圈儿。门，钹掩。歹人家，外斗；尺钹。关门，秦拔。卧房，底里。寺，禅里。混堂，流钱。肉店，线钹。药店，汁钹。庙，毁老。阶级，甬道。行院筵席处，私窝儿。”等等。

“行院”，宋时谓行帮，如车若水《脚气集》卷上：“刘漫塘（宰）云：向在金陵，亲见小民有行院之说。且有卖炊饼者自别处来，未有其地与资，而一城卖饼诸家便与之护引行院，无一毫忌心。”金元时谓杂剧或院本艺人或其居处如《元曲选》中乔梦符《两世姻缘》第一折：“我不比等闲行院，煞教我占场儿住丽春园。”至明季多用指妓院或妓女，如《水浒传》第六十九回：“我这行院人家，坑陷了千千万万的人，岂争他一个！”又同回：“小弟旧在东平府时，与院子里一个娼妓有染，唤做李瑞兰。”其“院子”亦即“行院”。有时亦兼指艺伎，如《水浒传》第一百零三回：“那粉头是西京来新打趄的行院，色艺双绝，赚得人山人海价看。”由此可知《行院声嗽》之隐语流行于当时何人中间。

六、《西湖游览志余》

《增订四库简名目录》著录："《西湖游览志》二十四卷，《志余》二十六卷，明田汝成撰。明刊本有二，有清姚靖增删本，《志》八卷，《志余》十八卷。"又续录："明万历甲甲重刊本；旧抄本。"此外，还有《武林掌故丛编》本和上海古籍出版社1980年10月铅排本新1版。是书卷二十五《委巷丛谈》多方语掌故，并有两处记述明季杭州隐语，一为"杭州市语"，一为"梨园市语"。如"杭州市语"："《辍耕录》[①] 言：杭州人好为隐语，以欺外方。如：物不坚致曰憨大，暗换易物曰搠包儿，粗蠢人曰杓子，朴实曰艮头。"《白獭髓》言："杭俗浇薄，语年甲则曰年末，语居止则曰只在前面，语家口则曰一差牙齿，语仕禄则曰小差遗，此皆宋时事耳。乃今三百六十行，各有市语，不相通用。仓猝聆之，不知为何等语也。有曰四平市语者，以一为忆多娇，二为耳边风，三为散秋香，四为思乡马，五为误佳期，六为柳摇金，七为砌花台，八为霸陵桥，九为救情郎，十为舍利子，小为消梨花，大为朵朵云，老为落梅风。讳低物为靸，以其足下物也，复讳靸为撒金钱，则又义意全无，徒以惑乱观听耳。"又如"梨园市语"："杭人有以二字反切一字以成声者，如以秀为鲫溜，以团为突栾，以精为鲫令，以俏为鲫跳，以孔为窟窿，以盘为勃兰，以铎为突落，以窠为窟陀，以圈为窟来，以蒲为鹘卢。有以双声而包一字，易为隐语以欺人者，如以好为现萨，以丑为

①即明陶宗仪《南村辍耕录》。

怀五，以马为杂嗽，以笑为喜黎，以肉为直线，以鱼为河戏，以茶为油老，以酒为海老，以没有为埋梦，以莫言为稀调。又有讳本语而巧为俏语者，如诟人嘲我曰淄牙，有谋未成曰扫兴，冷淡曰秋意，无言默坐曰出神，言涉败兴曰杀风景，言胡说曰扯淡，或转曰牵冷；则出自宋时梨园市语之遗，未之改也。”凡此可见，颇有一些与《金陵六院市语》相同。故有人认为，“盖娼优之语原自相同，田氏以为出自宋时梨园市语之遗，亦有此可能”①。所记二章，以时下隐语溯其源为宋代遗语，又记若干隐语构造，分析可称充恰，至今研究秘密语仍具参考价值。

七、《通俗编》

清翟灏撰，有无宜斋刻本，武林竹简斋本，《函海》本，《丛书集成初编》本，以及商务印书馆 1958 年排印本。是书辑释方言俗语、名物称谓及典故等凡 5000 余条，按天文、地理、时序、伦常等内容分为 318 卷。是书卷三十八《识余》之“市语”条，引述《西湖游览志余·委巷丛谈》《江湖切要》《西京杂记》等诸书所载及当代江湖诸行隐语行话若干。钱南扬氏《汉上宧文存》云：“翟氏此篇恐亦沿袭明人语，不始于清初，而在丝、线、典当、故衣铺、道家星卜、杂货铺六行中，俱缺十字一目。清褚人获《坚瓠壬集》卷一载：‘一为旦底，二为断工，三为横川，四为侧目，五为釁丑，六为撒大，七为毛根——一作皂脚，八为入开，九为未丸，十为田心。’试与本篇杂货铺条相对

①钱南扬：《汉上宧文存》，上海文艺出版社 1980 年版，第 119 页。

照，何等接近，必同出一源无疑。则十字一目原有为翟氏所遗甚明。其它五行，当亦如此。”所考是其一得之见。《通俗编》载述这些内容，是因其俚俗而恰合所编体例及宗旨。

八、《江湖切要》

一名《江湖切》，未见初刊本，今所见为清康熙末卓亭子增广删定本，题为《新刻江湖切要》，为光绪十年（1884年）银杏山馆刻本。卷首有末署康熙五十二年（1713年）“八闽后学东海卓亭子录并订”字样的《江湖切序》，多以江湖隐语连缀成篇(详见本书前面所录全文)。次为《江湖切分类目录》，卷上为天文第一，地理第二，时令第三，官职第四，亲戚第五，人物第六，店铺第七，工匠第八，经纪第九，医药第十，星卜十一，娼优十二，乞丐十三，盗贼十四，释道十五，身体十六，宫室十七，器用十八，文具十九；卷下为武备二十，乐律二十一，舟器二十二，章服二十三，饮馔二十四，珍宝二十五，数记二十六，草木二十七，五谷二十八，百果二十九，鸟兽三十，虫鱼三十一，疾病三十二，死生三十三，人事三十四，凡三十四类。目录后注云：“后附梳牙法及圆光秘诀，内载卓亭新语广类编。”却未言及所附《金陵六院市语》。而正文之中，有“草木百果五谷类”，则实将三类合而为一了。又卷下舟器类于正文中作“舟具”，而刻工亦不精，是编印尚嫌粗糙。

正文之中，除一般常用之曰、名、谓、又、又曰、总名之类术语，又散见有广、补、增（或增曰）、改一类术语，足见其远非经历一人之手删订一次，或卓亭子之后尚有修订。正文皆以通语为词目，释以隐语，例如“盗贼类”：“盗首，掌盘。大盗，千七。窃贼，钻通。挖洞，穿窑。断路，勇打；〔增〕留客住。偷鸡，挑菜；又日残黄欠。剪绺，裁皮；抓瓜丝。白闯，撞辕门。毛贼，小老鼠。”大都如此体例，而最末的“人事类”又稍有不同，大都以“日”字连接隐语与通语，如：“吃曰班，又曰赏。做曰钻。分曰披。渴日咬七。要曰同工。复要走曰蛋赳。相打曰闹匾。叫曰显嗰。坐曰打墩子。说合曰抹铁。……吃酒曰扰山、领山。醉曰山透。”等等，可见与正文一般不同，是其体例未善。清翟灏《通俗编·识余》云：“江湖人市语尤多，坊间有《江湖切要》一刻，事事物物悉有隐称。诚所谓惑乱听闻，无足采也。”又引书中语例若干，并间或与今所见本不一，是卓亭子之后亦有增改之证。翟氏生于清乾隆元年（1736年），卒于乾隆五十三年（1788年），为清初人，但在卓氏删订《江湖切要》之后。据此，是书流行于清初，原本或出明人之手。

《新刻江湖切要》全书大约设立通语词目1000个左右，选录隐语行话约1600个，是从中国民间秘密语出现至清末收录最富、分类最细的一部秘密语词典。尽管编写体例及印制多有不善之处，作为一部由多人经手增删订改的第一部民间秘密语词典，不仅在中华民族语言文化史和社会文化史上是个重要文献，在世界语言文化史上亦应有其相当价值。我认为，只要认识到它的历史价值，就会觉得如此评价这部远莫如宋代善本精美的清末坊刻小书，还是公允的，冷静的。

九、《江湖通用切口摘要》

见于唐再丰《鹅幻汇编》卷十二，清光绪苏州桃花仙馆石印本。卷首称："江湖各行各道，纷纷不一。切口，即隐语也，名曰春点。字无意义，姑从吴下俗音而译之，阅者原谅焉。此乃摘其常用繁者，知之则可与此辈相问答，且道途间亦自防之一补。今所记皆各道相通用者，至于各行各道另有隐切口，乃避同类而用，隐中又隐，愈变愈诡矣。其类既多，其语可知也，故不载。"是知其所收录隐语行话名目，皆以吴方言语音记之，或即多采自吴方言区。末又称："以上所载，皆相夫要言，知此则尽足够用。适遇此等之人，不受其蒙蔽，彼亦不敢相欺也。"是知所录皆以应用为旨的"相夫要言"。所谓"相夫"，书中亦有说明："江湖诸技，总分四行，曰巾、皮、李、瓜，行此者名曰相夫。凡做相夫者，不曰做而曰当，故自称当相者。算命、相面、拆字等类，总称曰巾行；医病、卖药、膏药等类，总称曰皮行；戏法四类，总称曰李子；打拳头、跑解马，总称曰瓜子。"

全篇计收相夫江湖隐语300余种，皆以隐语释通语，大体分类，漫述成篇。如："以下日用常语：天曰乾宫，风曰斗色子，雾曰满天子，父曰日宫，母曰月宫，落雨曰摆乾，先生曰元良，徒弟曰徒恳，人曰生死，兄曰上，弟曰下，子曰欠，夫曰官生，妻曰才字头，妇人曰才大兴，少女曰多花子，老妇曰苍才，无曰谷念，有曰海……质库中当衣物曰兴兴子，回却他人使去曰时工，使人无词而去曰推送，人来责我曰训，说人好处曰弄缸，三日疟曰鬼头念课，使人不泄语曰封缸，假作痴呆诱人入鼓曰装洋，说大书曰清册，说人歹处曰千缸，炮船曰烘天底子，这个人曰割顶生死，江湖霸道治病秘方曰九丁十三条，虚而假者曰黄，忘记曰混老脱，说小书曰柳册，生意好曰烘炨，归家曰回窑堂，常人非相夫皆曰洋盘，点心曰春汉，无知人曰空子，炮曰烘天，好曰崭，歹曰大兴。”等等，凡此可见之一斑。

是篇专录巾、皮、李、瓜四种相夫当行隐语，对于考察其以往活动历史及社会风俗文化，资料堪称珍贵。

十、《贼情汇纂》

清张德坚主编，有旧抄本若干种和南京图书馆盋山精舍影印本。盋山精舍影印本系据王伯祥本影印。又有中国史学会主编、上海神州国光社 1952 年出版的《中国近代史资料丛刊》排印本，为第二种，名《太平天国资料丛刊》。是书为清廷官员张德坚等从咸丰三年（1853 年）所记太平天国各种情况，并且于翌年 11 月受曾国藩之命编辑而成，中间屡有修改增补，污称太平军为“贼”，故称之《贼情汇纂》。

是书卷五《伪军制下》，辑有《贼中军火器械隐语别名》凡 19 事；又卷八《伪文告下》中辑有《隐语》，凡 33 事，合计 42 事，皆以通语详释隐语。（详见本书第四章）悉为清方搜集到的太平天国军中隐语，虽数量较少，仍不乏参考价值。

十一、《江湖紧要》

1914 年重庆刊印本，全书 22 页，未署编者。凡分“汉流急用”“红旗传令”“安位条规”“讲论条要”“共庆升平”五类，悉谣诀式隐语（详见本书第二章），刻印粗糙。

十二、《江湖行话谱》

北京打磨厂学古堂排印本，凡分9类，悉以隐语注通语。如《行意行话》例：“买为抽。卖为挑。学舌为过黄。送信为送黄。醉了为山。有病为急念斜。未吃饭为念啃。喝酒为搬山。抽烟为啃草。抽烟卷为草条。烟荷包为草山囊子。大便为堆山。小便为摆柳。哭为抛须。走为滑子。剃头为扫苗。”又如《走江湖行话》例：“鞋，提土子。帽，顶章子。裤子，宝仓子。剃头，奔又。梳头，顺线。大帮，大柳，小帮，小柳。买枪，串蔓子。买子弹，串非子。桌子，方章子。睡觉，陈条儿。死了，碎了。磕头，叩飘儿。”

这是继《江湖切要》之后又一部重要的江湖秘密语专书，悉以行事为类，注释简明，搜罗亦富，足为考察清末民初中国社会的中下层文化参证。其中卷烟（草卷）、洋火（崩星子）等事进入秘密语，可知多属民初文化遗迹。

十三、《中国秘密社会史》

平山周著，商务印书馆1912年出版，为《史地小丛书》的一种，卷首为章炳麟、桃源逸士叙各一。萧一山《近代秘密社会史料》的《天地会起源考》云：“日本人平山周所作的《中国秘密社会史》，民国元年五月由商务印书馆翻译出版。”然本书未注明译者是谁。是书分白莲会、天地会、三合会、哥老会、兴中会及同盟会、光复公会六章，其中载有天地会、三合会及哥老会各种秘密语若干（已散见本书前三章，不另举例），虽不及后出之《近代秘密社会史料》为详，却有后者所未载内容，可与之参照使用，文献价值亦属珍贵。

十四、《近代秘密社会史料》

萧一山著，国立北平研究院史学研究会 1935 年印行，岳麓书社 1986 年 7 月改为简体字横排新版。是书为作者在 1932 年于英国伦敦不列颠博物馆抄录有关史料的基础上，加以研究辑成。书中辑录太平天国各式隐语甚富，为集大成者，文图并茂，极为珍贵。其中卷四《口白》多为谣诀式秘密语，卷六的《茶阵》与《杂录》中既有非言语形式秘密语，亦辑有许多语词式秘密语语汇（许多已散见本书前 3 章，不另举例），是载录太平天国秘密语最为详尽的一部史料。

十五、《切口大词典》

全名《全国各界切口大词典》，吴汉痴主编①，上海东陆图书公司 1924 年 1 月出版。卷首有“癸亥初冬缶老人”作序言一篇，序称：“近顷坊间之出版物夥矣，而独未及于切口，何也？岂以

---

①是书版权页又署“主任编辑胡汉痴”，以其姓“胡”，与封面所署之姓“吴”不符。

事属渺小为无足道耶！果如是，则谬矣。夫吾人涉世，相接为禄；百业中人，熙往攘来，吾尝自命为聪睿矣。而以所业之不同，故术语互作，但见唇吻翕张，不辨声响。无论同邦族，同乡邑，相逢讶如异域。世间可怪之事，孰有甚于斯者。或曰各业切口，诚有足重者，第造切口所以为隐，若笔而出之，则业中人其休矣。曰是则更谬。人未有不希其业之昌者；谓造作切口，乃以之拒人者，决非也。我知坊间之所以乏此著作者，实以社会之大，事业之伙，切口秘奥，无从侦得之耳。昔者偶忆及此，未尝不以为憾。今者东陆图书公司主人李龙公先生，乃不惜搜罗之难、编辑之劳，成此《全国各界切口大词典》一书，遽随我理想而实现。余既佩李君之卓识，乃复为世之好奇书者贺曰，陈言腐语，汗牛充栋。全国各界切口词典之出，眼帘可以一新矣。欣喜之余，亟为是序。”是为一时关于诸行隐语一家之见。

全书收录隐语行话近万条，按诸行分为 18 大类 376 子类（目录中漏标三子类），皆以隐语为词目，洋洋 10 多万字，虽其中重复、收录不严或注释不清之处不少，却是迄今国内收录最富的一部中国民间秘密语词典，保存文献之功不可没，参考价值至今仍存。考察是书，其资料来源一为以往散见文献，如采自《江湖切要》等书；再即采自当代诸行所流行，后者尤其增加了其文献价值（本书多处引举是书之例，于此则不另列举其条目）。

民国以来，散见于各报刊的有关中国民间秘密语的文献不多，至今不过二三十种。其中以容肇祖《反切的秘密语》（见《歌谣》周刊第 52 期，1924 年）为较早，比较重要的再即赵元任的《反切语八种》（见《史语所集刊》第 2 本第 3 分册，1931 年）和陈志良的《上海的反切语》（见《说文月刊》第 1 卷合订本，1939 年至 1940 年），是比较有影响的。

据姚灵犀《金瓶小札》“寒鸦儿”条载，“无穷会所藏明刊题李卓吾编之《开卷一笑》”的上卷，亦载录许多江湖隐语，然而因笔者未曾觅得研读，故于此不便讨论，仅此顺便著录以为参考。至于当代留意搜罗并研究民间秘密语者，当述及戏曲理论家钱南扬教授。其不仅收藏有《新刻江湖切要》一书①，而且尚辑有《市语汇抄》一编，见于其论文集《汉上宧文存》。是书编选录有《圆社锦语》《绮谈市语》《金陵六院市语》《六院汇选江湖方语》《梨园市语》《四平市语》《表背匠市语》《行院声嗽》《杭州市语》《江湖通用切口摘要》及《江湖行话谱》，凡 11 种，并对版本、作者、语词间有比较与考证、校点。《市语汇抄》搜集考证民间秘密语之富，于现今是不多见的，是知其用力之勤。

纵观中国民间秘密语要籍历史，已可窥知中国民间秘密语发展史的大体概貌。所谓“要籍”，实际上是将今日凡所能见到的有关文献几乎都著录于此了。事实上这方面的文献的确太少了，愈少愈显示出其珍贵价值，“物以稀为贵”。这个事实说明，发掘、整理和保存有关文献，已急不可待。这是拓垦这隅荒置已久的科学园地的一项基础工作，也是发掘、保存和利用这一民间文化遗产所必须做的一项工作。

---

①今北京大学图书馆所藏是书即据钱氏藏本月晒蓝而得。书前附有钢笔竖写小笺云：“钱南扬藏光绪甲申（一八八四）刊本《江湖切要》一书，其中所收于研究近代秘密社会史及通俗文学，俱为有用，因为北大图书馆晒蓝一部。一九五五年四月廿七日。向达。”原笺无标点。

第八章
民间秘密语与民族文化

民间秘密语是各民族语言文化所共有的一种民俗语言形态，是社会文化史的特殊产物。尽管其遁词隐意、谲譬指事乃至回避人知，颇具神秘色彩，然而只要揭去其神秘的面纱，即可为人展现一个洞察社会，尤其是中下层社会的崭新视点多又可从中下层社会芸芸众生活世相的反射透析上层社会，亦即对全部社会进行特别角度的考察了解。社会上任何事物都并非孤立的、超现实的存在，无不在社会各种事物与人际关系等社会关系的相互联系和制约中存在。在人类社会中，人是以构织和改善、发展各种社会关系来生活的，因为这个社会是以人为本位的。

民间秘密语在丰富多彩而复杂万端的社会生活中，不仅仅是用以协调社会诸行百业、各种社会集团或群体内部人际关系、进行内部言语交际、维护内部利益的一种特殊工具，同时也是一种并非孤立存在的社会文化形态。世界上绝无孤立、超自然的文化形态，民间秘密语亦自然不例外。这一点对于社会中的人与各种事物来说，是不存在例外的。因而，民间秘密语不只是用于某些集团或群体内部交际的特别语言符号，也是交织着复杂社会关系、凝聚了多种社会文化事象的文化符号，无论其符号的能指成分还是所指成分，亦分别兼具这双重属性。一个民族的文化，无论其有文字或尚无文字，无不以其语言为主要的基本传播工具和载体，同时语言亦凝聚和反映着其各种文化形态。民间秘密语作为一种“特殊语言符号”，也一定程度地传播、载录和反映着各种民族文化现象。

据有文献可证的唐宋以来这千余年中国民间秘密语的历史，其自身发生、繁衍、传承扩布和变异、发展的运动历程，无不与这世代更迭、社会变迁、纷纭世家息息相关，亦不同程度地凝聚了这段社会历史文化。文化是历史的产物，历史是连续的。民族文化是语言的底座，也是民间秘密语的基础。从这个意义上说，民间秘密语的历史，亦直接或间接地凝聚了以往的全部或部分民族文化，是以往民族语言文化的嬗变和继承。

民族文化是民族历史与社会生活进程中的政治、经济、知识、信仰、法律、道德、艺术、习俗惯制等的总和，是以民俗文化为基座的。民间秘密语作为一种独特的民族文化形态，它所反映的民族文化现象也是多方面的。在此，我们拟以民间秘密语为材料，对民间语俗、民间游艺、亲属及社会称谓、婚丧礼仪以及衣食住行等民俗文化几个方面，试作一番考察；在用以说明民间秘密语与民族文化之间的内在联系的同时，兼以展示其内在的民俗文化底蕴。

一、民间语俗

民间秘密语作为一种民间文化形态，更具体地说，是中下层社会集团或群体的一种封闭或半封闭体系的语俗。它的产生，首先是以用于内部交际、组织和协调内部人际关系及维护内部利益的基本功利为基础的。同时，它也兼具语言游戏的次属性，或说附属属性。

中华民族语言文化有着悠久的语言游戏传统。以汉语文化为例，《诗经·小雅·苕之华》中的“群羊坟首，三星在罶”，东汉牟融《牟子》引谚“少所见，多所怪，见橐驼言马肿背”（清沈德潜《古诗源》卷一注云：“谑语使读者失笑。”），即汉籍中较早的又被称作“隐语”的歇后语，亦具有语言游戏属性。又如吴王夫差时童谣：“梧宫秋，吴王愁。”（沈德潜注云：“国家愁惨之状，尽于六字之中，不啻闻雍门之弹矣。秋，隐语也。”）虽愁惨事，亦以语言游戏之法为之。如此文化传统，自然影响后起的民间秘密语，为民间秘密语所吸收。从某种意义上说，改换通语名目造出隐语以回避人知，这也是一种语言游戏的遗制。一如宋王谠《唐语林·补遗》中云：“近代流俗，呼丈夫、妇人纵放不拘礼度者为‘查’，又有百数十种语，自相通解，谓之‘查语’，大抵多近猥僻。”明田汝成《西湖游览志余·委巷丛谈》引《辍耕录》言：“杭州人好为隐语，以欺外方”；又云：“有以双声而包一字，易为隐语以欺人者，如以好为现萨，以丑为怀五”等，说得更为直白。又如明风月友《金陵六院市语》篇末所称：“千言万语，变态无穷，乍听乍闻，朦胧两耳；致使村夫孺子，张目熟视，不解所言，徒为彼笑。”历代多有以反切法造秘密语之制，不唯杭州一地，近代南北各地均可见到，当代辽宁的大连、金县等地仍有盲人反切秘密语流行，而关于反切语的起源，即有语言游戏一说。凡此，均可作为民间秘密语兼具语言游戏这一附属属性之证。而且，近代学生中流行的各种秘密语，大都是以“说着玩”为其功利的，以致学生毕业离校参加社会工作多年之后回顾起当时情景9仍觉有趣。据调查，昆明学生中的“可可语”，福州学生中的“哨语”，东北下乡知识青年及上海中学生中的“麻雀语”，以及辽宁某些城乡中小学生中“文革”期间仍有流行的反切语，和笔者童年在沈阳读小学时所耳闻之附加式同音切语，均属这种用以打趣诙谐的语言游戏秘密语。确切而言，对于以打趣诙谐为事的学生中的这种秘密语语言游戏，其本身就是一种语言游戏语俗，与其他社会职业集团或群体以及民间秘密社会组织的隐语行话，显然有着不同的功利性质和社会属性。

中国社会历史上，曾形成过各种各样职事集团或群体，如与商业、金融有关的行商、坐商、牙行、典当、钱庄等；与日用消费有关的理发、浴池、裁缝、茶馆、酒家、饭庄、小吃店等，又如与交通运输相关的脚夫、车夫、轿夫、船家、店家、货栈等，均有其当行隐语行话。如清末民初制帽工匠当行隐语：制帽匠为水线通，剪刀为裂帛，浆糊为搭连，针为穿间子，线为细条，帽里衬布为红衬，纱帽里面的藤架为托风，帽珠为天尖，等等。匠人使用隐语，对于技艺保密来讲，有其作用，而对于唯利是图欺骗顾客者来说，亦不失其效用。至于民间各种秘密社会组织乃至匪帮、流氓盗窃团伙，使用各种形式隐语，不仅具有保密功能，还可以用来巧妙传递情报信息和识别是否同伙、内部人。清代三合会、哥老会与不相识的同党见面，先要以“口白”（即其谣诀式秘密语）问答。遇有同党路劫，亦可用口白或其他非言语形式的暗语表明身份，即可化险为夷，故有人认为：“天地会本以反清复明为宗旨，实为光明正大之民族革命集团。其后以流品渐杂，不免有杀人越货之举。此种口白，盖为自家人之辨认计。以后三合、哥老二会之所以能发达，恐亦与此种暗号有关。因行旅者往往特此以为安全之护符也。”① 革命团体如此，匪盗帮伙集团亦如此。作为一种特殊交际工具，民间秘密语也是没有阶级分别的。但是作为一种民间文化形态，它则良莠芜杂、精华与糟粕并存。由此可见，民间秘密语兼具多重社会属性，因而考察、研究民间秘密语亦当进行多维视野分析，否则即难以客观地认识它，失之偏颇。

由上述得知，民间秘密语是一种与语言游戏密切相关的民间语俗，同时也是社会生活中各种民间职事集团或群体以及各种民间社会组织，尤其是秘密社会组织的习见语俗。

禁忌是各民族文化所共有的一种社会现象。在丰富多彩的社会生活中，禁忌也是多种多样的，语言禁忌则是禁忌习俗的一个基本构成方面；主要表现为对语言灵物的崇拜和某些语言于某种条件下的禁用与代用。从一定意义上讲，由于内部交际的需要，必须以隐语代通语，这本身也是一种语言禁忌，是禁忌通语交际的结果。在各种民间秘密语中，也存在内部的语言禁忌现象。如清光绪时流行的《江湖通用切口摘要》所载：“凡当相者，忌字甚多，不能尽载。其中八款最忌者，名曰八大快，今录于左。快者，即忌也。梦曰混老，虎曰巴山子（火字同音，亦忌火，曰三光），猢狲曰根斗子，蛇曰柳子（茶字同音，亦忌茶，曰青），龙日曰海柳子，牙曰瑞条，桥曰张飞子，伞曰开花子，塔曰钻天子，伙食曰堂食。”又如：“凡杜琴头（即住客寓也），另有相夫琴头，专留相夫，满寓皆同类。同寓诸人，清晨各不搭话，盖恐

①萧一山：《近代秘密社会史料》第4卷，岳麓书社1986年版，第288页。

开大快（开大快者，即犯大忌也）。如犯之，此人是日之用费，皆要赔偿，名曰开堂食（即伙食也）。清晨取火，须自于石中取之，或隔夜留一火种，切不可向人乞取。若犯之，罚同前。到黄昏时，终皆归寓，则尽可纵谈，无所顾忌矣。”这是明清以来流行于巾（星命业）、皮（民间医药）、李（变戏法）、瓜（打拳、跑马）四行相夫（从业者）中的江湖秘密语的语言禁忌。由此亦说明，某些秘密语名目的产生，是以语言禁忌为其直接动因的。明季金陵（南京）妓院隐语中讳称“偷”而谓作“弄把戏”，“行经号为‘红官人’，用绢（案：即经纸、经带之类）呼作‘陈妈妈’”之类，亦属这种情况。人身体的性器官及性交，向来是言语交际中的一大禁忌，在民间秘密语中，更是有着名目繁多的讳称。如宋代民间蹴鞠结社隐语中，以阳物为葱管，阴物为字口；明代六院江湖隐语以交媾为牵绊，小便为要苏，肛门为角；多行院隐语以阳物为蘸笔，阴物为才前（案：隐语以多以女人为才），乳为缠手；至清季，江湖切口又以男阴为金星子，女阴为攀，交媾为拿攀，乳为求子，摸乳为采求子。如此等等，悉属语言禁忌这一民俗语言现象在民间秘密语中的反映。也就是说，语言有禁忌语俗，民间秘密语亦不例外。

二、民间游艺习俗与秘密语

民俗活动渗透于社会生活的方方面面，在各种社会生活之中，民俗的本身即带有一定程度的文化娱乐性质，而文化娱乐活动又是民俗得以传承、扩布的基本媒介之一。许多民间游艺竞技活动均与民俗活动合为一体，使之本身成为一种具体民俗形态或事象。同时，亦由此而形成众多民间游艺竞技的职事行业群体和民间社会组织。唐宋以来，民间秘密语则逐渐成为这些群体、组织的一种语言习俗。

蹴鞠游戏，又称“蹋鞠”“蹩鞠”或作“蹴踘”，是中国古代流传甚广的一种带有竞技性质的民间娱乐活动，是当代足球运动的滥觞。相传早在殷代即已出现此戏，战国后广泛流行于民间社会。刘向《别录》：“蹴鞠者，传言黄帝所作，或曰起战国时。”所说起源更早。《汉书·枚乘传》“蹴鞠刻镂”，颜师古注云：“蹴，足蹴之也；鞠，以韦为之，中实以物，蹴蹋为戏乐也。”《史记》亦载：“临淄甚富而实，其民无不吹竽、鼓瑟、弹琴、击筑、斗鸡、走狗、六博、踏鞠者。”是盛行一时之证。汉代则盛于军中用以练武，《蹴鞠》二十五篇即于《汉书·艺文志》中列作兵书一类。至宋代，汪云程又撰有《蹴鞠谱》专著，同时又有其结社组织，谓之“圆社”，犹球社、足球俱乐部之类，并形成了其组织内部的隐语行话，《蹴鞠谱》所收《圆社锦语》，就是当时这种民间游艺竞技组织业已流行民间秘密语的一个显证。

今存《圆社锦语》虽已非全本，亦有130多条，悉以通语注隐语行话。如：上前为搭，左边为左拐，右边为右拐，后为稍拐，坐地为敦杀，场儿为盘子，多人为云厚，好为圆，歪为不正，性起为出恶，等等。当中亦为其竞技行话，如“勘赚”，《蹴鞠谱·二人场户》载：“两人对立，各用左右赚，一来一往，三五十遭，不许杂踢。”则知“勘赚”是二人踢法之名，而在其隐语之中，则用作“二”的数字隐码。是知其行中隐语亦不离其事，又如以坐入为插脚，以死为踢脱，失礼为穿场，晚为蹴鞠梢之类，亦然。而其隐语名目内容所涉又非尽为球场行事、名物，又有军人（攒老）、老妇（苍老）、娼妓（水表）、牛肉（斗粗）、少女（嗟表）、鸡（线粗）、床（侵粗）、和尚（光表）、道士（老表）、醉（脉透）等与蹴鞠并非直接相关的事物隐称，可知其活动与各种社会生活密切相关，而此俗颇盛一时。《水浒传》中高俅即以玩得一手好球而获端王赏识，竟得官殿帅府太尉，足知时尚。至今，《圆社锦语》竟然成为现所见最早亦最成系统的一部专行中国民间秘密语专著。由此而为考察当时社会文化提供着一份特别文献，亦应是民族体育文化史上的重要篇章。

除此而外，近代市井社会尚有演练武术、顶缸走索、跑马卖解、变戏法、耍猴、打连湘、西湖景、捏面人、卖风筝、吹糖人等各种游艺竞技民间文化职事行业群体，大都各有当行隐语行话。例如旧时于街头练拳卖艺人的隐语行话：练拳为边爪子，场子为碾地，好为坚，不好为古，借为昔，讨为探，有为献，无为白，看为板识，吃为赏，跪为丢千，拜为剪拂，去为凉，来为热，卖物为挑思息，手为五奴，拳为五内，以刀戳入腹中求赏钱为见玉，对打为合，刀枪相对为好亢，扰场说话为卖啊，等等。其中剪拂、丢千等本为明清江湖隐语，而练拳卖艺本即闯荡江湖之事，采为行中所用，是江湖诸技隐语本即相通，亦属自然。凡此之类，均可从各种相关职事行业隐语考察、透析民间游艺文化习俗，是这种语俗与诸文化习俗互相关联之故。

三、称谓中的世俗观念与人际关系

称谓，作为一种表现人际社会关系的语言文化现象，各个民族均有其独立的体系。我在《民俗语言学》书中，曾经归纳、构拟了一个中国称谓习俗的一般结构系统。

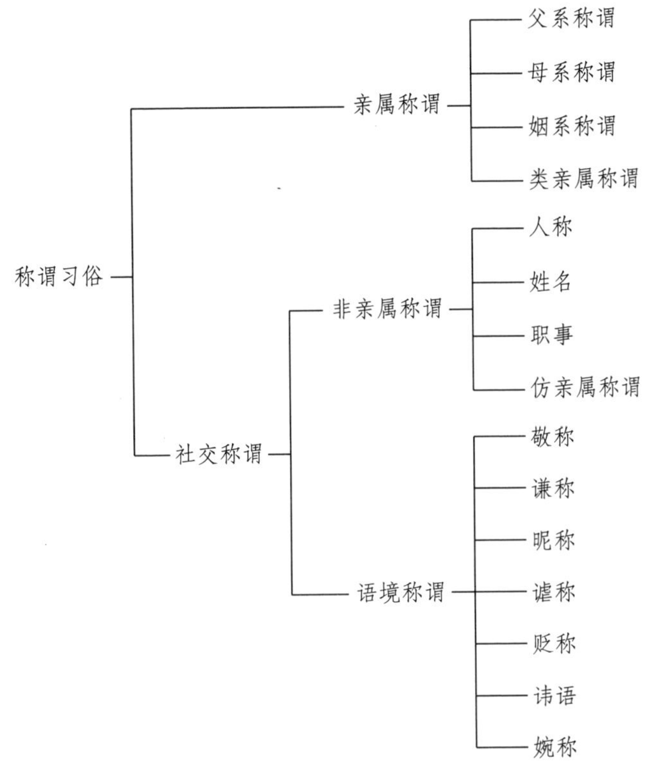

这是试图构拟中国称谓体系的一个尝试，尽管可能不十分完整、准确，总算是一个基本概括。称谓是构织人际社会关系的网结，作为语俗，直接作用于言语交际。民间秘密语作为一种特殊交际工具和语俗，当然亦毫不例外地有其特定称谓符号系统。然而，限于民间秘密语基本语汇要比通语少得多，它所存在的称谓隐称是一种因使用频率和交际需要而简略了的基本体系。尽管这样，考察民间秘密语中的称谓，仍可透析出与相应风俗文化互为印证的世俗观念与人际关系信息。

列维–施特劳斯在《语言学和人类学中的结构分析》中，通过对人类社会中具体亲属关系的探讨认为："构成亲属关系系统的不是个人或个人间的血缘、血统等客观联系，而是人的意识，这种系统像音位系统一样，只是一种任意的表达系统。"① 这种"任意的表达系统"，是社会约定俗成的传承符号系统。这种"任意性"，在民间秘密语的人际称谓中，也是以该集团或群体的约定俗成为制约机制的。

然而，民间秘密语的人际称谓大多非面对面的直接称呼符号，而是言语交际中对第三者、别人（亦即非直接言语交际双方）的叙述式称谓符号。如明清季江湖秘密语的亲属称谓：父为日宫，母为月宫；祖父为重日、乾宫、东日，祖母为重月、坤宫、车月；伯父为左日、日上部、甲老，伯母为左月、月上部、甲才；叔父为右日、日下部、椒老，婶母为右月、月下部、椒才；兄为上部，嫂为上部才；弟为下部，弟妇为下部才；夫为官星、官通、盖老，妻为才老、乐老、底老；妾为偏才、通房、半才；姊为上水、水上部、斗上，姊夫为斗上官；妹为下水、水下部、斗下，妹丈为斗下官；子为欠官、金星，女为斗欠、斗宫；幼子曰尖欠，幼女曰笋牙；媳妇为欠才，女婿为斗官；孙为子户、重欠；赘婿为合才、八吉才；连襟为日亚、弥仲、其服，等等。凡此，悉按世俗传统观念为基本礼制，如男左女右，上大下小，上尊下卑，男尊女卑，尊卑有秩，老少长幼有序，完全是男系血统的社会亲族体系，尊卑、亲疏极为分明，井然成章。

同时在某些隐语称谓符号的能指成分的通语语义结构中，亦

---

①Word，纽约语言学杂志，1945 年。

往往直接透露着民间世俗价值观念、善恶观念、伦理道德等文化观念的潜在信息，直接揭示着世俗社会亲属间的人间关系。例如卓亭子删订的《新刻江湖切要·亲戚类》所载之例：“继父：奖日，今改莫顾，取《诗》谓他人父之意；继母：奖月，今改莫有，谓他人母也。继兄：奖上，今改上莫闻；继弟：奖下，今改下莫闻，总取谓他人昆也。继子：奖欠、失欠，今改赢负，谓螟蛉子也。后妻：迟才，今改接辫，取续发之意。晚子：油欠、瓶欠；晚女：油斗。凡晚醮挈子女者，余名之倒藤瓜，谓连子去也。”云云。“莫顾”，取自《诗经·魏风·硕鼠》：“三岁贯女，莫我肯顾。”这里的“莫我肯顾”，意思亦即“不肯照顾我”，“莫顾”乃取此义化用是句组合而成。本为“他人父”非生身之父，“莫我肯顾”则属常情。“莫有”，套用“莫顾”之式，却似为“没有”之义，继母本为“他人之母”，于己亦即没有生母。“莫闻”，不知也，“取谓他人之昆”，亦沿用前式。民间世俗社会观念之中，非血亲亲缘则疏，而现实中重新组织非血亲关系的家庭，不仅为旧传统礼俗所不能正视，亦往往相处不睦。历来民间故事、通俗文学中，继父母虐待非亲生子女事比比可见，是为写照。至于丧夫或离异后再醮，尤为世俗礼制所鄙视，而随嫁带去的子女，更为世俗所鄙，隐语“瓶欠”，即俗语“拖油瓶”的演化。凡此，悉见世俗观念的潜在意识，以及相应的人际关系。

重仕途，轻农商；尊富贵，鄙贫贱，这是历代社会风尚中常见的世俗价值观念和等级意识。颂者多颂赞之辞，贬者多鄙理轻贱之称。这种风气于通语职事称谓中习见不鲜，尊贵者如呼知州为明牧、良牧、州将、明使君、府君，呼知县为明大夫、明廷、父母官；而称仆役工匠则有奴、仆、佣、子夫等字眼。民间秘密语虽流行于中下层社会，属于中下层文化范畴，其称谓用语仍多为世俗陋习所污染。例如民间秘密语关于各种夫役、工匠等中下层社会职事人物的一些称谓：人力车夫为代四脚，脚夫为摩肩，轿夫为兜力，驴夫为鬼子，马夫为边杖，门子为双扇，屠夫为流通生，工匠为斤邱，学生为丁七，开店者为朝阳子，卖眼镜的为招子包，兵勇为柳叶生，小官为卯孙，相人为仙书，乞丐为滔天孙，皂隶民快为结脚孙，等等。凡此，多为轻贱称谓。尽管民间秘密语属于俚俗的民俗语言之列，有以官员为平天孙、巧做吏为犊孙之称法（《六院汇选江湖方语》），更有“贫人曰水生，秀才至官员皆曰葵生”之称，皆可透视到世俗等级、价值观念的潜在底蕴。

敬称、谦称，是一种言语交际中直接的称谓语俗。而民间秘密语中的称谓多属间接的、叙述式的，因而极少见有隐语敬称、谦称之类。“称人行业曰贵道；尊人之称曰老元良（先生也），亦曰老夫子。自谦辄曰无有元良，骗饭而已。”“元良”是相夫当行隐语，即“先生”。像这样以通语与隐语合成敬称、谦称者，亦不多见，但亦反映着社会交际语俗之于民间秘密语的影响。至于明季金陵六院中隐语以麻面人为骂玉郎，呆子为歹该，矮壮之人为门墩，高大之人为困水之类戏谑之称，恰是其院中浮浪放荡风气的切实写照。

四、婚丧礼仪行中的民间秘密语

在各民族风俗文化中，婚丧都是人生的极重要礼仪，中华民族古老婚丧礼制之讲究，也是举世著称的。一家有红白喜事，乡里四邻皆往帮忙操办，是乡村、里巷生活中的一种互助美俗。通过举办婚丧礼仪，又可以增进亲属、朋友、街坊邻居间的往来交际联系，沟通感情，缩小人际关系的距离。由于婚丧礼仪的社会化，至近代已出现了有关婚嫁的媒婆、喜婆、掌礼（傧相），以及有关丧事的吹打、执事等操办人和操办行业。以操办婚丧事一行，谓之“红白帖”。至民初，此行之中已经形成、流行了许多隐语行话名目。从这些隐语行话中，当然地反映着当行行事、规制及活动情况，亦从此角度记录、印证了以往与婚丧礼仪相关的主要习俗惯制与市井风尚。

例如婚仪方面。称介绍男女婚姻的中间人为“媒”，《诗经》中已有。如《卫风·氓》：“匪我愆期，子无良媒。”又《齐风·南山》：“取妻如之何，匪媒不得。”《豳风·伐柯》亦云：“伐柯如何，匪斧为克。取妻如何？匪媒不得。”故后来则谓作媒为伐柯、执柯或作伐，悉源于此。宋吴自牧《梦粱录·嫁娶》：“……既已插钗，则伐柯人通好，议定礼，往女家报定。”而宋代的《绮谈市语》即以媒人为伐者、执柯，明清时江湖隐语又谓之潘细、撮合山。《战国策·燕策》称：“处女无媒，老且不嫁。”《白虎通·嫁娶》云：“男不自专娶，女不自专嫁，必由父母、须媒妁何？远耻防淫泆也。”正是这种礼俗造就了媒妁一行，亦酿出无数爱情、婚姻悲剧。其当行隐语行话如：做媒为撮合山，年轻人为半子，成年人为会做的，农民为村庄儿女，山里人为赤松游子，寡妇为官川，蒙古人为柳叶儿，蒙古女为柳女，乳母为保赤，貌美为子见犹惊，本地人为根深通，等等，悉为其常遇说合对象。年岁、相貌、职业等，由其背地里信口雌黄，命以隐称，尤便于以谎言欺人。可见千百年陋俗之弊。婚礼过程之中，照顾新娘、新郎者各有傧相，女为喜娘，男为掌礼，为熟知有关礼仪之人担任，并兼招呼亲朋，亦各有其常用隐语行话，为常人所陌生。如喜娘谓花轿为花方正，开脸为请毛，扶新娘为挡，合卺礼为圈堂，为新娘梳头为盘顶，为新娘料理寝事为安床，新娘绣衣为光身，教新娘分别亲友为开金口，喜事钱为好看钱；又如男傧相的切口，掌礼为边唱，新郎为新贵人，新妇为新天人，拜天地为弯对腰，喜娘为挡直头，行礼为弯腰，吹打为鸣亮，奏乐为吹响，等等。凡此，悉因形成红白帖一行而流行。除上述而外，又如：专代人家料理婚丧事的账房为掌么，喜娘为挑路，掌礼者为万腔，吹鼓手为鸣佗，茶担为扇担，媒人为酸头，男仆为利庆过宪，敲锣喝道为导子，和尚为削光、拴光，道士为钻工、流青，彩灯为亮光，彩棚为天帐，棺材为糊老，马车为四轮子，结账为圈吉，吹喇叭为鸣老，敲鼓为钻老，喜事为红摆伦，丧事为白摆伦，贺客为红蝇子，吊客为青绳子，打钹为打兔带，吹笛为横腔，吃饭为翻山，吃酒为过海，年轻者尸体为博人怜，年老者尸体为了帐，灯为星沧，花轿为花流星，赏喜封多为烘头，赏喜封少为冷头，场面阔绰为得，场面不佳为漂，等等。清末民初，北京城中专以操办红白喜事为业的行业颇有一些，如“道德生”“德成”喜轿铺，是为雇家娶亲抬花轿的；“日升”“永盛”杠房，是为出丧家出殡抬灵柩的；又有吹鼓手，专为红白喜事迎送礼仪吹奏的；而且又有受雇为娶亲人家抬嫁妆，以及为出殡打执事、撒纸钱的；除此而外，定亲算八字与发丧选穴开殃榜，又有星命行专办。从事诸事之人，除少数专业者外，大都由承办的管事人四处张罗招雇无业人员充任。如旧时北京西城端王府夹道有一位满族人姓景，绰号“一撮毛”（下颏长一撮黑毛），家贫无业，一生多以为出殡撒纸钱赚钱糊口，晚年还收了徒弟一起干。

因为他练得一手撒纸钱本领，可借风势将纸钱撒出数十米高，由人力车拉着百十斤成串纸钱随后一路撒个不停。一时出了名，雇他还要给高价钱。凡此，与当行隐语行话相印证，足见一代婚丧礼仪与礼会风尚。

五、衣食住行等物质民俗与民间秘密语

举凡衣食住行等物质生活，是人类社会生活的基本形态，与之相关的物质民俗，也是社会民俗文化的基本大类。物质民俗，是人们日常生活中有关饮食、服饰、居住、交通的生产与消费的文化传承。由于其与人民生存关系密切，因而成为民族民间文化诸形态中最为稳定的主体方面。

早在中国民间秘密语兴起之时，有关衣食住行等物质生活方面的隐语行话就从消费的角度成了它的基本语汇内容，历代延续不绝，成为一种无形定制。例如宋元隐语行话中饮食方面的有：入气（吃饮），水脉（酒），足脉（醉了），糧头（米），奠闲（茶钱），江戏（鱼），云子（饭），麦尘（面），线道（肉），滑老（油），醛物（盐），糁狂（鲊），捻儿（包子），东陵（甜瓜），水果（菱角），和羹（梅子），等等；服饰方面：网儿（衣），朝天（巾帽），拐搭（靴鞋），锁腰（丝环），泡老（头巾），不借（草鞋），夗央（女鞋），足衣（袜子），等等；居住方面：侵粗（床），胡宋（交椅），斗儿（帐），掩下（村），井中（市），等等；交通方面：关梁（大桥），略彴（小桥），枢步（小路），兜子（轿），支径（水路），等等。至明清两季，随着民间秘密语的展，其基本语汇中的有关内容就更多了，如饮食方

面：馨（用饭），海（酒），讪老（茶），咬翅（鸡），河戏（鱼），碾（吃食），咬人（吃饭），干希（饭），人俨希（吃粥），德刿（鸡肉），菜（生鹅），山（酒），水上儿（活鱼），咬刘（吃肉），刘官纱帽（猪头），高头刿（鹅肉），矮婆子（生鸡），低刿（鸭肉），哮老（醋），迸子（姜），鲍老（面），中军（酱），撚作（吃），木老（果），等等；服饰方面：袍杖（衣服），张顶（帽子），插老（簪子），模攘（汗巾），海青（长衫），围竿子（裙子），掷同（袜），顶天儿（帽），串仗（衣），剩撒（袄），水马军（钉靴），廉子（手帕），稀子（布），英老（花），熏子（胭脂），俏儿（粉），麻罩（布衫），炮儿（巾），标儿（帽），等等；居住方面：方下（房屋），底里（卧房），钹掩（门），巢儿（床），刻尺（枕），窑子（屋），登高（楼），盖顶（造屋），楞扇（窗），遮风（墙垣），钻窑（到家），朝天、万面（桌子），东登（椅子），卧尺、昏老（床），扶头（枕），卷友（席），撑老（帐），等等；交通方面：壮风生（轿子），瓢儿（船），轮子（车），琴头（客寓），工（走路），扱楼儿（抬轿），稳子（鞍舆），踹线（走路），等等。可见，民间隐语行话于集团或群体内部交际活动中，尽管其用语比通语语汇贫乏许多，但亦以人们日常生活衣食住行为基础。就目前所见历代流行的民间秘密语的各种基本常用语汇内容而论，不外乎两大方面：一是衣食住行这个人们生存所必需的物质生活方面，再即与该集团或群体所事活动、行事、对象、内容及同外部联系相关的方面。前者为诸行隐语行话共有的基础内容，后者则是以其当行活动特点相关的个性内容。这两大方面内容的组合，构成了各种民间秘密语基本常用语汇的本体。这既是其一般语汇内容的分析特点，也是其作为民间特殊语俗的一个文化学特征。

既然衣食住行是人类赖以生存的必要物质生活条件，于是在社会分工中，亦即产生了各种各样与之相适应的生产、服务行业。这些以衣食住行为中心的生产、服务职事集团或群体。不仅有着与之消费习俗相应的各种习俗惯制，亦形成了本行特有的当行隐语行话，成为方便内部言语交际、协调内外部人际关系和维护当行利益的语俗。在这个庞杂的生产、服务职事群落中，各行各业都是以从满足人们物质生活消费中获得经济利益为宗旨的，其隐语行话亦正缘以服务于这一宗旨的需要应运产生并流行开来，积沿成俗。这样，各种与衣食住行等物质消费相关的生产、服务业的当行隐语行话，则必然融铸进与之相关的民俗文化，成为体现民族物质文化的别一种形式。

馄饨，是一种薄皮包馅煮而连汤一同食用为传统饭食。宋陈元靓《岁时广记·食馄饨》引《岁时杂记》云："京师人家，冬至多食馄饨，故有冬馄饨、年馄饨之说。"吃馄饨作为一种传统食俗，我国各地大都流行，但叫法不一，广东称"云吞"，四川叫"抄手"，江西谓"清汤"，又数北京的馄饨最有名气。《同治都门纪略》有一首《致美斋馄饨》诗："包得馄饨味胜常，馅融春韭嚼来香。汤清润吻休嫌淡，咽后方知滋味长。"清中叶伍宇澄《饮渌轩随笔》亦载："京师前门有隙地，方丈许，俗称为耳朵洞者。雍正间，忽来一美丈夫，服皂衣不知何许人，于隙地筑楼，市馄饨，味鲜美。虽溽暑，经宿不败，食者麇集，得金钱无算。"北京尚有一种走街串巷的馄饨担子，夜里于街头设摊，叫卖声为"馄饨开锅咧——"人们如此喜食馄饨，则此行经营不衰，不仅明清时江湖隐语中即已出现了"斜包"（馄饨）名目，而且其当行亦专有隐语行话。如例：馄饨担为早桥，风炉为老相公，锅为井圈，吹火筒为起焰头，竹梆为唤客，碗为亲嘴，匙为卤瓢，酱油为墨水，胡椒为辣粉，馄饨皮为片子，肉为天堂地，粉丝为白索，柴为助焰头，水为三点头，虾籽为红粒，刚出担为放衙，返回为回衙，生意好为热烘烘，生意不好为冰清，买客为挨老，大街为大夹，小弄为小夹，下雨为天哭，天晴为天开眼，等等。透过这些名目，则清晰地为我们勾画出一幅旧时从业者挑担卖馄饨的市井风俗图画：卖馄饨的挑着馄饨担时走时歇地吆喝，“馄饨开锅咧——”，或敲竹梆为招号。担子的一头是火炉、锅、吹火筒、干柴等物，一头是馄饨皮、内馅、虾籽、粉丝、胡椒、酱油、水、碗、匙等材料、用具。昼夜往来于街巷之间，成为居民、旅客的方便小吃。遇雨不能外出做生意，是为“天哭”；晴则有了生意做，是为“天开眼”。如此隐语符号能指成分的通语语义，则显露出当行业者以其为生计的自然心理信息。

又如“豆腐”，一名“黎祁”，也是中国民间的一种传统食品。相传汉代淮南王刘安时做豆腐的方法即与今日差不多：先以豆浸水，磨成浆，滤滓煎汁，再以盐卤或石膏凝固而成，食法多种，各地不一。宋陆游《渭南文集》和明李时珍的《本草纲目》均有关于豆腐的记载。此间元代的戏剧中亦有相关描述，如关汉卿笔下即有“闲时磨豆腐，忙时做面筋”的戏文。并且，明清江湖切口中业已出现了关于豆腐的不同隐称名目，如“水板”“水判”“水林”等。[①] 有趣的不仅当代手工做豆腐方法一如汉代刘安制法，

①案：宋代《绮谈市语·饮食门》有：“豆心：玉乳；豆液。”不知“豆心”一食形制如何，待考。

而且旧时豆腐坊当行隐语行话亦印证了相同制法及工艺程序，如浸豆为过宠，火为二点头，水为三点头，缸为阔口，豆腐包（过滤渣滓所用）为车儿，锅为仰天，炉灶为作热，搾床为压架，豆腐板为承盘，切豆腐刀（北方话谓“打豆腐”而不说“切”）为虎头牌，豆滓为白屑，黄豆为小圆，石磨为车心子，等等。凡此，悉为古代制豆腐工艺的文化传承，是“豆腐”文化习俗的有机组成部分。至于豆腐制成品，不仅有一般的最常见的制品“白字田”（即豆腐），还有极薄的“千张”（干豆腐），“块方”（大油豆腐），“小方”（小油豆腐），“寸子”（油豆腐条），“香方”（豆腐干），“臭方”（臭豆腐干）等。北京的豆腐以选料考究、技术精道著称，民间“豆腐匠”皆以此为竞争方式。据说，清光绪年间，“京师以延寿街王致和家（豆）腐干最著名”。宫廷做豆腐不仅要求用京郊的伏豆、张家口的口豆、关外的东豆，还要用玉泉上的清泉水，在民间亦讲究用甜水井的清水。可见一时风尚。

民间秘密语，无论是作为内部交际工具，还是作为一种语俗、一种民间文化形态（除非言语形式者外），究其实质，则是以口头创制、口耳相传、口头运用的语言文化信息载体。在漫长的民族文化史上，民间秘密语又当然地成为特殊的“口碑”，“语言化石”似的载录民族文化的各种形态、事象、典故、民众心态、市井风情、习俗惯制。如果借用西方文化人类学家的术语来描述的话，民间秘密语亦系社会生活的“教科书”。

民间文化是以下层社会为主体的社会文化层次。居此层次的文化，是以平民百姓为本位的。平民百姓中，掌握文字工具者历来因其社会地位而稀少，那么其文化传承、扩布亦只能主要依靠口耳相传方式为媒介。民间秘密语的传承、扩布亦如此。更何况历来各种民间秘密语都有其固定的流通范围，对外界的传播是偶然性的，极有限的，基本上属于其言语集团内部的封闭式符号系统。当行中人出于维护内部利益之故，一般是不能向外界披露其当行隐语行话的，这已成为一条不成文的民间习惯法规。在一些民间秘密社会组织中，多有相应的严格戒律，违犯者将受严厉惩治，乃至丧命。至于《虫鸣漫录》所载，“六合士子，约伴至金陵乡试，泊舟野岸，有贼扶板探足入，共曳入舱，贼以求释。士令其将贼中隐言备述，而笔记之，彼此习以为戏。”如此贼吐真言供出行中秘语，即是出于迫不得已。然而对其内部不识隐语者，则会主动传授。

据知，一位曾倍受流氓窃贼侮打，后来反抗逃跑又为火车轧去了一条腿的流浪子，偶遇了绰号叫“沧州鹰”的扒窃老手，被收为徒弟。他被带到沧州师傅的老家练功，先架起火炉煮沸一盆水，扔进两枚铜钱，再伸手进水捞出。如此他手指烫去了三层皮，终于练就了“两夹”（扒钱的黑话）贼功夫。进而又跟师傅学会了“开天窗”（扒上衣口袋）、“翻板子”（掏内衣口袋）、“亮盖”（拎兜）、“摸荷包”（掏钱包）、“抹子活儿”（以刮脸刀片割口下手），以及“瞄”（寻找机会、对象，探清作案环境条件）、“推”（故意拥挤）、“顶”（使用膝盖下绊子）、“荫”（遮住人们视线）、“溜”（逃跑）这五大奇功。于是他从胶济线偷到陇海线，从京浦线偷到京哈、京广线，成为一个贼星，名闻全国同行的首脑人物，最终被押上了刑场。[1] 这是一个窃贼团伙黑活

①刘汉太：《中国的乞丐群落》，江苏文艺出版社 1987 年版。

传播环节的典型例证，贼功到手，贼语亦就学来了，几乎是同步的。这个反面例证也说明了各行隐语行话的一般传播形式与环节，具有一定普遍性。

民间秘密语作为一种民间语言文化形态，在其口头传承的过程中亦不是静态的运动，而是不断发生变化的，是其变异性的表现。民间秘密语以有声语言为主体形式，各地方言不一，加之文字记载往往难考其本字，皆以语音识别，是为其发生变异的一大因素。一如《江湖通用切口摘要》开篇引言所称："江湖各行各道，纷纷不一。切口，即隐语也，名曰春点。字无意义，姑从吴下俗音而译之，阅者原谅焉。"即是。又因方音、方俗而成隐语方忌。如吴下相夫切口"八大忌"中，"虎曰巴山子"，系"虎"与"火"吴音相近，忌"火"而成所忌；又有"蛇曰柳子"，系吴音"蛇"与"茶"音近，忌"茶"而来。

综上可见，民间秘密语是民族文化整体的一个有机组成方面，二者之间有着直接的种属关系和本质上的内在联系。民间秘密语的发掘、研究，是发展民族文化尤其是作为其基座的民间文化科学研究所不应忽略的课题。民间秘密语文化史是民族文化史的重要分支。

1988 年 1 月 1 日至 3 月 5 日

撰于沈阳